Erfolgreich als Kleinunternehmer

Firmengründung
Finanzen
Rechtsform
Personalführung
Versicherungen
Marketing und Verkauf
Steuern

© Konsumenteninfo AG, Zürich
Alle Rechte vorbehalten
6. Auflage, Februar 2016

Autoren: Fredy Hämmerli, Tobias Billeter, Markus Kick,
Gertrud Rall, Martin Stutz
Redaktionelle Mitarbeit: René Schuhmacher
Redaktion und Produktion: Ernst Meierhofer, Liss von Euw, Julia Wyss
Layout: Beat Fessler
Korrektorat: Esther Mattille
Titelfoto: Getty Images/Montage

Bestelladresse:
K-Tipp-Ratgeber
Postfach 431
8024 Zürich
ratgeber@ktipp.ch
www.ktipp.ch

ISBN: 978-3-906774-71-8

Vorwort

So bauen Sie ein erfolgreiches Geschäft auf

In der Schweiz gibt es über 312 000 aktive Unternehmen. Nur 1150 sind Grossfirmen mit 250 und mehr Angestellten. Alle andern sind kleine und mittelgrosse Betriebe, sogenannte KMU. Sie machen das Rückgrat der Schweizer Wirtschaft aus und sichern rund zwei Dritteln aller Beschäftigten Arbeit und Einkommen.

Jährlich kommen Tausende neue KMU hinzu. Oft noch junge Frauen und Männer versuchen mit viel Enthusiasmus und Arbeitswillen, ihre kreativen Ideen in ein erfolgreiches Geschäftsmodell zu verwandeln. Ihnen soll dieses Buch ein zuverlässiger Ratgeber auf dem Weg in die Selbständigkeit sein. Es soll ihnen helfen, die richtigen Partner, eine solide Finanzierung, die geeignete Gesellschaftsform, qualifizierte Mitarbeitende und schlagkräftige Verkaufsideen zu finden.

Mit der Startphase allein ist es jedoch nicht getan. Gerade Kleinunternehmen, die aus der Anfangsphase mit weniger als zehn Beschäftigten herausgewachsen sind, haben oft grosse Mühe, sich mittelfristig zu bewähren. Jetzt sind solide Strukturen, ein qualifiziertes Führungsteam, ein sauberes Finanzwesen, effiziente Kontrollmechanismen und Sicherheit im Umgang mit Ämtern und Steuerbehörden gefragt. Auch für diese Unternehmensphase vermittelt dieser K-Tipp-Ratgeber das nötige Know-how. Und schliesslich zeigt das Buch auch, wie Unternehmer die Nachfolge und damit die Zukunft des Lebenswerks sichern können.

Dieses Buch will keine falschen Erwartungen wecken: Jedes dritte neu gegründete Unternehmen verschwindet wieder, weil die Businessidee nicht hielt, was sie versprach, weil das Management zu wenig professionell operierte oder weil eine serbelnde Konjunktur oder auch bloss eine Pechsträhne das Unternehmen in den Ruin trieb.

Der vorliegende Ratgeber soll dazu beitragen, dass es nicht so weit kommt. Und wenn doch, so soll er auch helfen, fair gegenüber Angestellten, Kunden und Partnern zu sein und trotzdem so viel wie möglich an finanzieller Substanz, an guten Beziehungen und positiven Erfahrungen zu retten. Denn das braucht es, um einen Neuanfang zu wagen – der dann hoffentlich den verdienten Erfolg bringt.

Zürich, Februar 2016
Verlag und Redaktion

Inhalt

1 Der Businessplan als erster Schritt zum Unternehmer

- 8 KMU sind das Rückgrat der Schweizer Wirtschaft
- 9 Selbständigkeit hat ihren Preis – viele scheitern schon früh
- 10 Zündende Idee? Oder doch lieber ein Geschäftsmodell kopieren?
- 11 Ein möglicher Weg: Eine Firma kaufen, statt selber eine zu gründen
- 11 Checkliste: Sind Sie ein Unternehmertyp?
- 12 Übernahme einer Unternehmung: Darauf sollten Sie achten
- 12 Franchising hat Vor- und Nachteile
- 13 Alleinvertretung, Lizenznahme, Strukturvertrieb und Direktverkauf
- 15 Die Marktabklärung als Schlüsselfaktor
- 15 Der richtige Standort ist von herausragender Bedeutung
- 17 Administration und Büroinfrastruktur: So sparen Sie Zeit und Geld
- 18 Website und E-Mail als Fenster zur Welt
- 20 Businessplan: Das sind seine wichtigen Elemente
- 21 Checkliste: Hier ist ein Businessplan angezeigt
- 22 Auch der Einmannbetrieb braucht eine gewisse Planung
- 23 Checkliste: Das gehört zu einem vollständigen Businessplan
- 24 So analysieren Sie Markt und Konsumverhalten
- 26 Checkliste: Die wichtigsten Schritte zum Businessplan

2 Finanzierung: So kommen Sie zu Kapital

- 28 Quellen fürs Eigenkapital: Ersparnisse, Familie und Freunde
- 30 Geld von der Pensionskasse: Vorbezug oder Verpfändung?
- 30 Die Unterstützung durch die Arbeitslosenversicherung
- 31 Venture-Capital-Gesellschaften und Business Angels
- 32 Fremdkapital von der Bank: Harte Bedingungen, hoher Zins
- 33 Den Kapitalbedarf planen: An diese Ausgaben müssen Sie denken
- 34 Der Bankzins ist abhängig von Bonität und Risikoklasse
- 36 Leasing statt Fremdkapital
- 37 Checkliste: So kommen Sie leichter zu Geld
- 37 Hier gibt es Unterstützung vom Staat
- 38 Finanzhilfe von der Genossenschaft
- 38 Steuererleichterungen für Kapitalgeber
- 39 Schützenhilfe beim Krieg gegen Ämter und Formulare

3 Die Wahl der Rechtsform: Das Kleid für Ihre Firma

- 40 Die Kriterien für die Wahl der Rechtsform
- 41 Die Einzelfirma: Wenig Bürokratie, aber grosses Risiko
- 42 Die Einfache Gesellschaft: Kaum zu empfehlen
- 43 Kollektivgesellschaft und Gesellschaftsvertrag
- 44 Die Aktiengesellschaft (AG)
- 44 Der Aktionärsbindungsvertrag schafft klare Verhältnisse

45 Die wesentlichen Massnahmen bei der Gründung einer AG
46 Die Aufgaben des Verwaltungsrates
47 Vorteil der Einmann-AG: Niemand redet drein
48 Verwaltungsrat und Generalversammlung der AG
49 Eine GmbH gründen: Das sind die wichtigsten Schritte
50 Die Gründungsspesen: Das kostet der Weg in die Unabhängigkeit
51 Vom Nutzen der Corporate Governance
52 Jetzt gehts ans Verdienen: So werden die Gewinne verteilt
52 Die Rechtsform der Genossenschaft
52 Geschäften mit einem Verein
53 Die Statuten: Das Grundgesetz der Firma
53 Der Umgang mit dem Handelsregisteramt

4 Personal und Arbeitsrecht
56 Personalsuche im Internet
57 Interne und externe Personalrekrutierung
58 Das gehört in ein gutes Stelleninserat
59 Ausländische Mitarbeiter einstellen? Das müssen Sie wissen
59 Umgang mit Bewerbung, Lebenslauf und Arbeitszeugnis
61 Bewerbungsgespräch, Referenzen, Stellenantritt und Probezeit
63 Weiterbildung ist mehr als nur ein Kostenfaktor
64 Leistungsbeurteilung und Qualifikation als Führungsinstrument
64 Die Regeln der Kurzarbeit
65 Mitarbeiter entlassen: An diese Punkte müssen Sie denken
67 Der Lohn und seine Komponenten
67 Gratifikation und 13. Monatslohn
68 Arbeitsrecht – was Unternehmer wissen müssen

5 Die Versicherungen für Personal und Material
72 Die AHV-Beiträge für Selbständigerwerbende
74 Die Pensionskasse für Selbständigerwerbende
74 Selbständig oder nicht? Die AHV-Ausgleichskasse redet mit
75 Säule 3a – auch für Selbständige ein gutes Investment
75 Die Unfallversicherung für Selbständigerwerbende
76 Selbständige dürfen das Risiko Krankheit nicht vergessen
77 Die Absicherung des Todesfalls bei Selbständigen
77 Keine Arbeitslosenversicherung (ALV) für Selbständige
77 Die Kollektiv-Krankentaggeld-Versicherung für das Personal
78 AHV, ALV, Unfallversicherung und Pensionskasse für die Angestellten
79 So kommen Ihre Angestellten zu den Kinderzulagen
81 Die wichtigsten Betriebsversicherungen

6 Mit Marketing und Werbung zum Verkaufserfolg

- 85 So finden Sie die richtige Produktpolitik
- 86 Die Komponenten des Marketingkonzepts
- 87 Preiskalkulation und Preispolitik
- 88 Kundenpflege und Absatzförderung
- 89 Beispiel für eine Preiskalkulation
- 92 «Verlorene» Kunden zurückgewinnen: So wirds gemacht
- 93 Direktmarketing mit Mailings
- 95 Internet-Mailings: Beachten Sie die «Netiquette»
- 96 Die Website als Visitenkarte: Aufbau, Kosten, Pflege
- 100 Werbung und Public Relations
- 100 Der Vertrieb ist oft das teuerste am Produkt
- 101 Das sind die häufigsten Marketingfehler

7 Buchhaltung und Liquiditätskontrolle: Die Finanzen

- 104 Die Bücher selber führen? Oder einen Treuhänder beauftragen?
- 106 Die Bilanz: Momentaufnahme der Aktiven und Passiven
- 107 Die Erfolgsrechnung vergleicht Aufwand und Ertrag
- 108 Debitorenverlust, Delkredere und Rückstellungen
- 109 Bewertungsvorschriften, richtiges Bilanzieren und Revision
- 110 Interne und externe Abschlussrechnungen
- 111 Stille Reserven stärken das Unternehmen
- 112 Musterbudget und Liquiditätsplanung
- 114 Muster-Liquiditätsplan
- 116 Der Fünf-Jahres-Horizont: Wer weiter denkt, ist besser dran
- 117 Cashflow und Deckungsbeitrag
- 118 Betriebskontrolle für Fortgeschrittene

8 Einkommenssteuer und Firmenbesteuerung

- 120 Die Abschreibungssätze für Selbständige
- 120 Auch Rückstellungen und Verluste sind steuerwirksam
- 122 Nebenerwerb – oder gar kein Erwerb? Das «Börseler»-Problem
- 123 Geschäftliches und Privates genau auseinanderhalten!
- 123 Hobby oder Erwerb? Künstler und Sammler müssen sich vorsehen
- 125 Luxuskarossen: Steuerbehörden treten auf die Bremse
- 126 Geschäfts- oder Privatliegenschaft?
- 126 Die Ertragssteuern für AG und GmbH
- 126 Firmen können sich nicht von der Kirchensteuer befreien
- 127 Die Kosten für den Steuerberater lohnen sich in den meisten Fällen
- 129 Die Saldobesteuerung mit Pauschalen
- 130 Die Mehrwertsteuer
- 130 Der Vorsteuerabzug

9 Nachfolge und Liquidierung: Das Ende des Firmenlebens

- 134 Nachfolge in der Familie: Früh planen, Vertrauen gewinnen
- 136 Nachfolgeregelung: Diese Punkte sollten Sie in Betracht ziehen
- 137 Firmenverkauf an Aussenstehende: Der Management-Buyout
- 138 Firmenwert und Verkaufspreis sind nicht dasselbe
- 139 Was ist eine Firma wert? So rechnen die Spezialisten
- 140 Krisensymptome und Massnahmen gegen Rentabilitätskrisen
- 142 Vorsicht vor unseriösen Kredithaien
- 143 Von der Zahlungserinnerung bis zur Betreibung
- 145 Der Weg in den Konkurs
- 145 Hafte ich als Verwaltungsrat persönlich?
- 146 Insolvenzerklärung und Bilanzdeponierung
- 146 Die Rolle des Konkursamtes
- 147 Das Nachlassverfahren

10 Anhang

- 148 Beratungs- und Anlaufstellen für Unternehmer
- 158 Literaturauswahl
- 161 Stichwortregister

1 Den Schritt zum Unternehmer wagen
Der Businessplan zeigt den Weg

Wer als Unternehmer Erfolg haben will, braucht mehr als nur eine zündende Idee. Gefragt sind vor allem gesunder Menschenverstand, Geschäftssinn, viel Freude an der Arbeit und das nötige Quäntchen Glück. Und falls Gründer und Unternehmer fremdes Geld beschaffen müssen, geht es nicht ohne einen fundierten Businessplan.

Der Weg in die Selbständigkeit ist kein Spaziergang. Jungunternehmer arbeiten weit mehr als Angestellte, kennen lange Familienferien nur vom Hörensagen und opfern dem Job auch noch einen Grossteil ihrer Freizeit. Ausserdem verdienen Unternehmer oftmals schlecht – obwohl sie auch noch die volle Verantwortung tragen.

All diesen Schattenseiten zum Trotz sind Unternehmer dennoch glücklichere Menschen als Arbeitnehmer; dies zumindest sagen entsprechende Studien. Unabhängig von Arbeitspensum und Einkommen sind Selbständige mit ihrer Arbeit zufriedener als Angestellte. Ob das auch für deren Lebenspartner gilt, bleibt allerdings offen…

Eines aber scheint klar: Was Konfuzius vor 2500 Jahren mit «der Weg ist das Ziel» formuliert hat, scheint auch in der modernen Leistungsgesellschaft seine Gültigkeit zu haben: Unternehmenslustige Menschen interessiert in erster Linie eben nicht das Resultat, sondern der Weg dorthin.

Unternehmertypen gibt es viele – aber alle brauchen Optimismus

Den idealtypischen Unternehmer gibt es nicht. Keine Existenzgründung gleicht der anderen, kaum ein Unternehmen basiert auf denselben Erfolgsfaktoren. So unter-

Das Rückgrat der Schweizer Wirtschaft

Kleine und mittlere Unternehmen (KMU) bilden das Rückgrat der Schweizer Wirtschaft. Über 99 Prozent aller hiesigen Betriebe beschäftigen weniger als 250 Vollzeitangestellte. Als Gründer eines Kleinunternehmens ist man hier also in bester Gesellschaft.

Den Sprung in die schwarzen Zahlen schaffen viele Unternehmer jedoch nie. Die Chancen, das erste Jahr zu überleben, stehen bei gut 80 Prozent. Danach geht der Überlebenskampf aber erst richtig los, wie Statistiken des Bundes und der europäischen Nachbarländer zeigen. Fast die Hälfte aller neuen Betriebe existiert nach vier Jahren nicht mehr. Etwas bessere Chancen haben die Start-ups im Industrie- und Gewerbesektor, etwas schlechtere jene aus dem Dienstleistungssektor.

Wie schwierig es in wirtschaftlich härteren Zeiten ist, als Selbständiger zu überleben, zeigen die langjährigen Erhebungen des schweizerischen Verbandes Creditreform. Nach einem negativen Höhepunkt im Krisenjahr 2004 nahmen die Zahlen der Firmenpleiten kontinuierlich ab, um in Folge der Turbulenzen von 2010 wieder anzusteigen.

Unternehmerischer Geist lässt sich aber offensichtlich auch in wirtschaftlich schwierigen Zeiten nicht bremsen. 41000 neu gegründete Unternehmen im Jahr 2014 bedeuten für die Schweiz einen absoluten Rekordwert.

schiedlich die Geschäftsfelder sind, so verschieden sind auch die Fähigkeiten ihrer Gründer. Männer haben oft andere Stärken als Frauen, jüngere Menschen andere Schwächen als ältere.

Eines aber ist erfolgreichen Unternehmern gemeinsam: Sie haben am Job viel Freude. Diese Begeisterung versprühen sie bei der Kundschaft und bei ihren Mitarbeiterinnen und Mitarbeitern.

Enthusiasmus und Optimismus sind in der Tat sehr ansteckende Tugenden und wohl eine der wichtigsten Voraussetzungen, um mit der eigenen Firma abzuheben.

Unternehmer sind zudem für ihren starken Willen bekannt, verfügen über eine gesunde Risikobereitschaft und haben die Fähigkeit, Enttäuschungen rasch wegzustecken.

Wer alles allein machen will, ist schnell überfordert
Verhandlungsgeschick, Organisationstalent und Improvisationsfähigkeit sind gerade in der ersten Phase einer Firmengründung Gold wert. Unternehmer müssen entscheidungsfreudig sein und Verantwortung delegieren können. Wer alles alleine machen will, ist über kurz oder lang überfordert. Der Riecher für die richtigen Geschäftspartner, Mitarbeiter und Lieferanten ist in erster Linie Sache des gesunden Menschenverstandes.

Nicht zu unterschätzen ist insbesondere ein intaktes Umfeld. Wer beruflich erfolgreich sein will, sollte sich privat auf ein solides Netzwerk abstützen können.

IN DIESEM KAPITEL

- 10 Zündende Ideen sind selten
- 11 Firma kaufen, statt selber neu gründen
- 12 Franchising und Alleinvertretung
- 14 Strukturvertrieb und Direktverkauf
- 15 Die Marktabklärung
- 15 Die Wahl des Standortes
- 17 Mit der Administration Zeit und Geld sparen
- 18 Kommunikation: Schlüssel zum Erfolg
- 20 So sieht ein fundierter Businessplan aus
- 21 Die Elemente eines Businessplanes
- 22 Auch der Einmannbetrieb braucht eine gewisse Planung
- 23 Das gehört zum vollständigen Businessplan
- 24 Das richtige Vorgehen bei der Marktanalyse
- 25 Die häufigsten Fehler in den Businessplänen
- 25 Diese Fragen stellen die Banken
- 26 Checkliste: Die wichtigsten Schritte zum Businessplan

Selbständigkeit hat ihren Preis: Viele scheitern schon früh
Wer mit dem Gedanken spielt, den Schritt in die Selbständigkeit zu wagen, sollte sich keinen Illusionen hingeben. Das Motto für die ersten Jahre heisst: «Ohne Fleiss kein Preis.»

Überlange Tage und kurze Nächte gehören in den Erfahrungsfundus jedes Jungunternehmers. Vom Achtstundentag und der Fünftagewoche sollte man sich am besten gleich von Anfang an verabschieden. Und auch auf ausgedehnte Familienferien muss man in den ersten Jahren meist verzichten.

Doch damit nicht genug: Selbständige scheitern mit 50-prozentiger Wahrscheinlichkeit in den ersten drei Jahren.

> **TIPP**
>
> **Den richtigen Zeitpunkt gibt es nicht**
>
> Ob Rezession oder wirtschaftliche Boomphase – den richtigen Zeitpunkt für den Schritt in die Selbständigkeit gibt es nicht.
>
> Entscheidend ist meist das private Umfeld. Oft hat sich bereits ein gewisser Lebensstandard eingestellt, den man nicht leichtfertig aufs Spiel setzen will – und das wirkt eher abschreckend.
>
> Bei der Existenzgründung ist es wie beim Computerkauf oder Kinderkriegen: Gründe, um noch zuzuwarten, gibt es immer. Wer sich allerdings zu viele Gedanken über das «Wann» macht, wird den Schritt in die Selbständigkeit nie wagen.

Und verglichen mit Vollzeitangestellten geraten sie öfter in finanzielle Schwierigkeiten, wie eine Studie des Staatssekretariats für Wirtschaft (Seco) zeigt. Mehr als die Hälfte aller Familien, die unter der Armutsgrenze liegen, haben einen selbständigen Haushaltvorsteher.

Als Selbständiger kann man sich nicht gegen Arbeitslosigkeit versichern, man bezahlt Arbeitnehmer- und Arbeitgeberbeiträge an die Sozialversicherungen allein, man trägt das unternehmerische Risiko und kann von Familienzulagen meist nur träumen.

So hart es klingt: In den meisten Fällen erwirtschaften Jungunternehmer im ersten Jahr Verluste, im zweiten Jahr versuchen sie ein ausgeglichenes Ergebnis zu erwirtschaften und im dritten Jahr erzielen sie – falls alles gut läuft – den ersten Gewinn.

Die zentrale Frage lautet also: Wie viel Geld brauche ich während der Gründungsphase für mich und meine Familie zum Leben? Habe ich – zusätzlich zum Kapital für Anfangsinvestitionen – noch genügend Erspartes, um in der Aufbauphase der ersten Monate den Lebensunterhalt zu bestreiten, auch wenn noch kaum Einnahmen aus dem neuen Unternehmen fliessen?

Wer sich angesichts all dieser Risiken nicht abschrecken lässt, hat eine der wichtigsten Voraussetzungen zum Unternehmer: genug Selbstvertrauen.

Die zündende Idee als Erfolgsgarant? Das ist ein Märchen

Selbständig macht sich, wer eine «zündende Idee» hat – so die landläufige Meinung. Nun kann es zwar geschehen, dass aus einer Bieridee ein erfolgreiches Unternehmen hervorgeht. Die Realität aber sieht anders aus. Aus Deutschland gibt es Erhebungen, wonach nur 5 Prozent aller Firmengründungen einer neuen Idee oder Erfindung entspringen.

Die grosse Mehrheit aller Firmengründer versucht sich vielmehr in einem ihnen bestens vertrauten Produkt oder Dienstleistung. Das hat einen einfachen Hintergrund. Wer einige Jahre erfolgreich in einer Branche gearbeitet hat, kennt die zentralen Bedürfnisse und Probleme des Marktes. Und wer dabei noch genau hinhört, weiss, dass ein enger Kundenkontakt eine äusserst aufschlussreiche Informationsquelle für Verbesserungen, Produktinnovation und Marktlücken ist.

Hinzu kommt, dass Branchenkenner bereits über ein entsprechendes Netzwerk verfügen und potenzielle Auftraggeber und Lieferanten persönlich kennen. Im besten Fall haben sie zudem ambitionierte Arbeitskollegen oder Fachkräfte an der Hand, die ihnen beim Aufbau der eigenen Firma helfen können.

1 Businessplan

Ein erfolgreiches Geschäftsmodell kopieren? Warum nicht!
Für die Unternehmensgründung braucht es nicht zwingend eine eigene Idee (siehe Kasten unten links). Es gibt genügend Konzepte und Projekte, die sich leicht modifiziert in ein vielversprechendes Geschäftsmodell verwandeln lassen. Nicht jedes italienische Restaurant muss also die Kochrezepte neu erfinden. Ausschlaggebend ist letztlich, ob die Pizza schmeckt und der Service stimmt.

Ein guter Ideenlieferant ist auch das eigene Konsumverhalten. So ärgert man sich als Konsument immer wieder über Produkte oder Dienstleistungen, die diese Namen nicht verdienen und offensichtliche Mängel aufweisen. Soweit es sich nicht nur um einen persönlichen Ärger handelt, lässt sich daraus vielleicht ein echtes Bedürfnis nach einem verbesserten Produkt oder nach einer kundenorientierten Dienstleistung ableiten.

Eine erfolgreiche Idee zu kopieren, anzupassen und geschickt zu vermarkten hat beträchtliche Vorteile. Erstens lässt sich leicht abschätzen, ob eine ausreichende Nachfrage besteht. Und zweitens kann man bei der Konkurrenz vieles abschauen, das man sonst selber hätte erarbeiten müssen. Beim Kopieren ist aber Vorsicht angezeigt: Patent- oder Urheberrechte dürfen dabei nicht verletzt werden.

Auch ein Weg: Eine Firma kaufen, statt selber gründen
Die Firmengründung ist nicht der einzige Weg in die Selbständigkeit.

> **CHECKLISTE**
>
> **Situationsanalyse: Taugt die Businessidee?**
>
> - Verstehen Freunde und Bekannte die Businessidee?
> - Ist das Geschäftskonzept einfach und klar?
> - Gibt es für das Produkt oder die Dienstleistung überhaupt einen Markt?
> - Sind potenzielle Kundinnen und Kunden auch bereit, Geld dafür zu bezahlen?
> - Wer soll das Produkt kaufen (Zielgruppe)?
> - Wie sieht die Konkurrenzsituation aus?
> - Wo liegen die Vorteile gegenüber den Produkten der Konkurrenz?
> - Besteht im Markt auch ein längerfristiger Bedarf?
> - Ist aufwendige Werbung für die Einführung des Produkts nötig?

Eine weitere Möglichkeit ist der Unternehmenskauf. Diese Vorgehensweise bietet einige Vorteile: Erstens kann man auf Bestehendem aufbauen und sich so einige

> **CHECKLISTE**
>
> **Sind Sie ein Unternehmertyp?**
>
> Wenn Sie als Selbständigerwerbender reüssieren möchten, müssen Sie möglichst viele der folgenden Fragen mit einem Ja beantworten können.
> Sind Sie...
> - risikobereit?
> - fähig, aus Fehlern zu lernen?
> - offen für Veränderungen?
> - in der Lage, auch Tiefschläge einzustecken?
> - geistig und körperlich belastbar und gesund?
> - ein hoffnungsloser Optimist?
> - aufgeschlossen und kontaktfreudig?
> - ausdauernd?
> - auf Ihr Ziel fokussiert?
> - entscheidungsfreudig?
> - sozialkompetent und führungsbegabt?
> - in Geldfragen Realist?

Amtsgänge und andere Anfangsschwierigkeiten ersparen. Man kann von den Erfahrungen des Vorgängers profitieren und die Risiken besser kalkulieren.

Zweitens besteht bereits ein Kundenstamm und das Unternehmen geniesst schon einen gewissen Bekanntheitsgrad.

Selbst der Businessplan kann auf bereits bestehendes Zahlenmaterial abstellen, was die Risiken einer Fehlplanung minimiert.

Aber auch eine Betriebsübernahme ist keine leichte Aufgabe.

Die wohl grösste Herausforderung besteht darin, die Altlasten richtig einzuschätzen und sich mit Lieferanten und Kunden über die künftige Zusammenarbeit zu einigen. Ausserdem gilt es abzuklären, ob die zentralen Einrichtungen nicht veraltet sind und grosse Investitionen anstehen.

Und schliesslich gilt es, sich mit dem bisherigen Besitzer über einen Kaufpreis und Garantien zu einigen, die dem künftigen Risiko, aber auch den künftigen Chancen angemessen sind (siehe «Checkliste» unten links).

CHECKLISTE

Übernahme einer Unternehmung: Darauf sollten Sie achten

- Warum will der bisherige Unternehmer seinen Betrieb verkaufen?
- Sind seine Gründe schlüssig und glaubhaft?
- Wie ist der Zustand der Unternehmung (Bilanzen, Korrespondenzen usw.)?
- Warum ist das Unternehmen erfolgreich?
- Wie sind die mittelfristigen Aussichten?
- Sind die Kunden mit der Leistung zufrieden?
- Wie steht es um die Bonität der Kunden?
- Werden die Kunden auch künftig die Produkte kaufen?
- Sind noch Lieferantenrechnungen offen?
- Werden die Lieferanten auch künftig liefern?
- Wie motiviert und flexibel sind die Angestellten?
- Welche Mitarbeiter sind für die Qualität und Weiterentwicklung der Produkte wichtig? Können die Know-how-Träger gehalten werden?
- Können bestehende Verträge übernommen werden (Miet- und Pachtverträge, Lizenzen usw.)?
- Verliert der Standort an Attraktivität?
- Sind die Unternehmenswerte realistisch geschätzt worden?
- Sind im Kaufvertrag bestehende Verbindlichkeiten explizit ausgeschlossen?

Franchising: Geschäften nach dem Big-Mac-Rezept...

Eine andere Möglichkeit, das Heft selber in die Hand zu nehmen, ist die «abhängige Selbständigkeit». In den vergangenen Jahren immer bekannter geworden ist das sogenannte Franchising. Die Fastfood-Kette McDonald's oder das Kaffeehaus Starbucks zählen zu den prominentesten Vertretern dieses Modells in der Schweiz.

Die simple Idee: Der Franchisenehmer kauft gegen eine Lizenzgebühr sowie eine jährliche Umsatzabgabe eine fertige Geschäftsidee oder Marke vom Franchisegeber. Die Lizenz ist zeitlich und geografisch beschränkt.

...hat klare Vorteile, aber auch etliche Nachteile

Das Franchisingsystem bringt einige Vorteile mit sich: Der Neuunternehmer kann von den Erfahrungen des Franchisegebers profitieren. Hilfe bekommt er zudem bei Wareneinkauf, Schulung, Marketing und Werbung. Der Kapitaleinsatz ist für den Franchisenehmer relativ gering, weil der Franchisegeber im Normalfall die Anfangsinvestitionen in Geschäftsstellen zum grössten Teil übernimmt.

Franchising hat für den Neuunternehmer aber auch Nachteile. Die unternehmerische Freiheit ist stark eingeschränkt, denn die Marschroute wird vom Franchisegeber vertraglich genau festgelegt. Ausserdem ist ein Ausstieg aus dem Vertrag nicht ganz einfach, selbst wenn das Konzept auf dem Markt keinen Erfolg haben sollte (siehe «Checkliste» rechts).

Alleinvertretung und Lizenznahme – eine Gratwanderung

Ein mit dem Franchising verwandtes Modell ist die Alleinvertretung. Der Alleinvertreter vereinbart mit einem Alleinvertriebsvertrag die exklusiven Vertriebsrechte an einer Ware in einem bestimmten Verkaufsgebiet. Auf der anderen Seite verpflichtet sich der Produzent, Händler oder Importeur, die Ware ausschliesslich dem Alleinvertreter zu liefern – und zwar termingerecht und in vereinbarter Qualität.

Ähnlich funktioniert die Lizenznahme. Allerdings kauft der Lizenznehmer nicht Waren, sondern immaterielle Güter wie Patente oder Handelsmarken. Der Inhaber verkauft dem Lizenznehmer das Recht, die Patente oder das geistige Eigentum zu nutzen.

Lizenznehmer und Alleinvertreter sind selbständige Unternehmer. Sie arbeiten auf eigene Rechnung und unter eigenem Namen. Bei Lizenz- und Alleinvertriebsverträgen ist aber Vorsicht angezeigt, sie sind im schweizerischen Recht nicht eindeutig geregelt. Wer einen entsprechenden Vertrag unterzeichnen will, sollte unbedingt den Rat einer Fachperson einholen.

Schwierig abzuschätzen ist zudem, ob sich die Alleinvertretung oder die Lizenznahme überhaupt lohnt. Bevor man einen Vertrag unterschreibt, gilt es, das Marktpotenzial im entsprechenden Gebiet genau auszuloten und Erkundigun-

CHECKLISTE

15 wichtige Fragen: So wählen Sie den Franchisegeber aus

- Wie lange ist er schon im Geschäft?
- Wie gut ist das Management? Wie viel Erfahrung hat es?
- Gibt es Referenzen?
- Wie sieht die finanzielle Situation aus?
- Wie ist das Firmenimage?
- Wie viele Franchisenehmer gibt es? Und wie lange schon?
- Führt der Franchisegeber einen Eignungstest mit den Bewerbern durch?
- Ist er Mitglied in einem Fachverband?
- Versucht er unzulässigerweise Preisvorschriften zu erlassen? (Grundsätzlich kann er nur eine Preisempfehlung geben.)
- Müssen Sie Betriebsmittel und Waren ausschliesslich beim Franchisegeber beziehen?
- Ist fachliche und kaufmännische Erfahrung erforderlich?
- Gibt es eine ausreichende Schulung und Betriebsvorbereitung bzw. Weiterbildung?
- Existiert ein Handbuch zur Betriebsführung?
- Gibt es Beratung und Hilfe bei Schwierigkeiten?
- Welche Serviceleistungen bietet der Franchisegeber in den Bereichen Einkauf, Werbung und PR?

gen über Partner und Produkt bzw. Patent einzuholen.

Strukturvertrieb – ein Tummelfeld für Schlawiner

Eine viel diskutierte Form der Selbständigkeit ist der Strukturvertrieb. Landläufig sind diese Modelle auch als Multi-Level-Marketing oder schneeballähnliches Prinzip bekannt. Geködert werden die Interessenten meist mit vollmundigen Versprechen und fabelhaften Verdienstmöglichkeiten.

Über Strukturvertriebe wird beinahe alles verkauft – Finanzdienstleistungen, Versicherungen und Software, aber auch Kosmetika, Heilkräuter oder Putzmittel.

Das System funktioniert wie folgt: Der Unternehmer (Agent) übernimmt Waren und entsprechendes Werbematerial und vertreibt dieses auf eigene Rechnung. Das grosse Geld lässt sich damit aber nicht verdienen. Interessant wird die Sache erst, wenn man eigene Verkäufer – sogenannte Subverkäufer – für das System begeistern kann, die wiederum unten einsteigen.

Denn für die Waren, die die Subverkäufer beziehen, kassiert der Agent Provisionen. Je mehr Subverkäufer, desto höher steigt der Agent auf den Hierarchiestufen der Struktur nach oben – und desto grösser ist sein Verdienst.

Wenn die Verwandten abgegrast sind, stocken die Verkäufe

Handelt es sich um ein eigentliches Schneeballsystem, so ist diese Form des Vertriebs in der Schweiz illegal. Über Schneeballsysteme werden in der Regel Geldanlagen getätigt, deren Rendite sich einzig daraus ergibt, dass Neueinsteiger mit ihrem Geld den Profit der bereits Engagierten finanzieren.

Aber auch legale Formen des Strukturvertriebs enden oft im finanziellen Desaster. Denn meist sind zu viele Verkäufer in einem bereits gesättigten Markt tätig, die ihre bereits bezahlten Waren nicht mehr losbringen. Den Letzten beissen in diesem Fall die Hunde.

Kommt dazu, dass Mitarbeiter in Strukturvertrieben immer wieder angehalten werden, zuerst im Verwandten-, Bekannten- und Freundeskreis zu verkaufen. Wenn diese Klientel einmal abgegrast ist, finden Unerfahrene in der Regel keine weiteren Kunden mehr.

TIPP

Kapitalbeschaffung: Denken Sie auch an Ihre eigene Familie!

Eine Unternehmung zu gründen ist eine teure Angelegenheit. Ohne finanzielle Ressourcen kann die beste Geschäftsidee nicht zum Erfolg gebracht werden. An ausreichend Startkapital zu gelangen ist aber oft ein schwieriges Unterfangen – es sei denn, man kann auf eigene Ressourcen zurückgreifen.

Wo die eigenen Mittel nicht ausreichen, hilft meist die Familie mit. Genügen auch die Darlehen von Familie und Freunden nicht, so braucht es zusätzliches Fremdkapital.

Von den Banken können aber nur Firmengründer Kredite erwarten, die über ausreichende Sicherheiten verfügen. Und Business Angels (siehe Seite 31 f.), die sich mit Risikokapital am Firmenaufbau beteiligen, sind in der Schweiz eine rare Spezies. Wer einen gut durchdachten Businessplan präsentieren kann, hat dennoch gute Chancen, das nötige Startkapital zusammenzubringen (siehe Seite 20 ff.).

1 Businessplan

TIPP

Die Marktabklärung als Schlüsselfaktor

Mit der Geschäftsidee alleine lässt sich noch kein Lebensunterhalt bestreiten. Ideen müssen reifen und in erster Line erfolgreich umgesetzt und verkauft werden. Um eine Geschäftsidee auf ihre Tauglichkeit zu prüfen, sollte man sich genügend Zeit lassen.

Am Anfang jeder Unternehmensgründung steht die Situationsanalyse mit der zentralen Frage: Gibt es für meine Geschäftsidee überhaupt einen Markt?

Einen Markt gibt es nur dann, wenn das Produkt auch einem echten Kundenbedürfnis entspricht und – was gerne vergessen wird – die Kundschaft auch bereit ist, den entsprechenden Preis dafür zu bezahlen. Wer als Jungunternehmer in einen Markt eintreten will, muss diesen vorgängig möglichst genau erforschen.

Eine günstige Form der Marktabklärung ist die Dokumentenanalyse (Desk Research). Dabei wird vorhandenes Datenmaterial (Warenkataloge, Jahresberichte der Konkurrenz usw.) gesammelt und ausgewertet.

Fehlen die notwendigen Daten, liefern Gespräche mit Freunden, Bekannten, Geschäftskollegen oder Branchenkennern die wichtigsten Antworten: Wird die Geschäftsidee überhaupt verstanden? Wie viele potenzielle Kunden gibt es? Wie gross ist das Umsatzpotenzial usw.?

Zu berücksichtigen ist auch die künftige Marktentwicklung. Die Geschäftsidee soll schliesslich auch einige Jahre später noch gute Umsätze generieren.

Ein weiterer Schlüsselfaktor ist die Konkurrenz. Wer ist Marktführer, welche Produkte, Dienstleistungen und Services bietet sie an? Wie unterscheiden sich diese Produkte? Dabei gilt es nicht nur den Absatz-, sondern auch den Beschaffungsmarkt auszuleuchten.

Selbständig sind auch Direktverkäufer. Sie grenzen sich jedoch von den Methoden des Strukturvertriebs klar ab. Bekanntes Beispiel für den Direktverkauf sind die sogenannten Tupperware-Partys.

Im Unterschied zum Strukturvertrieb legen die Direktverkäufer Wert auf faires Verhalten bei der Anbahnung und der Abwicklung von Geschäften und gewähren ein umfassendes Widerrufsrecht. Aus diesem Grund haben sie sich im Verband Schweizerischer Direktverkaufsfirmen (VDF) organisiert. Wer Mitglied ist, muss sich an den Ehrenkodex des Verbandes halten.

Der richtige Standort ist von herausragender Bedeutung

Wer ein Unternehmen gründet und dafür nur ein kleines Büro, einen PC und ein Telefon braucht, kann sich glücklich schätzen. Die Standortwahl ist da kein Problem.

Anders präsentiert sich die Situation für einen Kleiderladen oder einen Industriebetrieb. Sie sind auf geografisch optimale Standorte angewiesen, um das Geschäft oder die Produktion erfolgreich betreiben zu können.

Die geschickte Standortwahl ist gerade für Jungunternehmer eine schwierige Aufgabe, zumal private

CHECKLISTE

Die Wahl des geeigneten Standorts: So gehen Sie vor

Um den geeigneten Standort für Ihr Unternehmen zu finden, empfiehlt sich ein strukturiertes Vorgehen. Machen Sie ein Anforderungsprofil, in dem Sie die einzelnen Punkte nach ihrer Wichtigkeit werten und so zu einem guten Bild Ihrer Bedürfnisse gelangen. Folgende Kriterien sollten Sie dabei berücksichtigen:

Standort
- Verkehrsverbindungen (öffentlicher Verkehr und Privatverkehr)
- Nähe zu Kunden, Lieferanten, Partnerfirmen

Situation
- Zufahrt, Parkplätze, Lademöglichkeiten
- Konkurrenz
- Quartier, Umgebung

Räumlichkeiten
- Grösse und Anzahl der Räume
- Art und Aufteilung der Räume (Lager, Sitzungszimmer, Zugänge, Bodenbelastung usw.)
- Baulicher Zustand
- Veränderungsmöglichkeiten Infrastruktur
- Kommunikation (Telefon, Datenleitung usw.)
- Strom und Wasser
- Küche, WC

Miete
- Mietzins, Nebenkosten
- Kosten von Umbauten/Veränderungen
- Vertragsdauer

Kauf
- Preis
- Erschliessung
- Bauvorschriften

Steuern
- Steuerbelastung
- Steuererleichterungen

Verschiedenes
- Lohnniveau
- Verfügbarkeit von Fachkräften
- Lokale Verankerung
- Behördliche Auflagen
- Pläne der Gemeinde

Einschränkungen und Präferenzen einen völlig unabhängigen Entscheid meist gar nicht zulassen. Geografische Flexibilität scheint zudem nicht unbedingt eine der Schweizer Tugenden zu sein.

Welcher Standort für ein Unternehmen geeignet ist, hängt in erster Linie von der Branche und dem Marktumfeld ab. Zu berücksichtigen sind dabei drei Faktoren:
- Besteht am Standort überhaupt ein Bedarf nach dem Produkt? Aufschluss darüber liefert eine detaillierte Situationsanalyse.
- Ist die Verkehrslage geeignet? Je nach Branche sind die Mobilitätsansprüche der Kundschaft für den Erfolg des Unternehmens entscheidend. Insbesondere in der Gastronomie, im Einzelhandel und in anderen Dienstleistungsbetrieben kommt dem Standort eine herausragende Bedeutung zu.

In der Agglomeration oder auf dem Lande muss der Standort mit dem Auto problemlos erreichbar und mit ausreichend Parkplätzen ausgestattet sein. Für die Innenstadt gelten andere Massstäbe: Hier sind die Zugänglichkeit zu Fuss oder mit den öffentlichen Verkehrsmitteln wichtig, um von einer hohen Passantendichte zu profitieren.

1 Businessplan

Auch eine zweitklassige Lage kann ihre guten Seiten haben
Interessant sind Lagen in der Nähe von Einkaufszentren, Banken und Konkurrenzunternehmungen. Dort tummeln sich potenzielle Kunden ohnehin bei ihrem täglichen Einkauf. Toplagen sind aber meist mit hohen Mietkosten verbunden.

Standorte fernab der Kunden sind billiger, bedingen aber meist erhöhte Werbekosten. Es gilt daher genau abzuwägen, ob sich der teure Standort tatsächlich rechnet oder ob eine zweitklassige Lage gleich um die Ecke finanziell interessanter ist.

■ Ist der Standort für die vorgesehene Nutzung überhaupt geeignet? Für die gewerbliche Nutzung eines Standortes ist in der Regel eine Bewilligung der Behörden notwendig. Ausserdem dürfen sich die meisten Gewerbebetriebe nur in bestimmten Zonen ansiedeln und müssen dabei die verschiedensten Vorschriften einhalten. Detaillierte Infos zu den Nutzungsbestimmungen erhält man bei den Bauämtern.

Je nach Branche können auch andere Faktoren den Standortentscheid beeinflussen. Die Steuerbelastung etwa ist – zumindest für ortsunabhängige Betriebe – ein bedeutendes Kriterium.

Administration: Hier lässt sich Zeit und Geld sparen
Jeder Jungunternehmer läuft Gefahr, im lästigen Papierkram unterzugehen. Eine effiziente Administration ist ein absolutes Muss: Wer keine Rechnungen schreibt, wird Ende Monat auch kein Geld in der Kasse haben. Eine optimale Infrastruktur ist also kein unnötiger Luxus, sondern hilft Zeit und Ärger sparen.

Die zweckmässige Büroeinrichtung und die entsprechende Möblierung erleichtern die Bewältigung der Administration erheblich. Selbst wenn Genies bekanntlich jedes Chaos überblicken – Otto Normalunternehmer braucht ausreichend Arbeitsfläche und genügend Ablageplätze für Ordner und Unterlagen, um seine Papierflut zu bewältigen.

Am Anfang reichen meist einige einfache Regale und Hängeregister aus. Wer sein Büro zu Repräsentationszwecken braucht, muss

---

CHECKLISTE

Das gehört zur Büroinfrastruktur

- Festnetzanschluss
- Mobiltelefon/Smartphone
- Fotokopierer und Fax
- Computer inklusive Multifunktionsgerät (Drucker, Scanner, Fax, Kopierer) und Back-up, eventuell Servicevertrag mit Händler
- Software für Textverarbeitung, Tabellenkalkulation, Buchhaltung und branchenübliche Spezialsoftware
- Schneller Internetanschluss
- Büromöbel (Sitzgelegenheit, Schreibfläche, Ablagefläche, Gestelle usw.)
- Ablageorganisation (Ordner, Hängeregistratur, Archiv usw.)
- Empfangsraum für Kunden und/oder Sitzungen
- Tresor zur Aufbewahrung sensibler Daten und Wertgegenstände
- Büromaterial
- Firmenpapier und -couverts, Visitenkarten

aber etwas tiefer in die Tasche greifen. Gute Geschäfte lassen sich in entsprechendem Ambiente besser einfädeln. Dazu gehört auch ein Kaffee, der diesen Namen verdient.

Ein gutes Unternehmen kann man jederzeit kontaktieren
Egal in welcher Branche man tätig ist, die Kommunikation ist der Schlüssel zum Erfolg. Das Telefon ist die Visitenkarte eines Unternehmens. Festnetz, Mobil- oder Smartphone, ein Multifunktionsgerät, das neben drucken, scannen und kopieren auch faxen kann, sowie Internet und E-Mail zählen zur Standardausrüstung jedes Firmengründers.

Ein Muss ist die Erreichbarkeit des Firmeninhabers. Ob eine Nachricht auf der Mailbox hinterlassen oder gleich aufs Mobiltelefon umgeleitet wird: Die Kommunikation bleibt aufrecht. Oft ist dies für geschäftliche Belange von grosser Bedeutung. Die Kunden können ihre Anfragen deponieren und werden nie alleine gelassen.

TIPP

Wirtschaftsförderer und Technoparks unterstützen Neuunternehmer

Eine wichtige Rolle für Neugründungen spielen die lokalen Wirtschaftsförderer. Verschiedene Gemeinden und Kantone versuchen, Jungunternehmer mit attraktiven Angeboten anzulocken.

Interessant sind auch die sogenannten Technoparks. Sie bieten Neugründern die Möglichkeit, in ihren Räumen von der kostengünstigen Infrastruktur und dem Know-how branchenverwandter Firmen zu profitieren.

Die Website als Fenster zur Welt
Die eigene Website ist eine einfache, kostengünstige Kommunikationsplattform. Auf einer Website kann man mit der Kundschaft kommunizieren und die wichtigsten Informationen weitergeben. Produkte, Adressen, Anfahrtsplan, Telefonnummer und Kontaktformulare sind weltweit schnell abrufbar.

Wichtig ist dabei, dass die Website übersichtlich bleibt und die interessanten Infos im Mittelpunkt stehen. Nicht vergessen sollte man zudem, dass die Kundschaft im dem Internet international ist. Wer weltweit aktiv sein will, braucht auch mindestens eine englische Version seiner Website (weitere Infos im K-Tipp-Ratgeber «KMU: So nutzen Sie das Internet», zu bestellen über www.ktipp.ch).

Korrespondenz: Ohne E-Mail geht es nicht
Die elektronische Post ist das wichtigste Kommunikationsmittel im geschäftlichen Bereich geworden. Die Vorteile liegen auf der Hand: Das E-Mail kommt sekundenschnell beim Gegenüber an und ist erst noch gratis.

Einfacher wird auch die ganze Administration der Korrespondenz; ein Grossteil des Papierkrams fällt weg. Mit wenigen Mausklicks lassen sich auch Jahre später einstige Briefwechsel auffinden. Es ist daher unabdingbar, dass die Korrespondenz in einem elektronischen Archiv abgelegt ist. Und nebenbei wird den obligatorischen Aufbewahrungsfristen Rechnung getragen.

E-Mail wird auch als Marketinginstrument genutzt. Ganze Empfängergruppen lassen sich schnell, unkompliziert und billig mit Newsletters versorgen. Immer mehr stehen Unternehmen auch via Social Media mit ihren Kunden in Kontakt. Wer diese Werkzeuge richtig einzusetzen weiss, kann Zeit und in der Regel auch Kosten einsparen (siehe Kapitel 6, Seite 94 ff.).

Hard- und Software für den Büroalltag

Im Büroalltag gibt es nichts Schlimmeres, als wenn der Computer streikt. Meist verstreichen dabei wertvolle Arbeitsstunden, die es dann nachzuholen gilt. Wer sich mit Informationstechnik nicht auskennt, lässt besser die Finger davon und ruft die Profis zu Hilfe.

Bevor man Geld in eine neue IT-Anlage und Peripheriegeräte steckt, sollte man seine Bedürfnisse genau kennen. Es empfiehlt sich, eine vertrauenswürdige Fachperson zu konsultieren und die Ausrüstung im Fachhandel zu kaufen. Zwar bezahlt man dort etwas mehr als beim Discounter, dafür hat man einigermassen Gewähr, dass man im Notfall eine Ansprechperson hat. Mit einer fachgerechten Installation von IT-Geräten und Internetanbindung lassen sich viele Pannen bereits im Vorfeld verhindern.

Der PC kann viele Wünsche erfüllen

Mit jedem PC und gängiger Büro-Software lassen sich problemlos Briefe schreiben, Tabellen kalkulieren, Kundendatenbanken erstellen,

> **TIPP**
>
> **Open Source kann viel Geld sparen**
>
> Word, Excel und Mailprogramme muss man nicht zwingend bei Microsoft kaufen. Für Jungunternehmer ist das kostenlose Konkurrenzprodukt StarOffice oder OpenOffice eine interessante Alternative.
>
> Solche Software ist dem Standardprodukt von Microsoft punkto Funktionalität über weite Strecken ebenbürtig. Auch was die Kompatibilität zum Original angeht, gibt es für den Standardbenutzer in der Regel keine Probleme mehr.
>
> Den Alltagsaufgaben in einem kleinen Büro ist die Open-Source-Software also problemlos gewachsen. Open Source heisst übrigens: Der Quellcode (also das Basisprogramm) ist frei zugänglich, jedermann ist frei, das Programm weiterzuentwickeln oder seinen Bedürfnissen anzupassen.

Präsentationen kreieren und das Internet nutzen. Für mittlerweile einige Hundert Franken gibts dazu einen leistungsstarken Drucker, mit dem sich farbige Broschüren und Werbematerial in hoher Qualität herstellen lassen.

Für die meisten Jungunternehmer reicht diese Ausrüstung aus. Komplizierter wird es, wenn branchenspezifische Spezialsoftware erforderlich ist. Viele Zeichnungs-, Grafik- und Buchhaltungsprogramme usw. funktionieren nur einwandfrei, wenn die Hardware gewisse Minimalanforderungen erfüllt.

Für Spezialsoftware empfiehlt es sich, bei Herstellern und Branchenkollegen genau nachzufragen, wo Probleme auftauchen könnten. Das Gleiche gilt für spezialisierte Peripheriegeräte wie Plotter usw. Hier sollte man sich unbedingt an die Empfehlungen der Experten halten.

Der Businessplan

Ein Businessplan hilft Kreditgebern und Investoren, die Chancen und Risiken einer Idee zu beurteilen. Doch auch für den Neuunternehmer selber ist der Businessplan wichtig: Er dient als Messlatte zur Überprüfung, ob und wie weit die ursprünglichen Ziele erreicht sind.

Ein Businessplan ist im Grunde genommen etwas ganz Einfaches: die schriftliche und detaillierte Beschreibung einer Geschäftsidee oder eines Projekts.

Mit einem Businessplan zeigen Unternehmer und Gründer auf, welche Ziele sie verfolgen und wie sie diese erreichen wollen. Ein Businessplan – auf Deutsch Geschäftsplan oder Unternehmensplan – gibt Auskunft über Vergangenheit, Gegenwart und Zukunft eines Unternehmens. Er enthält zudem Aussagen über Strategie, Marktsituation, geplante Massnahmen und Finanzbedarf.

Als wichtiges Planungsinstrument hat er sowohl Wirkung nach innen wie auch nach aussen:
- Die Unternehmensführung muss eigene Vorstellungen und Zielsetzungen übersichtlich darstellen und diese anschliessend einer permanenten und systematischen Überprüfung aussetzen.
- Potenzielle Geschäftspartner sowie Investoren erhalten einen detaillierten Überblick über Risiken und Chancen des Unternehmens.

Für die Fremdfinanzierung ist ein Businessplan unerlässlich

Mit einer guten Idee alleine gewinnen Sie keine Investoren. Gerade bei Neuunternehmern wollen

---

TIPP

So gestalten Sie einen fundierten Businessplan

- Machen Sie Massarbeit: Schreiben Sie empfängerorientiert. Passen Sie Argumente, Formulierungen und Beilagen dem jeweiligen Empfänger an.
- Machen Sie einen guten ersten Eindruck: Auch bei einem Businessplan ist der erste Blick oft der wichtigste. Achten Sie also auf eine entsprechend attraktive Gestaltung sowie auf aussagekräftige und übersichtliche Beilagen.
- Seien Sie realistisch: Hält die Planung dem Licht der Realität stand? Sind die gesetzten Ziele mit den definierten Massnahmen wirklich zu erreichen? Sind alle Kosten und Risiken berücksichtigt?
- Rechnen Sie mit dem Schlimmsten: Bei der Finanzplanung sollten Sie verschiedene Szenarien durchrechnen. Sehen Sie auch einen Worst Case vor, bei dem Märkte zusammenbrechen, Einkaufspreise steigen usw.
- Machen Sie eine regelmässige Standortbestimmung: Mit einem Businessplan schaffen Sie die Voraussetzungen für ein regelmässiges Controlling. Entsprechen Liquidität, Aufträge, Umsätze usw. dem Soll-Zustand?
- Halten Sie den Businessplan aktuell: Mindestens einmal pro Jahr sollten Sie den Businessplan den aktuellen Tatsachen und neuen Prioritäten anpassen.

Geldgeber das Potenzial eines Produkts oder einer Geschäftsidee genau ausloten – und zwar anhand eines Businessplans.

Ein Businessplan ist auch dann angezeigt, wenn ein Unternehmen vor einem wichtigen Entwicklungsschritt steht oder neu auf die Unterstützung durch Partner angewiesen ist.

Mehr noch: Eine regelmässige Aktualisierung des Businessplans zwingt Unternehmer dazu, über Verbesserungen in der Firma nachzudenken, damit sie schnell und richtig auf Veränderungen reagieren können.

Diese Elemente muss ein Businessplan enthalten

Falls Ihr Businessplan den Adressaten überzeugen soll, muss er empfängerorientiert verfasst sein. Das heisst: Sie sollen sicherstellen, dass der Adressat alle Informationen erhält, die er benötigt.

Fassen Sie sich aber kurz, fünf bis zehn Seiten sollten ausreichen.

Machen Sie klare Aussagen: Sie müssen begründet, nachvollziehbar und plausibel sein. Gliedern Sie Ihre Argumente und Ideen in einem logischen Aufbau. Setzen Sie einfache, übersichtliche Grafiken und Tabellen ein.

Ein Businessplan basiert auf Tatsachen und Einschätzungen: Vermischen Sie diese nicht, sondern achten Sie darauf, dass geschätzte Zahlen und Szenarien von den Fakten getrennt sind.

Für Ablauf, Reihenfolge und Gliederung der Informationen gibt es keine verbindlichen Regeln. Je nach Geschäftsidee und Ausgangslage kann sich die Gewichtung ändern. Auf den folgenden Seiten finden Sie einen Überblick über die Angaben, die der Businessplan enthalten sollte.

■ Zusammenfassung

Eine Kurzform des Businessplans sollte gleich am Anfang stehen. Auf ein bis drei Seiten stellen Sie die Geschäftsidee oder das Projekt in seinen Grundzügen vor.

In der Zusammenfassung gehen Sie auch auf die Umsatz- und Gewinnaussichten sowie den Finanzbedarf mit den Fristen ein. Erwähnen Sie die Risiken. Einem Interessenten sollte in maximal fünf Minuten klar sein, worum es bei dem Geschäft geht und was Ihre Anliegen an ihn sind.

Die Zusammenfassung darf durchaus spannend und packend

CHECKLISTE

Hier ist ein Businessplan angezeigt

- Firmengründung
- Einführung eines neuen Produkts mit Investitionsbedarf
- Verstärkung der Eigenkapitalbasis
- Kauf oder Verkauf einer Unternehmung
- Management-Buy-out
- Nachfolgeplanung
- Planung von Expansionsschritten
- Finanzierung (Banken, Venture-Capital-Gesellschaften etc.)
- Anfrage für eine Kredit- oder Leasingfinanzierung
- Partnergewinnung
- Behördengänge (z.B. Wirtschaftsförderung)
- Vorbereitung auf die Zusammenarbeit mit Unternehmensberatern
- Strukturierung der internen Planung

Auch der Einmannbetrieb braucht eine gewisse Planung

Allzu Sorglose könnten meinen: In vielen Fällen geht es ohne finanzielle Planung und ohne eigentlichen Businessplan. Die Krankenschwester etwa, die ein paar Massagekurse belegt und dann als Selbständigerwerbende in der eigenen Wohnung Kundinnen und Kunden behandelt, schafft diesen Sprung ins kalte Wasser auch ohne ausgefeilte Zukunftsvisionen, mögen viele denken.

Und der angestellte Maler, der neu auf eigenen Beinen stehen will, kann durchaus in der Lage sein, sich ohne Businessplan auf dem Markt zu behaupten.

So vorzugehen ist aber dennoch trügerisch. Natürlich brauchen Einmann- oder Einfraubetriebe einen eigentlichen Businessplan nur dann, wenn sie von der Bank oder von einer sonstigen professionellen Seite Geld wollen.

Aber auch Kleinstbetriebe sollten sich zumindest ein paar Gedanken über Aufwand und Ertragsmöglichkeiten machen.

Eine Masseurin beispielsweise muss Folgendes in Betracht ziehen:
- den Massagetisch (über fünf Jahre) zu amortisieren,
- Ausbildungskosten (über fünf Jahre) zu amortisieren,
- laufende Betriebskosten,
- Werbematerial (sonst wird sie keine Kunden haben; Mund-zu-Mund-Propaganda reicht in einem so umkämpften Markt sicher nicht),
- Massageöl, Decken, Reinigungsmaterial usw.,
- Kommunikation und Strom,
- Verbandsbeiträge/Steuern,
- evtl. Mietkosten.

Demgegenüber stehen (unsichere) Erträge, die vorsichtig zu budgetieren sind.

Unter dem Strich stehen am Anfang also mit grosser Wahrscheinlichkeit Ausgaben, die von den Einnahmen nicht gedeckt sind.

Nur wer eine solche Aufstellung macht, kann wirklich vernünftig entscheiden, ob er einen selbständigen Nebenerwerb aufnehmen will.

Soll es gar eine volle selbständige Tätigkeit sein, muss auch Erspartes vorhanden sein, von dem man (nebst den Geschäftskosten) seine Lebenshaltungskosten decken kann, bis genügend Erträge fliessen.

geschrieben sein, um die Leser für Ihre Ideen zu gewinnen.

- **Unternehmung**

Dieses Kapitel muss Hintergrundinformationen über die Entwicklung enthalten. Wer ist der Gründer? Wann wurde die Firma gegründet? Was waren ursprünglich die Geschäftsziele? Welches waren Erfolge und Misserfolge? Hat sich die Strategie verändert? Warum?

Dazu gehören auch Aussagen über die aktuelle Unternehmenssituation. Wie ist die Rechtsform und Kapitalstruktur? Welches sind Stärken und Schwächen?

Definieren Sie strategische Geschäftsfelder. Geben Sie einen Überblick über Schlüsselkennzahlen wie Umsatz, Gewinn, Cashflow, Anzahl Mitarbeiter, Standorte usw.

Ob es um eine Firmengründung, die Finanzierung einer Expansion, einer Akquisition oder eines Turnarounds geht – im Kapitel «Unternehmung» müssen Sie die jeweilige Absicht begründen.

Beispiele: Was ist die Idee hinter der Gründung? Wieso erachten Sie die Expansion als notwendig? Welche strategischen Ziele verfolgen Sie mit der Akquisition? Wie wollen Sie das Unternehmen in Zukunft rentabler betreiben?

■ **Management und Organisation**
Investoren wollen wissen, wer hinter einer Unternehmung steht und über welche Erfahrungen und Fähigkeiten das Unternehmerteam verfügt. Geben Sie also Informationen über Ausbildung sowie Berufs-, Branchen- und Managementerfahrung des Führungsteams an.

Ebenso wichtig: Welche Erfolge haben Ihre Schlüsselmitarbeiter erzielt, wie ist Ihr Beziehungsnetz?

Zu diesem Kapitel gehört auch ein Überblick über die Organisation. Wie sind die Verantwortlichkeiten, Pflichten und Kompetenzen verteilt? Informieren Sie über die Mitglieder des Verwaltungsrats und allfällige externe Berater. Sind alle Schlüsselpositionen besetzt oder besteht Verstärkungsbedarf? Aber auch: Wie ist die Entlöhnung geregelt (Beteiligungen, Boni, Dividenden)?

■ **Produkte und Dienstleistungen**
Geben Sie eine detaillierte Beschreibung der Produkte und/oder Dienstleistungen Ihrer Unternehmung und dokumentieren Sie diese genau (z.B. mit Prospekten). Schildern Sie Kundennutzen, Kundenbedürfnis sowie Stärken und allenfalls Schwächen Ihres Angebots.

Zudem sollten Sie Antworten auf Fragen wie die folgenden beantworten: Wo stehen Ihre Erzeugnisse im Produkte-Lebenszyklus? Steckt das Produkt in der Entwicklungsphase oder wirft es bereits Gewinn ab? Wie sieht es mit den Ausbaumöglichkeiten des Angebots aus – zum Beispiel vom Einzelprodukt zur Produktelinie? Wo positionieren Sie sich in Bezug auf Preis und Qualität? Welche Innovationen sind weiter möglich? Bieten Sie begleitende Dienstleistungen an, etwa Service, Schulung oder Wartung?

■ **Märkte und Absatzziele**
Für potenzielle Geldgeber müssen Sie den Beweis erbringen, dass

CHECKLISTE

Das gehört zu einem vollständigen Businessplan

Für Neugründungen:
Finanzen
- Betreibungsauszug
- Planbilanzen und -erfolgsrechnungen
- Liquiditätsplan (siehe Seite 113 ff.)
- (gegebenenfalls) Kopie bestehender Kredit- und Darlehensverträge
- (gegebenenfalls) Bürgschaften, Depotauszüge, Liegenschaftenschätzung

Allgemein
- Handelsregisterauszug (falls schon gegründet)
- Broschüren über Unternehmen, Produkte und evtl. Konkurrenz
- Marktanalysen
- Terminpläne
- Referenzschreiben, Arbeitszeugnisse

Für den Ausbau der Geschäftstätigkeit oder für Umstrukturierungen zusätzlich:
- testierte Jahresabschlüsse mit Bilanz, Erfolgsrechnung und Anhang
- aktueller Zwischenabschluss mit Debitoren und Kreditoren
- Kapitalflussrechnungen
- Pläne der Unternehmung (Maschinen, Standorte usw.)
- Verträge (Beteiligungen, Kooperationen, Lizenzen, Marken usw.)
- Steuererklärungen

FRAGE

Ich brauche eine Marktanalyse: Wie soll ich vorgehen?

Ich möchte einen Businessplan für die Lancierung eines neuen Produktes erstellen. Ein wichtiger Teil dabei ist natürlich die Marktanalyse. Wie soll ich hier vorgehen?

In der Schweiz gibt es 36 professionelle Markt-, Meinungs- und Sozialforschungsunternehmen, die massgeschneiderte Konzepte liefern. Für Kleinunternehmen sind die Kosten dieser Dienstleistungen aber oft zu hoch.

Wertvolle Erkenntnisse über einen bestimmten Markt lassen sich jedoch auch auf eigene Faust gewinnen. Folgende Stellen liefern beispielsweise statistische Angaben über Marktentwicklungen:
- Bundesamt für Statistik, statistische Jahrbücher von Kantonen und Gemeinden
- Gewerbe-, Branchen-, Wirtschafts-, Fach- oder Berufsverbände
- Banken (Konjunktur- und Branchenberichte)
- Osec
- Konjunkturforschungsstelle der ETH Zürich (KOF)
- Fachinstitute an Universitäten und Fachhochschulen (in erster Linie das Schweizerische Institut für Klein- und Mittelunternehmen an der Universität St. Gallen)

Die daraus gewonnenen Zahlen ergeben mit Hilfe von Überschlagsrechnungen einen recht guten Blick auf Konsumverhalten und Marktzusammensetzung.

So können Sie etwa ermitteln, wie viele Schweizerinnen und Schweizer in einem bestimmten Jahr ein Auto gekauft haben. Versuchen Sie, diese Zahlen durch Interviews mit Marktteilnehmern (z.B. Handel, Anbieter, Experten) auf Ihre Bedürfnisse herunterzubrechen.

Natürlich müssen Neuunternehmer oft auf Schätzungen ausweichen. Achten Sie aber darauf, dass diese Schätzungen immer in sich logisch und nachvollziehbar bleiben. Gehen Sie auch von einem Worst-Case-Szenario aus.

Und: Lesen Sie die Fachpresse – allein in der Schweiz gibt es über 2100 Special-Interest-Zeitschriften und Fachpublikationen.

Sie den Markt genauestens analysiert haben und sich über das Potenzial Ihrer Produkte oder Dienstleistungen im Klaren sind (siehe Kapitel 6 auf Seite 84 ff.).

Im Vordergrund steht dabei die Frage: Warum wird Ihre Marktleistung Erfolg haben? Um das zu dokumentieren, sollten Sie detaillierte Informationen über die Zusammensetzung der Märkte, die Kundenstruktur und deren Kaufgewohnheiten, Marktlücken und Erfolgsfaktoren (z.B. Qualität, Preis, Beratung usw.) zusammenstellen. Beschreiben Sie Zielkundengruppen, Abnehmer, Vertriebskanäle, geografische Märkte usw.

Was Sie nicht vergessen dürfen: Welchen Marktanteil streben Sie an? Wo steht die Konkurrenz? Wie viel Umsatz und Gewinn wollen Sie mit welchen Marktleistungen erbringen? Wie hat der Markt bisher Ihre Produkte/Dienstleistungen aufgenommen? Auf welche Markttrends wollen Sie mit Ihrer Unternehmung wie reagieren? Wie schätzen Sie die Wachstumsraten der anvisierten Zielmärkte ein?

■ Konkurrenz

Kein Businessplan ohne Konkurrenzanalyse. Beschreiben Sie Ihre härtesten Konkurrenten und deren Situation im Wettbewerb in Bezug

1 Businessplan

auf Qualität, Preis, Zusatzleistungen, Technologie, Marketing usw. Gehen Sie auch auf Mitbewerber ein, die Ihnen erst in Zukunft Marktanteile streitig machen könnten. Legen Sie zudem Informationen zu den Konkurrenzprodukten und/oder -dienstleistungen bei.

Tipp: Scheuen Sie sich nicht, Ihre Konkurrenz direkt nach Prospekten oder Offerten zu fragen!

Zeigen Sie auf, wie Sie auf mögliche Strategien der Konkurrenz antworten können. Wie reagieren Sie etwa auf einen Preiskampf? Wie begegnen Sie technologischen Entwicklungen und Produkteinnovationen Ihres Mitbewerbers?

Eine fundierte Konkurrenzanalyse ist entscheidend, denn der gefährlichste Konkurrent ist jener, den Sie nicht kennen.

■ **Marketing**

Potenzielle Investoren möchten auch wissen, ob Ihre Unternehmung in der Lage ist, sich wirkungsvoll im Markt zu verankern. Dazu brauchen Sie eine überzeugende Marketingstrategie (siehe Kapitel 6 auf Seite 84 ff.).

Mängel beim Businessplan: Das sind die häufigsten Fehler

- Zu umfangreich: Fassen Sie sich kurz und vermeiden Sie Zahlenfriedhöfe.
- Unvollständig: Haben Sie alle Bereiche dokumentiert, die Sie im Inhaltsverzeichnis erwähnen?
- Widersprüche: Untersuchen Sie die einzelnen Kapitel, ob sie sich wirklich schlüssig ergänzen.
- Fehlendes Marketingkonzept: Sie sind zu sehr auf das Produkt oder die Idee fokussiert. Der Plan äussert sich nicht ausführlich darüber, wie sich die Marktleistung durchsetzen soll.
- Hoffnung: Ist man von einer Geschäftsidee beseelt, ist der Blick auf die Realität oft getrübt.

Definieren Sie deshalb die wichtigsten Zielmärkte und Kundengruppen. Machen Sie Angaben zum erwarteten Kaufverhalten, d.h. nennen Sie die Faktoren, warum Ihre Kunden Ihre Produkte erwerben sollen (z.B. Qualität, Design, Preis).

Wie wollen Sie die Produkte im Markt einführen? Formulieren Sie dazu Teilziele und Meilensteine. Zu welchen Preisen bieten Sie Ihre Produkte oder Dienstleistungen an? Wie hoch sind die Margen?

Machen Sie zudem Angaben über Werbung und PR: Welche

TIPP

Bei der Bank antraben: Mit diesen Fragen müssen Sie rechnen

Gute Vorbereitung ist alles. Die Zusammenstellung zeigt die häufigsten Fragen, die die Bänkler in Kreditgesprächen stellen:
- Welche Qualifikation und welchen Werdegang haben die für den kaufmännischen Bereich verantwortlichen Personen?
- Welche Qualität hat das Management in Sachen Fachwissen und beruflichem Werdegang?

- Wie sind die Zuständigkeiten innerhalb der Geschäftsführung geregelt?
- Gibt es im Privatbereich der Unternehmensleitung Abhängigkeiten von Kapitalgebern, die dem Erfolg hinderlich sein könnten?
- Wie ist die Atmosphäre innerhalb der Geschäftsführung?
- Wie sind die Stellvertretungen geregelt?
- Wie ist die Nachfolgefrage gelöst?

Massnahmen sind geplant und was sollen sie kosten?

Was weiter nicht fehlen darf: Aussagen über Verkauf und Vertrieb. Wie und mit welchen Mitteln werden die Produkte und Dienstleistungen verkauft? Und wie hoch schätzen Sie die Verkaufsmengen und angestrebten Marktanteile?

■ **Standort und Logistik**
Hier erklären Sie, nach welchen Kriterien Sie Ihren Geschäftsstandort ausgesucht haben. Listen Sie Vor- und Nachteile des Standorts und allenfalls vorhandene Nebendomizile auf. Gehört Ihnen die Liegenschaft oder ist Ihre Firma Mieterin? Was Investoren weiter interessiert: Bietet der Standort genügend Platz für eine spätere Expansion? Ist in Zukunft eine Verlegung des Standorts möglich? Planen Sie eine Ausweitung auf weitere Standorte?

In diesem Abschnitt sollten Sie auch Informationen über die Räumlichkeiten und Organisation der Unternehmung geben. Wie gross sind die personellen Ressourcen? Wie sind Verwaltung, Vertrieb, Organisation, Produktion organisiert? Wie ist die Informationstechnologie geregelt? Sind hier Erweiterungen geplant und notwendig? In welchem Mengenverhältnis stehen die produktions- und verkaufsorientierten Mitarbeiter zu jenen in der Administration?

■ **Produktion**
Geben Sie Auskunft über Kosten und Alter der Produktionsanlagen sowie über die Anzahl Mitarbeiter, Lagerhaltung und Controlling.

Weitere Fragen, die Sie beantworten sollten: Welches Produktionsverfahren verwenden Sie? Über welche Produktionskapazitäten verfügen Sie? Wo bestehen Engpässe? Wie hoch ist der Investitionsbedarf für Unterhalt und Weiterausbau? Wie garantieren Sie die Qualitätssicherung? Listen Sie Ihr Fabrikationsprogramm sowie den Ablauf des Produktionsprozesses auf.

Informieren Sie über Produktionskosten und Ihre Kalkulation. Geben Sie die wichtigsten Lieferanten und ihre Anteile am Gesamteinkaufsvolumen an. Nennen Sie Preise, Lieferfristen und Alternativmöglichkeiten.

Falls Sie von Dritten produzieren lassen, sollten Sie die Gründe dafür darlegen. Zudem: Wer sind die auswärtigen Hersteller? Wie sind

---

CHECKLISTE

Die wichtigsten Schritte zum Businessplan

- Definieren Sie den Grund für die Erarbeitung des Businessplans (Neustart, Unternehmenskauf).
- Bilden Sie ein Projektteam.
- Stellen Sie einen Vorgehensplan auf (Wer macht was, wann usw.?).
- Stellen Sie die Grunddaten gemäss Checkliste auf Seite 23 zusammen.
- Beschaffen Sie fehlende Unterlagen.
- Entwickeln Sie Strategien und Massnahmen für die einzelnen Unternehmensbereiche.
- Machen Sie einen Entwurf des Businessplans.
- Überprüfen Sie die Plausibilität der Angaben und Einschätzungen.
- Überarbeiten Sie den Businessplan grafisch und redaktionell.
- Lassen Sie den Plan durch das Projektteam verabschieden.

TIPP

Businesspläne im Internet

Im Internet finden Sie ausformulierte Muster-Businesspläne unter diesen Links:
- www.kmu.admin.ch/kmu-gruenden → Firmengründung → Businessplan
- www.zkb.ch → in Suchmaske «Businessplan» eingeben
- www.ubs.com/ch/de → in Suchmaske «Vorlage Businessplan» eingeben

---

Sie gegenüber diesen auswärtigen Herstellern abgesichert?

■ **Risikoanalyse**

Unterscheiden Sie zwischen internen und externen Risiken und sorgen Sie für Absicherung.

Interne Risiken können das Management, die Produktion, das Marketing oder die Finanzen betreffen. Beispiele: Was haben Sie vorgesehen, wenn das Management zu spät auf Trends reagiert? Wie reagieren Sie, wenn Produktemängel teure Garantieleistungen verursachen?

Externe Risiken betreffen die ökonomischen und ökologischen Rahmenbedingungen sowie den gesetzlichen und gesellschaftlichen Hintergrund. Machen Sie sich Gedanken darüber, welche Veränderungen in diesen Bereichen Ihr Unternehmen betreffen können und wie Sie darauf reagieren möchten. Seien Sie objektiv, beschönigen Sie nichts. Mit offener Information gewinnen Sie leichter das Vertrauen von potenziellen Geldgebern.

■ **Finanzen**

Hier geht es darum, die formulierten Unternehmensziele in Zahlen auszudrücken. Stellen Sie die finanzielle Entwicklung der Unternehmung seit der Gründung und die aktuelle Situation zusammen. Legen Sie Bilanzen und Erfolgsrechnungen der letzten beiden Jahre bei.

Wagen Sie danach den Blick in die Zukunft: Fassen Sie die erwartete finanzielle Entwicklung der kommenden drei bis fünf Jahre in eine Plan-Bilanz (zukünftige Vermögenssituation), eine Plan-Erfolgsrechnung (zukünftige Ertragssituation) und eine Plan-Kapitalflussrechnung (Investitions- und Finanzierungsbewegungen, künftiger freier Cashflow, langfristiger Finanzierungsbedarf).

Bestimmen Sie mit einem Liquiditätsplan den kurzfristigen Finanzbedarf (siehe Kapitel 2 auf Seite 33). Entwickeln Sie drei Szenarien: pessimistisch, realistisch und optimistisch.

Machen Sie anschliessend ein Finanzierungskonzept. Ermitteln Sie den Finanzbedarf der nächsten drei bis fünf Jahre. Dazu gehören Angaben über Ihre Finanzierungsmöglichkeiten und Sicherheiten. Zeigen Sie auf, wie Sie die benötigten Fremdmittel zurückführen können.

Tipp: Produzieren Sie keine Zahlenfriedhöfe, ergänzen Sie die Zahlen mit aussagekräftigen Grafiken und erläutern Sie wichtige Werte.

2 So kommen Sie zu fremdem Kapital…
…falls Sie selber nicht genug haben

Ohne Geld gehts nicht. Ob Sie ein Unternehmen gründen und langfristig erfolgreich führen können, hängt entscheidend von den Finanzen ab. Am besten fahren Sie, wenn Sie genug eigenes Geld haben. Falls Sie auf die Hilfe von Investoren und Banken angewiesen sind, brauchen Sie für die Geldbeschaffung ein sauberes Finanzierungskonzept.

Vor allem Jungunternehmer haben es schwer, an Geld zu kommen. Der Markt für Risikokapital ist seit Beginn der Finanz- und Wirtschaftskrise am Boden; eine Erholung sehen erst Optimisten.

Öffentliche Fördermittel gibt es in der Schweiz praktisch keine. Und Investoren steigen in der Regel erst ein, wenn eine Firma genügend Substanz ausweist. In der ersten Phase der Unternehmensgründung, wenn die Ideen geboren werden und in die Realität umgesetzt werden sollten, fehlt es darum häufig an der Anschubfinanzierung.

Genug eigene Mittel sind das beste Firmenfundament

Wie kommt man zu möglichst viel Eigenkapital?
- Zunächst ist dabei an die **eigene Arbeit** zu denken. Wer sich selber zu Beginn nur einen bescheidenen Lohn auszahlt, leistet damit einen nicht zu unterschätzenden Beitrag an die Finanzierung des eigenen Geschäfts.

STICHWORT

Eigenkapital und Fremdkapital

Das Eigenkapital umfasst diejenigen Mittel, die der Gründer oder Dritte (z.B. Freunde, Bekannte oder sonstige Investoren) als Aktien oder Stammkapital zum Grundkapital der Firma beisteuern.

Als Fremdkapital bezeichnet man im Gegensatz dazu diejenigen Gelder, die dem Unternehmen beispielsweise als Darlehen zur Verfügung gestellt werden; solche Geldgeber stellen für die Kreditvergabe harte Bedingungen und verlangen auch einen Zins.

Eigenkapital und Fremdkapital sollten in einem vernünftigen Verhältnis stehen. Eine der goldenen Regeln besagt: Das Eigenkapital als Fundament jedes Unternehmens sollte ebenso hoch sein wie das Fremdkapital. Doch die Realität sieht anders aus: Die rund 525 000 im Handelsregister eingetragenen Gesellschaften weisen im Schnitt nur gerade 25 Prozent Eigenkapital auf, jede dritte hat weniger als 20 Prozent.

Die tiefe Eigenkapitalquote der Schweizer KMUs ist unter anderem darauf zurückzuführen, dass früher Fremdkapital sehr billig zu haben war.

Wie viel Eigenkapital erforderlich ist, hängt in erster Linie vom Risiko der geplanten Geschäftätigkeit ab (siehe «Checkliste» auf Seite 33). Je grösser das Risiko, desto höher sollte das Eigenkapital sein, denn es kann durchaus sein, dass man für seine Pläne kein Fremdkapital (Darlehen, Kredite) bekommt, sondern den Geschäftsaufbau und die ersten Monate ausschliesslich aus eigenen MItteln finanzieren muss.

- Eine weitere Möglichkeit ist die **Belehnung der eigenen Privatliegenschaft;** Hypothekarkredite sind viel günstiger zu haben als Geschäftskredite.
- Ideal ist es natürlich, wenn Sie einen grossen Teil des Eigenkapitals aus Ihren **Ersparnissen** einbringen können. Sie sollten allerdings nicht den letzten Franken einsetzen, sondern drei bis sechs Monatslöhne als eiserne Reserve auf die hohe Kante legen.
- Es kann sich unter Umständen lohnen, **Wertschriften zu verkaufen.** Namentlich bei Aktien rechtfertigt sich der Verkauf allenfalls sogar in schlechten Börsenzeiten, weil der entsprechende Anteil am Gesamtvermögen so nur umgeschichtet wird. Bedenken Sie jedoch: Das eigene Unternehmen ist zumindest in den ersten Jahren mit mindestens ebenso hohen Risiken behaftet wie der Aktienmarkt.
- Weniger sinnvoll ist die **Belehnung von Wertschriften-Portfolios,** weil die Belehnungsgrenze rasch erreicht ist (50 bis 75 Prozent des aktuellen Kurswertes) und die Zinsen für solche sogenannten Lombardkredite mit 4 bis 6 Prozent relativ hoch sind.

«Love Money» von Familie und Freunden

- Viele Kleinunternehmer versorgen sich bei **Familie und Freunden** mit Kapital (dem sogenannten «Love Money»).
- Möglich ist es auch, **Sacheinlagen** in die Firma einzubringen. Das können beispielsweise Maschinen, Computer, Fahrzeuge oder Arbeitsgeräte sein (Mobilien), aber auch Gebäude, Land, Patente oder Lizenzen (Immobilien).

Wollen Sie Liegenschaften vom Privat- ins Geschäftsvermögen überführen, sollten Sie unbedingt vorher die steuerlichen Folgen abklären. Nebst Handänderungs- und Notariatsgebühren könnten nämlich auch Grundstückgewinnsteuern fällig werden. Zudem ist ein allfälliger späterer Verkauf der Immobilie bei der Firma als Kapitalgewinn steuerpflichtig.

IN DIESEM KAPITEL

- 28 Diese Quellen können Eigenkapital beisteuern
- 30 Geld von der Pensionskasse und von der Säule 3a
- 30 Die Unterstützung durch die Arbeitsvermittlung
- 31 Venture-Capital-Gesellschaften und Business Angels
- 31 Umwandlung in AG: Muss ich den Vorbezug der Pensionskasse zurückzahlen?
- 32 Fremdkapital von der Bank: Das sind die Bedingungen
- 32 Der Kontokorrentkredit
- 33 Den Kapitalbedarf planen: An diese Posten müssen Sie denken
- 34 Der Bankzins hängt stark vom Risiko ab
- 35 Bonität: Die Einteilung in Risikoklassen
- 36 Leasing statt Fremdkapital
- 37 Checkliste: So kommen Sie leichter zu Geld
- 37 Staatliche Unterstützung gibt es nur selten
- 38 Finanzhilfe von der Genossenschaft
- 38 Von der Hochschule ins Wirtschaftsleben
- 38 Steuererleichterungen für Kapitalgeber

Geld von der Pensionskasse: Der Ehepartner muss zustimmen

■ Wer sich selbständig macht und nicht (mehr) der obligatorischen beruflichen Vorsorge angeschlossen ist (also Inhaber einer Einzelfirma oder Kollektivgesellschaft ist, siehe Kapitel 5 auf Seite 72 ff.), kann sein Guthaben bei der **Pensionskasse** bar beziehen.

Dazu muss allerdings eine Bestätigung der AHV-Ausgleichskasse oder ein Auszug aus dem Handelsregister vorliegen.

Achtung: Bei AGs und GmbHs ist der Inhaber arbeits- und sozialversicherungsrechtlich selber ein Angestellter, falls er mit dem eigenen Unternehmen einen Arbeitsvertrag abgeschlossen hat. Ein Barbezug infolge Aufnahme der Selbständigkeit ist dann nicht möglich.

Der volle Bezug von Geldern der beruflichen Vorsorge (BVG) ist nur bis zum 50. Altersjahr zulässig.

Finanzierung mit 3a-Geldern: Versicherungssparer im Nachteil

Analog zum Vorbezug aus der Pensionskasse kann man sich beim Schritt in die Selbständigkeit auch seine Gelder aus der gebundenen Vorsorge 3a vorzeitig auszahlen lassen.

Beim 3a-Konto auf einer Bank ist das nicht weiter problematisch. Im Gegenteil: Hier sind auch kleinere Bezüge als 20 000 Franken (das ist der Mindestbezug bei der Pensionskasse) möglich. Schwieriger präsentiert sich die Lage, wenn man eine Vorsorgepolice 3a bei einer Versicherung abgeschlossen hat. Eine vorzeitige Auflösung der Police ist meist mit Verlusten verbunden, weil bei der Versicherung viel Geld weggeht zur Abdeckung des Risikos, aber auch zur Deckung der Kosten sowie der Verkaufsprovision.

Danach ist der Bezug auf diese Höhe oder – falls das mehr ist – auf die Hälfte der Freizügigkeitsleistung beschränkt.

Der Ehepartner muss schriftlich sein Einverständnis zum Vorbezug geben. Der Mindestbezug liegt bei 20 000 Franken. Fünf Jahre vor dem Rentenalter darf man keinen Vorbezug aus der 2. Säule mehr tätigen.

Für jüngere Unternehmer kann dies durchaus eine geeignete Möglichkeit sein, Eigenkapital zu beschaffen. Sie sollten dann aber umgehend wieder mit dem Aufbau Ihrer Altersvorsorge beginnen. Denn schliesslich gibt es keine Garantie dafür, dass der Firmenverkauf dereinst zur Alterssicherung ausreichen wird.

Aus diesem Grund ist der BVG-Bezug für ältere Neuunternehmer auch wenig empfehlenswert. Sie können auf diesem Weg zwar namhafte Beträge als Eigenkapital beschaffen, riskieren aber damit gleichzeitig Ihre Altersvorsorge.

Die Unterstützung durch die Arbeitsvermittlung

■ Wer arbeitslos ist und den Schritt in die Selbständigkeit wagen will, kann unter gewissen Voraussetzungen auch mit der Unterstützung der **Regionalen Arbeitsvermittlungszentren (RAV)** rechnen. Sie können bis zu 90 Taggelder vergeben; in dieser Zeit kann man seine Selbständigkeit planen und vorbereiten, ohne eine Stellensuche nachweisen zu müssen.

Im Übrigen kann die Arbeitslosenversicherung (ALV) auch als Garantin gegenüber Bürgschaftsgenossenschaften auftreten.

Doch aufgepasst: Wer den Schritt in die Selbständigkeit bereits vollzogen hat (Firmengründung oder -übernahme, Marktauftritt), ist vom Taggeldbezug ausgeschlossen, weil die ALV für Selbständige nicht mehr zuständig ist.

Fremdes Kapital finden: So gehen Sie vor

Diese Möglichkeiten stehen Ihnen grundsätzlich zur Verfügung, um zu Geld von Investoren und Banken zu kommen:

Venture-Capital-Gesellschaften und Business Angels

Gewisse Finanzgesellschaften haben sich auf die Gewährung von Risikokapital spezialisiert. Diese sogenannten Venture-Capital-Gesellschaften beteiligen sich am Gesellschaftskapital und erhoffen sich grosse Gewinne, wenn das Unternehmen dereinst floriert oder gar an die Börse geht.

Seit dem Debakel der 90er-Jahre, dem Platzen der «New Economy»-Blase im Jahre 2000 und den jüngsten Finanzkrisen sind die meisten Risikokapitalgesellschaften aber äusserst zurückhaltend geworden – sofern sie überhaupt überlebt haben. Bei ihnen haben praktisch nur Unternehmen eine Chance, die in absehbarer Zeit grosse Umsätze tätigen und in der Regel einen Kapitalbedarf von mehreren Millionen Franken haben.

FRAGE

Umwandlung in AG: Muss ich den Vorbezug zurückzahlen?

Als ich mich vor ein paar Jahren selbständig machte, habe ich von meiner Pensionskasse Geld vorbezogen. Jetzt möchte ich meine Einzelfirma in eine Aktiengesellschaft umwandeln. Muss ich Pensionskassengelder nun in die Vorsorgeeinrichtung meiner Firma einbringen?

Nein. Auch Firmengründer, die BVG-Gelder beim Schritt in die Selbständigkeit bezogen haben, dürfen ihre Einzelfirma, ihre Kollektiv- oder Kommanditgesellschaft ohne Rückzahlungspflicht in eine AG oder eine GmbH umwandeln – gegebenenfalls sogar schon kurz nach dem Kapitalbezug, denn eine gesetzliche Karenzfrist gibt es dabei nicht.

Sie treten neu einfach als Arbeitnehmer der Vorsorgeeinrichtung Ihrer eigenen Gesellschaft bei und beginnen wieder mit der Äufnung Ihres Alterskapitals.

Nach dem gleichen Ansatz, jedoch auf einem etwas bescheideneren Niveau, gehen auch die sogenannten Business Angels vor (wörtlich «Geschäftsengel»). Sie operieren oftmals mit Beträgen von ein paar Hunderttausend Franken (siehe das «Stichwort» auf Seite 32).

Gutes Geld geht nur da hin, wo weiteres Geld lockt

Es versteht sich von selbst, dass Venture-Capital-Gesellschaften und Business Angels mit Kapitalgesuchen geradezu überschwemmt werden. Es ist darum wichtig, seine Unterlagen so aufzubauen bzw. zu präsentieren, dass sich potenzielle Kapitalgeber sehr rasch einen Überblick über das Vorhaben verschaffen können.

STICHWORT

Business Angels

Business Angels sind gestandene Geschäftsleute, die sich aus dem aktiven Geschäftsleben zurückgezogen haben, sich aber weiter um die Wirtschaftsentwicklung kümmern möchten, indem sie Neuunternehmer unterstützen. Zumindest in der Startphase sind sie darum oft auch als Berater und Mentoren tätig.

Trotz ihres Namens handelt es sich bei den Business Angels aber keineswegs um gemeinnützige Organisationen. Ebenso wie die Venture-Kapitalisten wollen auch die Business Angels mit ihrem Engagement Geld verdienen. Sie verlangen darum sehr tiefen Einblick in die Businesspläne.

Darüber hinaus möchten sie zum Management nach Möglichkeit eine persönliche Beziehung aufbauen.

Sie müssen also die Überzeugung gewinnen, dass darin ein grosses Wertsteigerungspotenzial liegt. Denn nur so haben sie die Möglichkeit, ihre Anteile in ein paar Jahren wieder mit Gewinn zu veräussern und das Geld in neue Projekte zu investieren.

Doch selbst unter solch restriktiven Bedingungen gelingt es Risikokapitalgebern nur jedes vierte oder gar fünfte Mal, ihren Kapitaleinsatz wirklich zu vervielfachen. Mindestens ebenso gross ist für sie die Gefahr, alles zu verlieren oder bestenfalls bloss einen bescheidenen Verlust zu realisieren.

Fremdkapital von der Bank: Harte Bedingungen, hoher Zins

Als Ergänzung zum Eigenkapital dient das Fremdkapital einerseits zur Finanzierung des laufenden Betriebs (Miete, Löhne, Lieferanten, Sozialleistungen usw.) sowie von langfristigen Investitionen wie Maschinen, Vorräten usw.

Die Banken unterscheiden entsprechend zwischen

- kurzfristigen Betriebskrediten zur Finanzierung des Umlaufvermögens und
- langfristigen Investitionskrediten zur Finanzierung des Anlagevermögens.

Der Kontokorrentkredit für kurzfristige Verbindlichkeiten

Das klassische Instrument zur kurzfristigen Sicherung der Liquidität und zur Abwicklung des Zahlungsverkehrs ist der grundsätzlich jederzeit kündbare Kontokorrentkredit. Der Name sagt es: Sie können daraus mehr beziehen, als es der Kontostand eigentlich zulassen würde – also ins Minus gehen bzw. einen Kredit beziehen.

Wie hoch die Kreditlimite ist und welchen Zins Sie darauf entrichten müssen, hängt vom Risiko bzw. Ihrer Bonität ab. Aus diesen Faktoren ergibt sich das Rating, also die Einteilung in die entsprechende Risikoklasse (siehe Kasten auf Seite 35).

Auf Guthaben vergütet das Finanzinstitut nur einen minimalen Zins. Beansprucht man hingegen einen Kredit, verlangt die Bank nebst Zinsen zusätzlich eine Kommission, die sie normalerweise pro Quartal erhebt. Die Kommission beträgt in der Regel ein Achtel- bzw. ein Viertelprozent des beanspruchten Kredits. Wie hoch die

Kommission genau ist und ob sie auf den höchsten oder bloss auf den durchschnittlich beanspruchten Kreditbetrag erhoben wird, hängt nicht zuletzt von Ihrem Verhandlungsgeschick ab.

Blankokredite (also Kredite ohne Sicherheit) sind bei Neugründungen nur schwer erhältlich. Und auch bestandene Unternehmen erhalten Kreditlimiten ohne Deckung nur, wenn sie über Jahre hinweg bewiesen haben, dass sie erfolgreich geschäften und ihren Verpflichtungen immer pünktlich nachgekommen sind. Als Sicherheit können nicht voll belastete Immobilien, eine noch

CHECKLISTE

Den Kapitalbedarf planen: Diese Ausgaben können anfallen

Einmaliger Aufwand

Gründung
- Amtliche Gebühren und Kosten für Eingaben und Bewilligungen
- Beratungskosten (Treuhänder, Anwalt, Berater)
- Unternehmerkurs/Coaching

Bauliche Investitionen
- Neubau
- Umbau, Renovationen

Investitionen Administration
- Fahrzeuge
- Computer (Hard-,/Software, Installationen)
- Büroeinrichtungen (Pulte, Stühle usw.)
- Telefonanlage und Internetanbindung, Multifunktionsgerät (Drucker, Fax, Scanner, Mobiltelefon, Router für E-Mail, Anrufbeantworter (Kosten für Geräte und Installationen)

Investitionen Produktion
- Technische Anlagen, Maschinen (Geräte)
- Installationen

Warenlager
- Warenlager für zwei, drei Monate (Ersteinkauf)

Marketing und Werbung (Start)
- Firmentafel am Gebäude, Wegweiser, Leuchtreklame
- Briefschaften (Briefpapier, Visitenkarten, Offertmappen, Arbeit des Grafikers)
- Firmenporträt/Prospekt (Grafiker, Fotograf, Lithos, Druckerei)
- Showroom-Einrichtung
- Website (Erstellung)

Laufender Aufwand

Marketing und Werbung
- Mailings und Kundenanlässe
- Presseorientierung/PR
- Inserate
- Website (Unterhalt)

Betriebsaufwand/Administration
- Fahrzeugunterhalt
- IT-Unterhalt (Beratung, Updates)
- Telefonanlage/-gebühren (Wartung, Taxen)
- Aufwand für Kommunikation und Internet
- Kopierer-Servicekosten (Papier, Wartung)
- Reparaturen
- Porti
- Strom
- Reinigung
- Bankzinsen und Spesen
- Miete inkl. Heizung und Nebenkosten

Produktionsaufwand
- Maschinen und Anlagenunterhalt (Wartung, Revisionen, Reparaturen)
- Strom, Wasser, Abwasser
- Miete (inkl. Heizung und Nebenkosten)
- Leasingraten

Personalkosten, Versicherungen, Beratung
- Lohn Geschäftsführer und Mitarbeiter
- Sozialabgaben und Personenversicherungen (AHV, ALV, BVG, Taggeld, Unfall)
- Sachversicherungen (Feuer, Betriebsunterbruch usw.)
- Treuhänder, Anwalt, Unternehmensberater
- Mitgliedschaft Verbände

nicht verpfändete Lebensversicherung oder auch Wertpapiere dienen.

Darlehen für die langfristigen Anschaffungen

Bankdarlehen, also Investitions-, Darlehens- oder Gewerbekredite, gewähren die Banken zur langfristigen Finanzierung des Anlagevermögens. Sie müssen in der Regel in Raten amortisiert oder am Ende der Laufzeit einmalig zurückbezahlt werden.

Der Bankzins ist abhängig von Bonität und Risikoklasse

Die Höhe des Zinssatzes hängt nicht nur von objektiven Faktoren wie Kreditbetrag oder Laufzeit, sondern auch vom zugrunde liegenden Marktzins zur Refinanzierung risikoarmer Kredite ab, so etwa von den Libor-Sätzen für Laufzeiten unter 12 Monaten oder von den Swap-Sätzen (Interbanken-Zinssatz) für Laufzeiten von mehr als einem Jahr. Normalerweise steigen die Marktsätze mit zunehmender Laufzeit.

Die Bank erhebt auf den Marktzinssatz einen Zuschlag für Risiko-, Eigenkapital- und Betriebskosten sowie die Gewinnmarge. Dieser Zuschlag wird in Basispunkten (1 Basispunkt = 0,01 %) oder landläufig in Prozenten angegeben. Er hängt primär vom Risiko des Schuldners (Bonitätsrating), der Kredithöhe und von den gebotenen Sicherheiten ab. In der Regel liegt der Zuschlag bei guter bis mittlerer Bonität zwischen 50 und 150 Basispunkten. Bessere Konditionen kann erhalten, wer auch eine breite und nicht nur das Kreditbegehren betreffende Kundenbeziehung zur Bank pflegt.

Bei der Credit Suisse (CS) etwa geht der Zinsrahmen von 2 bis

Kapital von Geldgebern: Einsatzmöglichkeiten und Modalitäten

Art	Risikokapital	Kurzfristige Darlehen	Langfristige Darlehen
Zweck	Einlage ins Gesellschaftskapital einer AG oder GmbH zur Basisfinanzierung des Unternehmens	Finanzierung Tagesgeschäft (Rechnungen, Löhne), Abwicklung des Zahlungsverkehrs; meist als Kontokorrentkredit	Finanzierung von Investitionsgütern (Maschinen, Fahrzeuge usw.)
Verzinsung	Keine, dafür Anspruch auf einen Gewinnanteil (Dividende)	2–7 %, je nach Bonität und Sicherheiten	1,5–5 %, je nach Bonität und Sicherheiten
Laufzeit	Offen (Verkauf der Anteile grundsätzlich jederzeit möglich)	Offen, Kündigungsfrist meist 0 (jederzeit) bis 6 Monate	Meist fest terminiert auf 1 bis 3 Jahre
Verlangte Sicherheiten	Keine	Lebensversicherung; beim Blankokredit keine	Maschinenpark, Fahrzeuge usw., evtl. Liegenschaft

über 7 Prozent – je nach Risikoklasse und Sicherheiten. Bei der Zürcher Kantonalbank und bei der UBS kostet ein ungedeckter Kontokorrentkredit von 500 000 Franken in der mittleren Risikoklasse zurzeit rund 3 bis 5 Prozent. Und die Migros Bank berechnet für kurzfristige variable Darlehen zwischen 3 und 5 Prozent sowie 1 bis 2,5 Prozent für langfristige fixe Darlehen (Stand 2016).

«Risk Adjusted Pricing» heisst im Fachjargon der Banken die Abstufung der Kreditkonditionen nach individuellem Risiko. Das heisst: Je höher das Risiko, desto höher der Preis für den Kredit. Dieses Rating kann sehr fein abgestuft sein: Die UBS kennt 15 Schuldnerkatego-

Bonität für die Kreditvergabe: Die Einteilung in Risikoklassen

Mit der simplen Einteilung in gute und schlechte Risiken geben sich die Banken seit einigen Jahren nicht mehr zufrieden. Nach dem bösen Erwachen aus Immobilien- und Börsenspekulationsphasen haben die Finanzinstitute Listen mit umfangreichen Beurteilungskriterien aufgestellt, die sie immer weiter verfeinern. Die grösste Schweizer Bank etwa, die UBS, unterscheidet inzwischen 13 Ratingstufen.

Die Tabelle zeigt das 18-stufige Kundenrating der Credit Suisse.

Zur Erläuterung: Kurzfristig heisst weniger als 1 Jahr, mittelfristig 1 bis 5 Jahre, langfristig 5 bis 10 Jahre.

Tipp: Das einmal festgelegte Rating ist nicht in Stein gemeisselt. Die Banken überprüfen die Bonitätsstufe in der Regel jährlich. Mit umfassender und transparenter Information können Sie Ihr Rating positiv beeinflussen.

Dazu gehören Businesspläne mit detaillierten, nachvollziehbaren Zahlen und die Präsentation anstehender Projekte.

Risikoeinstufung	Risikoklasse	Risikobeschreibung
Geringstes Risiko	CR 01 bis CR 04	Der Kreditnehmer verfügt über eine hervorragende Bonität und ist in der Lage, schwerste ungünstige Entwicklungen zu absorbieren.
Sehr geringes Risiko	CR 05 bis CR 06	Der Kreditnehmer verfügt über eine sehr gute Bonität und ist in der Lage, schwere ungünstige Entwicklungen zu absorbieren.
Geringes Risiko	CR 07 bis CR 10	Der Kreditnehmer verfügt über eine gute Bonität und ist in der Lage, ungünstige Entwicklungen zu absorbieren.
Mittleres Risiko	CR 11 bis CR 13	Der Kreditnehmer verfügt über eine genügende Bonität, um kommende unerwartete negative Entwicklungen zu absorbieren; kreditgefährdende Änderungen sind nicht zu erwarten.
Hohes Risiko	CR 14 bis CR 16	Der Kreditnehmer verfügt über eine limitierte Bonität, um kommende Entwicklungen zu absorbieren; Gefahr des Zahlungsverzugs.
Sehr hohes Risiko	CR 17 bis CR 18	Der Kreditnehmer verfügt über eine sehr limitierte Bonität, um kommende unerwartete negative Entwicklungen zu absorbieren; stark anfällig für Zahlungsverzug; Vertragsverletzung, Kreditkündigung, Kapitalverlust, Überschuldung, Betreibungsbegehren bzw. Insolvenzerklärung des Schuldners sind zu erwarten.

QUELLE: CREDIT SUISSE

TIPP

Leasing statt Fremdkapital

Als Alternative zur Aufnahme von Fremdkapital bietet sich das Investitionsgüter-Leasing an. Bei dieser Form der Finanzierung stellt die Leasinggesellschaft dem Unternehmen die Anlagen gegen eine monatliche Gebühr zur Verfügung. Das Eigentum an der Sache bleibt aber bei der Leasingfirma.

Solche Verträge enthalten meist eine Kaufoption, die es ermöglicht, die Anlagen am Ende der Leasinglaufzeit zu einem vorab bestimmten Restpreis zu übernehmen. Leasing eignet sich insbesondere für Jungunternehmen, weil es die anfänglich meist knappen Barmittel schont.

---

rien, bei der CS sind es 18 Kategorien und bei den Kantonalbanken rund ein halbes Dutzend.

Wer es nicht in die mittlere Risikogruppe schafft (Bonitätsstufe mittel bis gut), hat Schwierigkeiten, einen preislich akzeptablen Kredit zu erhalten. Hier kann eine private Bürgschaft oder die einer Bürgschaftsgenossenschaft (siehe Anhang Seite 154) als Sicherheit helfen. Doch auch diese ist nicht gratis zu haben, denn der Kreditnehmer zahlt der Bürgschaftsgenossenschaft eine Risikoprämie von 0,5 bis 1 Prozent pro Jahr, was den Kredit nochmals verteuert.

Unter 2 Prozent läuft praktisch nichts. Auch in zukunftsträchtigen Branchen wie Biotechnologie oder Hightech sind Kreditzinsen bis 6 Prozent üblich. In stark gebeutelten Branchen wie etwa Tourismus, Bauwirtschaft oder grafischem Gewerbe können es auch 7 Prozent und mehr sein – wenn überhaupt Kredite vergeben werden.

Gerne gewähren die Banken feste Vorschüsse mit Laufzeiten ab einem Monat; nicht zuletzt wegen des geringen administrativen Aufwands und des regelmässigen Zinsflusses. Daher bewegt sich der Jahreszinssatz derzeit zwischen 1,5 und 3 Prozent. Vergleichsweise günstig (zwischen 1 und 2 Prozent bei 5-jährigen Laufzeiten) sind zudem Festhypo-

Risikokapital: Nur wenige Banken machen mit

Die Schweizer Banken – egal ob klein oder gross – vergeben Kleinunternehmern am liebsten Kredite. Beim Eigenkapital (Beteiligung am Stammkapital einer GmbH oder Kauf von Aktien) hört die Freude an den KMU in der Regel auf. Lange galt die Devise: Kein Risikokapital an KMU. Eine Ausnahme machen seit längerer Zeit diverse Kantonalbanken. Namentlich auch die Zürcher Kantonalbank (ZKB), die sich jedoch auf das relativ enge Segment bis 500 000 Franken beschränkt.

Mit noch kleineren Beträgen bis 40 000 Franken – sogenannten Mikrofinanzkrediten, die ursprünglich in der Entwicklungshilfe eingesetzt wurden – beschäftigt sich der Zürcher Verein Go!. Ein durchschnittlicher Kleinkredit ist für 6,5 Prozent zu haben. Für die Kreditabwicklung nach Prüfung durch Go! ist anschliessend die ZKB zuständig.

Inzwischen haben aber die meisten Banken erkannt, dass sie ihren Unternehmenskunden auch in der frühen Startphase etwas bieten müssen, und entsprechende Angebote geschaffen. Meist handelt es sich um spezielle Fonds oder ausgelagerte Gesellschaften, die zur Finanzierung von Risikokapital gegründet wurden.

theken auf Geschäftsliegenschaften.

Basis bei der Geldbeschaffung ist der Businessplan

Basis eines jeden Finanzierungs- oder Kreditgesuchs ist der Businessplan (siehe Kapitel 1 auf Seite 20 ff.). Die Bank wird den Businessplan kritisch durchleuchten und Ihnen gegebenenfalls weitergehende Fragen stellen.

Vor allem aber wird die Bank im Rahmen mehrerer Gespräche herauszufinden versuchen, ob Sie wirklich das Zeug zum Unternehmer haben. Das hängt in den Augen der Bank nicht nur von Ihrem Werdegang und Ihrer Fachkompetenz, sondern auch von Ihrer menschlichen und sozialen Kompetenz ab.

Bei Neugründungen wird die Bank zwar nicht erwarten, dass der perfekte Unternehmer vom Himmel fällt. Ein offenes Wesen ohne falsche Scheu vor dem Gegenüber wird sie aber voraussetzen, denn ohne diese Qualitäten wird es jeder Jungunternehmer im Umgang mit Kunden, Mitarbeitern und Geschäftspartnern schwer haben.

Vor allem sollte der Neuunternehmer zeigen, dass er selbstkritisch genug ist, seine Defizite zu erkennen, daran zu arbeiten und sich allenfalls gezielt weiterzubilden.

Hier gibt es staatliche Unterstützung

Viele Staaten kennen direkte Förderbeiträge für Neuunternehmen oder für den Ausbau von Produktionsstätten. Nicht so die Schweiz.

Jungunternehmer können in der Schweiz nur bei der kantonalen Wirtschaftsförderung Steuererleichterung oder Steuerbefreiung für die ersten zwei oder drei Jahre beantragen (Adressen im Anhang auf Seite 149 ff.). Wer bei der kantonalen Wirtschaftsförderung auf offene Ohren gestossen ist, hat gute Chancen, auch vom Bund weitere Unterstützung zu erhalten. Dies vor allem, wenn ein neuer Betrieb in einem wirtschaftlich benachteiligten Gebiet

---

CHECKLISTE

So kommen Sie leichter zu Geld

- Bringen Sie möglichst viel Eigenkapital mit (Erspartes, Familie, Freunde, Geschäftspartner usw.).
- Verfassen Sie einen möglichst detaillierten, aussagekräftigen Businessplan.
- Legen Sie dar, welche Märkte Sie erobern wollen: regional, national, international, Marktsegment, Zielpublikum, wichtige Einzelkunden usw.
- Zeigen Sie, welche Marketingmassnahmen Sie zur Markteroberung ergreifen wollen.
- Präsentieren Sie Ihr Führungsteam: Qualifikationen, Erfahrungen, Organisation, Entscheidungskompetenzen.
- Legen Sie einen realistischen Zeit- und Finanzierungsplan mit genügend Reserven vor (Liquiditätsplanung).
- Demonstrieren Sie Ihr persönliches Engagement (Zeit, persönliche finanzielle Mittel) und das Ihrer Umgebung (Familie, Partner usw.).
- Pflegen Sie regelmässigen persönlichen Kontakt zu Ihrem Ansprechpartner bei der Bank und orientieren Sie ihn laufend anhand von Fakten und Daten über den Gang Ihres Unternehmens.
- Bieten Sie Ihrer Bank attraktive Zusatzgeschäfte an (private Hypothek, Wertschriftendepot, private Konten, Pensionskasse usw.).

> **TIPP**
>
> **Finanzhilfe von der Genossenschaft**
>
> Der Staat hat wenig Instrumente, mit denen er KMU direkt fördern kann. Eines davon sind die gewerblichen Bürgschaftsgenossenschaften (GB).
>
> Der Bund wiederum unterstützt die drei regionalen Bürgschaftsgenossenschaften und die gesamtschweizerisch tätige Bürgschaftsgenossenschaft der Frauen (Saffa), indem er 65 Prozent ihrer Verluste abdeckt sowie Beiträge an deren Verwaltungskosten zahlt.
>
> Die Bürgschaftsgenossenschaften sichern Bankkredite (welche KMU von Banken erhalten wollen) bis 500 000 Franken ab und verlangen dafür eine Prämie von 1 bis 1,25 Prozent. Gesuche müssen direkt an die zuständige Bürgschaftsgenossenschaft gerichtet werden (Adressen im Anhang auf Seite 154).

(ländliche Regionen, Berggebiete und entlang der Landesgrenze) ansiedelt oder Arbeitslose beschäftigt. In solchen Fällen gewährt auch der Bund Steuererleichterungen bei der direkten Bundessteuer.

Darüber hinaus bietet die Schweiz nur administrative Unterstützung. Eine rare Ausnahme ist die Eidgenössische Stiftung zur Förderung schweizerischer Volkswirtschaft. Die Starthilfe erfolgt in Form von zinslosen Darlehen (Seed Money, Anschubfinanzierung) bis maximal 150 000 Franken.

Diese Beträge können eventuell verdoppelt werden, wenn gleichzeitig bei der Kommission für Technologie und Innovation (KTI) des Bundes ein Gesuch um Unterstützung um den gleichen Betrag eingereicht wird. Generell wird erwartet, dass sich die Firmengründer persönlich finanziell engagieren.

Von der Hochschule ins Wirtschaftsleben

Eine weitere Möglichkeit: Absolventinnen und Absolventen, die sich mit ihren Forschungsergebnissen direkt ab Hochschule selbständig machen möchten, können sich an die KTI wenden. Sie ist dem Bundesamt für Berufsbildung und Technologie (BBT) angegliedert. Mit einem Budget von über 110 Millionen Franken jährlich hilft die KTI Projekten aus Forschung und Entwicklung im Grenzbereich zwischen Hochschule und Unternehmen.

Ziel der KTI ist es vor allem, Forschungsergebnisse in marktreife Produkte umzuwandeln. Priorität geniessen innovative Unternehmen in den Bereichen Biotechnologie und Gesundheit, Nanotechnologie und Mikrosystematik sowie Informations- und Kommunikationstechnologie.

Die KTI hilft Neugründern bei der Ausarbeitung des Businessplans und mit intensiver Managementberatung in der Startphase. Staatliche Beiträge ans Risikokapital gibts nicht, doch die KTI vermittelt Kontakte zu möglichen Investoren.

Wer mit dem KTI-Start-up-Label ausgezeichnet worden ist, das die Qualität des Unternehmens und seines Führungsteams bescheinigt, geniesst bei Risikokapitalgebern einen bevorzugten Zugang.

Keine Stempelsteuer für Kapitalgeber

Das Staatssekretariat für Wirtschaft (Seco) will in erster Linie die Rahmenbedingungen der KMU verbessern. Ein Instrument dazu ist das seit 2000 geltende Bundesgesetz über die Risikokapitalgesellschaften (BRKG). Es befreit anerkannte Risikokapitalgesellschaften bei der Gründung und bei Kapitalerhöhungen von der Stempelsteuer, die auf dem Grundkapital (Aktien) geschuldet ist. Die Neuunternehmen müssen aber ihren Sitz und einen bedeutenden Teil ihrer Produktion in der Schweiz haben und dürfen nicht älter als fünf Jahre sein. Und sie dürfen höchstens zu 25 Prozent im Besitz einer Unternehmung sein, die mehr als 100 Angestellte hat.

Auch Business Angels erhalten steuerliche Erleichterungen

Privatpersonen geniessen als Business Angel Erleichterungen bei der direkten Bundessteuer. Auf nachrangige Darlehen (mindestens 50 000 Franken) an Neuunternehmen dürfen sie die Hälfte vom steuerbaren Einkommen in Abzug bringen. Sollte es zu Verlusten kommen, dürfen sie nochmals die Hälfte der verbleibenden Summe abziehen (max. 750 000 Franken innerhalb von zehn Jahren).

Schützenhilfe beim Krieg gegen Ämter und Formulare

Zurzeit bietet das Seco den KMU vor allem Unterstützung beim Verkehr mit Behörden und Ämtern. Auf dem Seco-Internetportal www.startbiz.ch können Personengesellschaften vollständig auf elektronischem Weg neu gegründet werden. Bei juristischen Personen (AG und GmbH) ist das aus rechtlichen Gründen noch nicht möglich. Sie müssen daher ihr Unternehmen vorgängig im Handelsregister eintragen lassen; diese Daten werden danach auf Startbiz importiert und stehen zur Ergänzung bereit. Daneben bietet der Online-Schalter für Unternehmensgründungen direkte Anmeldemöglichkeiten für die Mehrwertsteuer, Sozialversicherung und Unfallversicherung an. Damit Sie diese Anmeldungen durchführen können, müssen Sie Ihr Unternehmen vorgängig im Handelsregister eingetragen haben. Die publizierten Daten werden auf Startbiz importiert und stehen zur Ergänzung bereit.

Ähnliches bietet die Gründungsplattform des Kantons Zürich www.gruenden.ch. Auch dieses Portal soll Jungunternehmern helfen, die Gründung ihrer Firma rasch und reibungslos über die Bühne zu bringen.

Im Übrigen beteiligt sich der Kanton Zürich wie andere Kantone und Städte auch an Gründungszentren und Technoparks, wo sich Start-ups die ersten Jahre etablieren können, bevor sie sich vollends dem rauen Wind des Markts und des Wettbewerbs aussetzen.

Auch die jeweiligen kantonalen Wirtschaftsförderungen beteiligen sich grundsätzlich nicht direkt an einem Unternehmen. Sie können aber mit der Vermittlung von günstigem Bauland oder mit Steuererleichterung in der Startphase oder bei einem geplanten Betriebsausbau helfen.

2 Finanzierung

3 Welche Rechtsform für die neue Firma?
Das richtige Kleid für Ihr Unternehmen

AG oder GmbH? Einzelfirma oder Kollektivgesellschaft? Wer ein Unternehmen gründen will, ist mit vielen rechtlichen und wirtschaftlichen Fragen konfrontiert. Denn nicht jede Rechtsform passt zu jedem Unternehmen. Je nach Wahl sind andere Vorschriften zu beachten.

Die Wahl der richtigen Rechtsform ist ein wichtiger Entscheid, der genau überlegt sein will. Das Gesetz stellt eine ganze Reihe von verschiedenen Möglichkeiten zur Verfügung. Praktisch stellen sich aber im Grunde nur zwei Fragen:
- Will ich als Gründer mit meinem ganzen Privatvermögen für allfällige Forderungen geradestehen?
- Oder will ich als Unternehmer das Risiko beschränken?

Eheliche Gütertrennung für Gründer?

Verheiratete Unternehmerinnen und Unternehmer sehen sich mit der Frage konfrontiert, welche Folgen ein Konkurs der Firma für die Ehepartnerin bzw. den -partner hätte. Je nach Güterstand gibt es Unterschiede.

Eine Gütertrennung ist aber nicht notwendig. Denn ohne Ehevertrag gilt bei Verheirateten das Recht der Errungenschaftsbeteiligung. Damit werden die beiden ehelichen Vermögen gut auseinandergehalten.

Das heisst: Jeder Ehepartner haftet nur mit dem eigenen Vermögen (inklusive in die Ehe eingebrachter Erbschaften und Güter) für seine Schulden. Das Vermögen des Ehepartners wird davon nicht tangiert.

Wird die Errungenschaftsbeteiligung aufgelöst, also bei Scheidung, Tod oder Wechsel des Güterstandes, partizipieren die Ehegatten je zur Hälfte an der Errungenschaft des Partners. Für die Schulden haftet der andere Partner auch in diesem Fall nicht.

Wer das Risiko selber tragen will, muss kein Unternehmen gründen. Er kann sich als Einzelfirma im Handelsregister eintragen lassen. Oder eine Kollektivgesellschaft gründen, falls er das Unternehmen mit Kollegen in Angriff nimmt.

Wer hingegen weniger Risiko eingehen und sein Privat- vom Geschäftsvermögen trennen will, kann dies mit der Gründung einer Kapitalgesellschaft erreichen. Dabei stellt sich die Frage, ob eine Gesellschaft mit beschränkter Haftung (GmbH) oder eine Aktiengesellschaft (AG) vorzuziehen ist.

Die Wahl der Rechtsform: Die entscheidenden Kriterien

Die einmal gewählte Form muss nicht ewig beibehalten werden. Man kann die Rechtsform jederzeit umwandeln, was allerdings mit Kosten verbunden ist.

Überlegen Sie sich die Frage der Rechtsform gut und lassen Sie sich von erfahrenen Fachleuten beraten. Folgende Kriterien sollten Sie bei Ihrem Entscheid berücksichtigen:
- **Kapital:** Gründungskosten und vorgeschriebenes Mindestkapital sind je nach der gewählten Rechtsform verschieden.
- **Risiko und Haftung:** Je höher Ihr finanzieller Einsatz, desto eher sollten Sie sich für eine Gesellschaftsform mit limitierter Haftung entscheiden: also GmbH oder Aktiengesellschaft.
- **Unabhängigkeit:** Überlegen Sie sich, ob Sie ein Unternehmen allein oder mit Partnern gründen und leiten wollen. Und ob Sie nur Kapi-

talgeber sein wollen – oder auch geschäftsführend tätig werden möchten.

■ **Steuern:** Die verschiedenen Unternehmensformen bringen unterschiedliche Steuerbelastungen mit sich. Bei einer GmbH oder einer Aktiengesellschaft werden Gewinne und Vermögen des Unternehmens separat von denjenigen der Eigentümer besteuert. Wer selbständig tätig ist und auf die Gründung einer Gesellschaft verzichtet, zahlt Einkommens- und Vermögenssteuern wie jede andere Privatperson (siehe Kapitel 8, Seite 120 ff.).

■ **Soziale Sicherheit:** Die Situation in Sachen Sozialversicherungen hängt davon ab, ob jemand selbständig arbeitet oder angestellt ist. Der Inhaber einer Einzelfirma ist Selbständigerwerbender und von Gesetzes wegen nur via AHV gegen Invalidität und Alter versichert. Bei einer AG und einer GmbH hingegen ist auch der geschäftsführende Unternehmer ein Angestellter und somit sozialversichert.

Die Einzelfirma

Selbständige müssen nicht unbedingt eine Gesellschaft gründen. Sie können auch ohne Rechtsform selbständigerwerbend sein. Der Nachteil: Das Privatvermögen ist dann mit dem Geschäftsvermögen verbunden. Verluste im Geschäft belasten das private Budget.

Ein Selbständigerwerbender kann sich ins Handelsregister eintragen. Er kann aus seinem Familiennamen und einer Fantasiebezeichnung eine Firma zusammenstellen (Beispiel: Fessler Design, Albert Graber Phönix Verwaltungen etc.). Firma ist nichts anderes als die lateinische Bezeichnung für einen Namen – und im Unterschied zum Wortgebrauch im Volksmund keine rechtliche Gesellschaftsform. Die Eintragung einer Einzelfirma ins Handelsregister hat einen einzigen Vorteil: Der Selbständigerwerbende kann dann nicht nur auf Pfändung,

IN DIESEM KAPITEL

- 40 Gütertrennung für Unternehmer?
- 41 Die Einzelfirma
- 42 Die Einfache Gesellschaft
- 43 Die Kollektivgesellschaft
- 44 Die Aktiengesellschaft
- 46 Die Aufgaben des Verwaltungsrates
- 48 Die Gesellschaft mit beschränkter Haftung (GmbH)
- 50 Das kostet der Weg in die Unabhängigkeit
- 51 Corporate Governance auch für Mittelständler
- 52 Die Genossenschaft
- 52 Der Verein
- 53 Statuten – das Grundgesetz der Firma
- 53 Richtiger Umgang mit dem Handelsregisteramt

3 Wahl der Rechtsform

CHECKLISTE

Einzelfirma eröffnen: So gehts

- ■ Firmennamen festlegen (Abklärung beim kantonalen Handelsregisteramt)
- ■ Anmeldung beim Handelsregisteramt (sofern vorgeschrieben)
- ■ Anmeldung bei der AHV-Ausgleichskasse
- ■ Falls Sie Personal beschäftigen: Anmeldung bei der AHV-Ausgleichskasse und Abschluss der obligatorischen Versicherungen für BVG und UVG
- ■ Mehrwertsteuerpflicht abklären. Falls ja, Anmeldung bei der Eidg. Steuerverwaltung.

sondern auch auf Konkurs betrieben werden. In einem Konkurs wird das gesamte Vermögen verwertet, nicht nur einzelne Teile wie bei der Pfändung.

Hat ein Selbständiger mit seinem Kleinunternehmen Erfolg, kann er es jederzeit ohne grosse Probleme in eine Gesellschaft umwandeln. Scheitert er hingegen wirtschaftlich, ist keine komplizierte Liquidierung einer Gesellschaft notwendig – er kann seine Tätigkeit einfach von einem Tag auf den andern beenden und seinen allfälligen Eintrag im Handelsregister löschen lassen.

Fazit: Angesichts der Risiken für das Privatvermögen ist von einer Selbständigkeit ohne rechtliche Gesellschaft abzuraten. Das gilt jedenfalls für Selbständige mit Familie und solche, die nicht plötzlich wegen eines beruflichen Misserfolgs auch privates Hab und Gut verlieren wollen.

Eintragung einer Einzelfirma ohne bürokratische Hürden

Ein Gründungsakt ist für selbständiges Arbeiten nicht nötig, man beginnt einfach mit der Geschäftstätigkeit. Wer sich ins Handelregister eintragen lässt, muss dafür nicht mehr als 500 Franken rechnen.

Übersteigt der Jahresumsatz 100 000 Franken, muss die Einzelfirma zwingend ins Handelsregister eingetragen werden (siehe Seite 53 ff. und Kapitel 7 auf Seite 105).

Der Eintrag im Handelsregister hat zur Folge, dass der Name gegenüber Nachahmern geschützt ist.

Der Eintrag ins Handelsregister verpflichtet den Unternehmer, eine ordnungsgemässe Buchhaltung zu führen.

Aber auch ohne Handelsregistereintrag besteht eine Aufzeichnungspflicht: Selbständige müssen für die Steuerbehörde Einnahmen und Ausgaben schriftlich festhalten und zusammen mit den Belegen geordnet aufbewahren. Bei einem Jahresumsatz von über 500 000 Franken ist eine professionelle Buchhaltung mit Jahresrechnung und Bilanz notwendig.

Jungunternehmer müssen also keine Gesellschaft gründen. Jedermann kann ohne rechtliche Hindernisse ein Geschäft betreiben.

Die Einfache Gesellschaft

Achtung: Die Einfache Gesellschaft ist entgegen dem Anschein, den der Name erweckt, eigentlich die komplizierteste Form einer Gesellschaft. Sie entsteht schon ohne Vertrag einfach dadurch, dass mehrere Personen denselben Zweck verfolgen. Die am weitesten verbreitete Einfache Gesellschaft ist das Konkubinat.

Wenn zwei oder mehrere natürliche und/oder juristische Personen zusammen ein Gewerbe betreiben, ohne dass sie einen schriftlichen Vertrag abgeschlossen haben, handelt es sich in der Regel ebenfalls um eine Einfache Gesellschaft.

Aber auch Baukonsortien können Einfache Gesellschaften sein, wenn sie sich für eine gewisse Zeit für ein bestimmtes Projekt zusammenschliessen.

Eine Einfache Gesellschaft besitzt keine eigene Rechtspersönlichkeit und tritt gegen aussen unter keinem eigenen Namen auf.

Die Kollektivgesellschaft

Wenn sich zwei oder mehr natürliche Personen (im Gegensatz zu den juristischen Personen also Menschen aus Fleisch und Blut) zusammenschliessen, um gemeinsam eine nach kaufmännischen Regeln geführte Firma zu betreiben, spricht man von einer Kollektivgesellschaft.

Wie bei der Einzelfirma muss der Name eines oder mehrerer Gesellschafter in der Firmenbezeichnung enthalten sein. Typische Kollektivgesellschaften sind Anwaltsbüros (Müller, Meier & Partner).

Rechtlich gesehen besitzt die Kollektivgesellschaft keine eigene Rechtspersönlichkeit, ist also keine juristische Person. Sie kann aber im Geschäftsverkehr unter ihrem eigenen Namen auftreten und Rechte erwerben, Verbindlichkeiten eingehen oder in Prozessen als Partei auftreten.

Als Unternehmen ist sie nicht steuerpflichtig, jedoch werden die einzelnen Gesellschafter aufgrund ihres Lohnes, des Gewinnanteils, der Eigenkapitalzinsen und ihres Vermögens direkt besteuert.

Die Haftungsvorschriften sind wenig vorteilhaft: Die Gesellschafter haften mit ihrem eigenen Vermögen unbeschränkt und solidarisch, und dies noch bis zu fünf Jahren nach Auflösung der Gesellschaft.

Die einzelnen Gesellschafter der Kollektivgesellschaft werden aber nur dann zur Kasse gebeten, wenn die Kollektivgesellschaft ihre Schulden nicht bezahlen kann.

Die Kollektivgesellschaft wird durch einen Gesellschaftsvertrag zwischen den Beteiligten ins Leben gerufen. Für Kollektivgesellschaften ist der Eintrag ins Handelsregister obligatorisch. Ein Mindestkapital ist nicht erforderlich.

Weshalb sind gerade Anwaltsbüros als Kollektivgesellschaften organisiert, obwohl dies aufgrund der persönlichen Haftung mit dem ganzen Vermögen kaum zu empfehlen ist? Ganz einfach: Anwälte mussten bis vor kurzem für ihre Verbindlichkeiten persönlich haften. Deshalb durften sie nicht als AG oder GmbH organisiert sein. Seit 2007 ist dies aber grundsätzlich erlaubt.

TIPP

Gesellschaftsvertrag: Klarheit bringts

Für Kollektivgesellschaften sind Gesellschaftsverträge zwar nicht zwingend erforderlich, aber dringend zu empfehlen. Sie schaffen Klarheit und können das Risiko von Streitigkeiten minimieren.

Lassen Sie sich bei der Ausarbeitung des Gesellschaftsvertrags von einem Anwalt oder einer Anwältin beraten. Mindestens folgende Punkte sollten geregelt sein:
- Vertragsparteien
- Name, Zweck und Sitz der Gesellschaft
- Kapitaleinlagen und sonstige Pflichten der Gesellschafter
- Gesellschaftsversammlung und Beschlussfassung
- Geschäftsführung, Vertretungen, Stimmrechte
- Entschädigung, Gewinn- und Verlustverteilung
- Austritt, Kündigung, Beendigung.

Die Aktiengesellschaft

Eine Aktiengesellschaft (AG) entsteht durch Zusammenschluss von einer oder mehreren natürlichen oder juristischen Personen, die ein bestimmtes Kapital einbringen, das in Teilsummen (Aktien) zerlegt ist.

Die GmbH und die Aktiengesellschaft sind in der Schweiz die am häufigsten gewählten Rechtsformen für Gesellschaften, weil sie in Sachen Haftung, Kapitalvorschriften, Rechtssicherheit usw. auch für Kleinunternehmer viele Vorteile bieten.

Für allfällige Verbindlichkeiten der Aktiengesellschaft haftet nur das Gesellschaftsvermögen. Bei einem Konkurs verlieren die Gesellschafter also höchstens ihr eigenes Aktienkapital.

Der Firmenname kann frei gewählt werden – sofern er nicht schon durch eine andere Gesellschaft besetzt ist.

Die doppelte Besteuerung bei der Aktiengesellschaft

Die AG ist eine juristische Person und wird wie jede Person separat besteuert. Daraus ergibt sich ein Nachteil für Aktionäre: Macht die Gesellschaft Gewinn, bezahlt sie daraus die Ertragssteuern. Bezahlt sie zusätzlich aus dem Gewinn eine Dividende an die Aktionäre, müssen diese die Dividende nochmals als persönliches Einkommen versteuern – eine klare Doppelbesteuerung.

Auch beim Aktienkapital greift die Steuerbehörde zweimal zu: Auf das Aktienkapital muss die Gesellschaft (allerdings nur relativ geringe) Kapitalsteuern zahlen, während die Aktien als Privatvermögen des Aktionärs steuerpflichtig sind (siehe Kapitel 8 auf Seite 126). Seit 2009 wurde die Unternehmenssteuerreform II schrittweise in Kraft gesetzt. Sie ermöglicht den Kantonen, die zweimalige fiskalische Belastung teilweise oder ganz abzubauen.

Das Aktienkapital kann auch aus Sachwerten bestehen

Das Aktienkapital muss mindestens 100 000 Franken betragen. Sie müssen aber bei der Gründung nur 20 Prozent des Kapitals, mindestens aber 50 000 Fran-

---

TIPP

Der Aktionärsbindungsvertrag schafft klare Verhältnisse

Wo immer mehrere Parteien an einer Unternehmung beteiligt sind – und das ist bei einer AG der Fall –, sind klare Verhältnisse von Vorteil. Mit einem Aktionärsbindungsvertrag können Sie diese schaffen.

Ein solcher Vertrag regelt das Verhältnis unter den Aktionären. Allgemeingültige «Musterverträge» gibt es dafür nicht, denn die Verhältnisse sind von Unternehmen zu Unternehmen verschieden. Lassen Sie sich deshalb bei der Gestaltung des Vertrags durch einen erfahrenen Anwalt beraten. Der Aktionärsbindungsvertrag sollte folgende Punkte enthalten:
- Kaufrechte, Vorkaufsrechte, Kaufpflichten usw.
- Übernahmerechte
- Art der Abstimmungen (z.B. nach Köpfen anstatt nach Aktien)
- Bestimmungen für die Zusammensetzung des Verwaltungsrats
- Vetorechte, Klausel bei Pattsituationen
- Vertretungen.

Die wesentlichen Massnahmen bei der Gründung einer AG

- **Bar- oder Sachgründung:** Entscheiden Sie sich, ob Sie das Aktienkapital in bar oder in Sachwerten aufbringen wollen. Die Bareinlage ist einfacher, schneller und günstiger.
- **Aktionäre:** Natürliche oder juristische Personen können Aktien zeichnen.
- **Form:** Überlegen Sie sich einen Namen für die Gesellschaft und klären Sie beim schweizerischen Handelsregisteramt dessen Zulässigkeit ab. Falls Sie den geplanten Namen auf www.zefix.ch eingeben und es erscheint kein Eintrag, ist die Wahrscheinlichkeit gross, dass er noch frei ist.
- **Statuten:** Verfassen Sie die Gesellschaftsstatuten (siehe Kasten auf Seite 53), bei Bedarf einen Aktionärsbindungsvertrag (siehe Kasten auf der Seite links) und lassen Sie diese Unterlagen von einer Fachperson prüfen.
- **Kapital:** Zahlen Sie das Aktienkapital auf ein Sperrkonto ein. Bei Sachwerten muss eine anerkannte Revisionsstelle einen Sacheinlagevertrag und einen Gründungsbericht ausarbeiten.
- **Gründungsversammlung:** An der Gründungsversammlung müssen Kontrollstelle und Verwaltungsrat bestimmt werden. Es muss auch ein Notar teilnehmen, der Statuten und Protokoll öffentlich beurkundet.
- **Handelsregister:** Melden Sie Ihre AG beim zuständigen Handelsregisteramt an.
- **Aktien:** Erstellen Sie die Aktien- oder Aktienzertifikate und bei Namenaktien das Aktienbuch.
- **Steuern:** Auf ein Gesellschaftskapital von über 250 000 Franken sind Stempelsteuern (1 Prozent) fällig.

3 Wahl der Rechtsform

ken, einzahlen. Der Rest muss später aber auf jeden Fall noch einbezahlt werden, allerspätestens bei der Liquidierung oder im Fall eines Konkurses.

Das Kapital kann auch mit Sacheinlagen (z.B. Immobilien, Maschinen usw.) eingebracht werden.

Den Baranteil des Aktienkapitals zahlt man bei der Gründung

CHECKLISTE

Eine AG gründen: Das sind die wichtigsten Schritte

- Gründungskosten budgetieren
- Firmennamen festlegen und beim Handelsregisteramt abklären
- Anmeldung beim Handelsregisteramt
- Aktienkapital und -aufteilung, Liberierung (Einzahlung) festlegen
- Organe bestimmen: Verwaltungsrat, Revisionsstelle, Unterschriftsberechtigte
- Bank auswählen, Sperrkonto für Stammeinlagen eröffnen
- Gründungsurkunde, Statuten usw. verfassen
- Gründungsakten zur Vorprüfung an Notar und Handelsregisteramt, evtl. Bereinigung
- Annahmeerklärung der Revisionsstelle einfordern, falls revisionspflichtig
- Durchführung der Gründungsversammlung
- Freigabe des Aktieneinzahlungsbetrags bei der Bank (Handelsregisterauszug vorweisen)
- Aktienzertifikate ausstellen, Aktienbuch eröffnen
- Falls Sie Personal beschäftigen (auch Inhaber können sich anstellen lassen): Anmeldung bei der AHV-Ausgleichskasse und Abschluss der obligatorischen Versicherungen für BVG und UVG
- Mehrwertsteuer-Nummer beantragen (bei der Eidg. Steuerverwaltung)

Die Aufgaben des Verwaltungsrats

Der Verwaltungsrat ist oberstes Aufsichts- und Gestaltungsorgan der AG. Laut Obligationenrecht (OR) führt der Verwaltungsrat die Geschäfte selber oder er überträgt die Geschäftsführung an Dritte (was die Regel ist). Nach Gesetz hat der Verwaltungsrat aber sieben unübertragbare und unentziehbare Aufgaben (Art. 716 OR):

■ Der Verwaltungsrat hat die Oberleitung der Gesellschaft inne und erteilt die dafür nötigen Weisungen.
■ Er legt die Organisation der Gesellschaft fest.
■ Er ist verantwortlich für die Ausgestaltung des Rechnungswesens, der Finanzkontrolle und der Finanzplanung.
■ Dem Verwaltungsrat obliegt die Ernennung und Abberufung der Geschäftsleitung und der Vertretungsberechtigten.
■ Der Verwaltungsrat hat die Oberaufsicht über die Geschäftsleitung – dies im Hinblick auf die Einhaltung von Gesetzen, Statuten, Reglementen und Weisungen.
■ Er ist verantwortlich für die Erstellung des Geschäftsberichtes sowie die Vorbereitung der Generalversammlung und die Ausführung ihrer Beschlüsse.
■ Er ist verantwortlich für die Benachrichtigung des Richters bei Überschuldung bzw. Zahlungsunfähigkeit der Gesellschaft.

Für den Verwaltungsrat ergeben sich daraus gewisse Risiken. Laut Artikel 754 OR muss er einstehen für verschuldete Pflichtwidrigkeiten, die zu einer Schädigung der Gesellschaft, von Aktionären oder von Gläubigern geführt haben. Klassisches Beispiel dafür ist das Unterlassen der Benachrichtigung des Richters bei Überschuldung. Die Verwaltungsräte haften gegenüber Dritten solidarisch. Das heisst: Jedes Mitglied kann für den vollen Schaden belangt werden.

auf ein Sperrkonto ein. Dort bleibt es bis zur Veröffentlichung der Gründung im Handelsamtsblatt blockiert. Nachher ist es von der Bank auf ein Konto der neuen Gesellschaft zu überweisen. Dann kann die Geschäftsführung über den Betrag verfügen.

Am Aktienkapital können sich beliebig viele Gesellschafter beteiligen. Die Aktien können auf den Inhaber und/oder auf den Namen lauten:

■ Bei **Inhaberaktien** gilt der jeweilige Inhaber der Aktie als Aktionär. Inhaberaktien wechseln den Eigentümer durch blosse Übergabe des Papiers an eine andere Person.
■ Bei **Namenaktien** lautet die Aktie auf den konkreten Namen des Besitzers. Diese Person muss zudem im Aktienregister der Gesellschaft eingetragen sein.

Namenaktien wechseln den Besitzer durch die Unterzeichnung des Papiers durch den Veräusserer («Indossament») und den Eintrag des neuen Aktionärs in das Aktienbuch der Gesellschaft.

Folge: Bei Namenaktionären kennen die Gesellschaft und ihre Organe die Aktionäre, bei Inhaberaktien nicht unbedingt. Deshalb entscheiden sich die meisten Kleinunternehmen für Namenaktien.

Ihren Einfluss auf die AG können sich die Gründer auch über Stimmrechtsaktien sichern. Das sind Aktien mit niedrigem Nennwert und vollem Stimmrecht. Damit kann ein Aktionär mit 1000 Aktien zu 10 Franken die Gesellschaftsversammlung gegenüber 100 Aktionären mit 100-Franken-Aktien dominieren, obwohl beide Lager gleich viel (10 000 Franken) einbezahlt haben.

Vorteil der Einmann-AG: Niemand redet drein

Eine Aktiengesellschaft kann durch einen einzigen Aktionär gegründet werden. Auch juristische Personen (etwa eine GmbH oder AG) können Aktionärin werden.

Das Bürgerrecht einer Person spielt keine Rolle. Die Aktionäre einer AG können auch Ausländer sein. Aber aufgepasst: Die gesetzlichen Bestimmungen über den Grundstückserwerb durch Ausländer sind einzuhalten. Dieses Gesetz kann also nicht umgangen werden, indem ein Ausländer zuerst in der Schweiz eine AG gründet und anschliessend die schweizerische AG eine Liegenschaft kauft.

Mit einer Einmann-AG können die Vorteile einer AG (etwa die Risikobeschränkung) ausgeschöpft werden, ohne den Einfluss mit anderen Gesellschaftern teilen zu müssen.

Neue Spielregeln für die Revision

Die neuen Regeln zur Revisionspflicht – sie traten 2008 in Kraft – gelten nicht nur für die AG, sondern auch für die GmbH und die Genossenschaft. Die Revisionspflicht wird nun allgemein für alle Handelsgesellschaften nach deren Grösse und wirtschaftlichen Bedeutung festgelegt.

Es wird zwischen ordentlicher und eingeschränkter Revision unterschieden: Erstere gilt für Publikumsgesellschaften und wirtschaftlich bedeutende Unternehmen, die zwei der drei nachfolgenden Grössen in zwei aufeinanderfolgenden Geschäftsjahren überschreiten:
- Bilanzsumme von 20 Millionen Franken
- Umsatzerlös von 40 Millionen Franken
- 250 und mehr Vollzeitstellen im Jahresschnitt.

Die ordentliche Revision gilt zudem für Gesellschaften, die zur Erstellung einer Konzernrechnung verpflichtet sind. Verlangt das Gesetz keine ordentliche Revision, so können die Statuten vorsehen oder die Generalversammlung beschliessen, dass die Jahresrechnung ordentlich geprüft wird. Die ordentliche Revision verlangt eine umfassende Berichterstattung an den Verwaltungsrat und einen zusammenfassenden Revisionsbericht an die Generalversammlung.

Sind die Voraussetzungen für eine ordentliche Revision nicht gegeben, muss die Jahresrechnung lediglich eingeschränkt geprüft werden. Diese eingeschränkte Revision (sogenannte Review) erfordert nur einen zusammenfassenden Revisionsbericht an die Generalversammlung mit Befragungen des Managements, Detailprüfungen und analytischen Prüfungshandlungen.

Mit der Zustimmung aller Gesellschafter kann selbst auf die eingeschränkte Revision verzichtet werden, wenn nicht mehr als zehn Vollzeitstellen bestehen.

Ergänzt werden diese Grundregelungen durch sogenannte Opting-Möglichkeiten:
- Bei einer Gesellschaft, die zu einer eingeschränkten Revision verpflichtet ist, können Minderheiten, die 10 Prozent des Gesellschaftskapitals vertreten, eine ordentliche Revision verlangen (Opting-up).
- Hat eine Gesellschaft weniger als zehn Vollzeitstellen, kann andererseits durch Zustimmung aller Gesellschafter entweder teilweise (Opting-down) oder vollständig (Opting-out) auf die Prüfung verzichtet werden.
- Denkbar ist in der Praxis auch, dass Kreditgeber darauf bestehen (Opting-in).

Die restlichen Unternehmen (die meisten KMU der Schweiz) werden grundsätzlich durch eine eingeschränkte Revision geprüft. Sie ist in etwa der heute bei KMU gängigen Prüfung gleichzusetzen.

Verwaltungsrat und Generalversammlung

Eine AG muss über einen Verwaltungsrat (VR) verfügen. Dieser kann aus einer oder mehreren natürlichen Personen bestehen. Unternehmen können nicht in den VR gewählt werden, aber an ihrer Stelle Vertreter bestimmter Unternehmen. Die Namen der Verwaltungsräte werden im Handelsregister publiziert.

Eine Aktiengesellschaft muss ferner über eine Revisionsstelle verfügen, wenn das Unternehmen über mehr als 10 Vollzeitstellen verfügt. Die Revisionsstelle hat der Generalversammlung jährlich einen schriftlichen Bericht über die Geschäftsbücher abzugeben.

Je nach Grösse des Unternehmens ist eine eingeschränkte oder eine ordentliche Revision vorgeschrieben (siehe Seite 47). Die Kosten sind sehr unterschiedlich.

Jede Aktiengesellschaft muss jährlich einen Geschäftsbericht – bestehend aus Jahresrechnung und Jahresbericht – erstellen. Die Jahresrechnung enthält die Erfolgsrechnung, die Bilanz sowie einen Anhang mit ergänzenden Informationen, die rechtlichen Mindestanforderungen zu genügen haben.

Die jährliche Generalversammlung (GV) der Aktionäre ist oberstes Organ einer AG. Die GV bestimmt die Statuten, wählt den Verwaltungsrat und die Revisionsstelle, genehmigt oder verwirft den Jahresbericht und entscheidet über die Verwendung des Unternehmensgewinns – etwa die Auszahlung einer Dividende oder die Übertragung auf die neue Rechnung.

Die Gesellschaft mit beschränkter Haftung (GmbH)

Die Gesellschaft mit beschränkter Haftung (GmbH) ist in der Schweiz ebenfalls sehr beliebt. Grund: Das Minimalkapital beträgt im Unter-

---

Die wesentlichen Massnahmen bei der Gründung einer GmbH

■ **Gesellschafter:** Natürliche Personen oder Unternehmen können eine GmbH gründen.
■ **Name:** Bestimmen Sie den Namen und klären Sie beim schweizerischen Handelsregister dessen Gültigkeit ab. Falls Sie den geplanten Namen auf www.zefix.ch eingeben und es erscheint kein Eintrag, ist die Wahrscheinlichkeit gross, dass er noch frei ist.
■ **Statuten:** Sie können einfach ausgestaltet sein. Sie müssen nur Bestimmungen über Namen, Sitz und Zweck sowie über das Stammkapital und den Betrag der Stammeinlage jedes Gesellschafters enthalten.
■ **Stammkapital:** Zahlen Sie das Stammkapital auf ein Sperrkonto bei einer Bank ein. Sacheinlagen müssen in einem Vertrag genau beschrieben und bewertet sein.
■ **Gründungsakt:** Die Gründung muss öffentlich beurkundet werden. Bestimmen Sie Firmensitz, Geschäftsführer und die Revisionsstelle. Auf eine Revision können die Gesellschafter verzichten, wenn die GmbH nicht mehr als zehn Vollzeitstellen beschäftigt.
■ **Handelsregister:** Melden Sie die Firma beim zuständigen kantonalen Handelsregisteramt an. Nach der Veröffentlichung im Schweizerischen Handelsamtsblatt überweist die Bank das Geld aus dem Sperrkonto an die GmbH, die dann über das Stammkapital frei verfügen kann.

CHECKLISTE

GmbH gründen: Die wichtigsten Schritte

- Gründungskosten budgetieren
- Firmennamen festlegen
- Stammkapital, Stammeinlagen, Liberierung (Einzahlung Bar- und/oder Sacheinlagen) festlegen
- Gesellschafter und Geschäftsführung bestimmen
- Bank auswählen, Sperrkonto für Stammeinlagen eröffnen
- Firmennamen abklären (Handelsregisteramt)
- Gründungsurkunde, Statuten usw. erstellen
- Gründungsakten zur Vorprüfung an Notar und Handelsregisteramt, evtl. Bereinigung
- Falls Revisionsstelle bestimmt wurde: Annahmeerklärung verlangen
- Durchführung der Gründungsversammlung
- Anmeldung Handelsregisteramt
- Freigabe der Stammeinlage bei der Bank (Handelsregisterauszug vorweisen)
- Falls Sie Personal beschäftigen (auch Sie selber als Gründer gelten als Angestellter): Anmeldung bei der AHV-Ausgleichskasse und Abschluss der obligatorischen Versicherungen für BVG und UVG
- Mehrwertsteuer-Nummer beantragen (bei der Eidg. Steuerverwaltung).

---

schied zur Aktiengesellschaft lediglich 20 000 Franken. Und eine GmbH schützt das Privatvermögen wie eine AG.

Gegenüber einer AG hat sie im Prinzip nur einen wesentlichen Nachteil: Ist das Stammkapital gering, ist die GmbH weniger kreditwürdig.

Eine GmbH kann durch eine oder mehrere natürliche Personen oder juristische Personen gegründet werden. Jeder Gesellschafter beteiligt sich mit mindestens einer Stammeinlage am Gesellschaftskapital, dem Stammkapital. Stammeinlagen sind handelbar. Dazu genügt eine schriftliche Vereinbarung zwischen den betroffenen Parteien. Eine öffentliche Beurkundung ist nicht mehr erforderlich.

Das Stammkapital muss bei der Gründung vollständig einbezahlt oder mit Sacheinlagen gedeckt sein. Die Mindesteinlage pro Gesellschafter beträgt 100 Franken (bar oder als Sacheinlage). Ein Gesellschafter kann eine oder mehrere Stammeinlagen besitzen.

Trotz «beschränkter Haftung» kann volle Haftung gegeben sein

Die Bezeichnung «beschränkte Haftung» ist leicht irreführend, denn die Gesellschaft haftet für ihre Schulden unbeschränkt.

Die einzelnen Gesellschafter jedoch haften grundsätzlich wie bei einer AG nur bis zur Höhe ihrer jeweiligen Einlage. Das heisst: Im schlimmsten Fall ist das eingebrachte Stammkapital aufgebraucht. Das Privatvermögen des Gesellschafters haftet aber nicht für allfällige Schulden der Gesellschaft.

Der Name der Gesellschaft kann frei gewählt werden, wobei er den

Die Gründungsspesen: Das kostet der Weg in die Unabhängigkeit

Bei den drei häufigsten Unternehmensformen gibt es grosse Unterschiede bei den Gründungskosten (kantonal unterschiedliche Notariatskosten und Gebühren sowie individuell verschiedener Beratungsaufwand). Eine grobe Übersicht:

Einzelfirma

Beratung (Firmenname, Steuern, Handelsregister, MwSt. – je nach Komplexität)	Fr. 800.–
Handelsregisteramt	Fr. 200.–
Gesamtkosten	**Fr 1000.–**

GmbH (mit 20 000 Franken Stammkapital)

Beratung (ähnlich wie bei der AG – je nach Komplexität)	Fr. 4000.–
Handelsregisteramt	Fr. 1000.–
Notar	Fr. 1000.–
Stempelsteuer (ab 1 Mio Franken)	Fr. 0.–
Gesamtkosten	**Fr. 6000.–**

Aktiengesellschaft (mit 100 000 Franken Aktienkapital)

Beratung (Gründungsurkunde, Handelsregister, Aktienzertifikate, Gründungsakten, Gründungsversammlung usw. – je nach Komplexität)	Fr. 8000.–
Handelsregisteramt	Fr. 1000.–
Notar (Beurkundung, je nach Aufwand)	Fr. 1000.–
Stempelsteuer (ab 1 Mio Franken)	Fr. 0.–
Gesamtkosten	**Fr. 7000.–**

Zusatz «GmbH» oder «mbH» enthalten muss.

Ab einer bestimmten Grösse muss die GmbH wie die AG eine Revisionsstelle einsetzen. Kleinunternehmen mit weniger als zehn Vollzeitstellen können darauf verzichten und so pro Jahr einige Tausend Franken sparen. Voraussetzung ist aber die Zustimmung sämtlicher Gesellschafter.

Steuerlich hat die GmbH die gleichen Nachteile (Doppelbesteuerung) wie eine AG: Für den Reingewinn ist sie steuerpflichtig, und den ausgeschütteten Gewinn müssen die Gesellschafter als persönliches Einkommen versteuern. Für das Stammkapital sind bei der GmbH und den Gesellschaftern zudem Vermögenssteuern geschuldet.

Geschäftsführung und Gesellschafterversammlung

Eine GmbH hat keinen Verwaltungsrat. Ihre Geschäftsführung entspricht funktionsmässig dem Verwaltungsrat einer Aktiengesellschaft.

Im Prinzip sind alle Gesellschafter zur gemeinsamen Geschäftsführung und Vertretung berechtigt. Diese Funktionen können per Gesellschaftsbeschluss auch einem einzelnen Gesellschafter oder einer aussenstehenden Person übertragen werden.

Sämtliche Geschäftsführer können Ausländer sein. Die Gesellschaft muss durch eine Person vertreten werden, die Wohnsitz in der Schweiz hat. Unternehmen, die an einer GmbH beteiligt sind, können nicht Geschäftsführer sein, aber einen Vertreter in die Geschäftsführung wählen. Wie Verwaltungsräte einer AG haften übrigens auch Geschäftsführer einer GmbH unter bestimmten Umständen persönlich für Schäden, die sie durch absichtliche oder fahrlässige Pflichtverletzung verursacht haben.

Die Gesellschafterversammlung ist oberstes Organ der GmbH und bestimmt die Statuten, die Geschäftsführer und die Revisionsstelle. Die Gesellschafterversammlung genehmigt ferner die Gewinn- und Verlustrechnung sowie die Bilanz, sie entscheidet über die Verwendung des Gewinns und entlastet den oder die Geschäftsführer. Dividenden dürfen nur aus dem Bilanzgewinn ausbezahlt werden. Vorher sind jedoch die im Gesetz und in den Statuten vorgesehenen Reserven zu bilden.

> **TIPP**
>
> ## Corporate Governance auch für Mittelständler
>
> Corporate Governance (CG) ist ein Modewort, dessen genaue Bedeutung niemand so richtig kennt und über das viele Definitionen kursieren. Zentrales Thema der Corporate Governance ist das Verhältnis zwischen Aktionären als Eigentümer, dem Verwaltungsrat und der operativen Geschäftsführung.
>
> Corporate Governance bedeutet mehr als die reine Einhaltung von rechtlichen Vorgaben. Auch für KMUs bzw. mittelständische Unternehmen ist es von Nutzen, die Grundsätze guter Corporate Governance zu befolgen. Die wichtigsten Kriterien:
>
> - **Verwaltungsrat:** Bei grösseren Unternehmen sollten genügend unabhängige, externe Mitglieder im Verwaltungsrat sein. Erstrebenswert ist ein ausgewogenes Verhältnis zwischen jüngeren und älteren Mitgliedern und eine breite Qualifikation. Die «Chemie» innerhalb des VR muss stimmen.
> - **Organisation des Unternehmens:** Sie muss klar und zweckmässig sein und konsequent umgesetzt werden. Jeder kennt seine Kompetenzen und Verantwortlichkeiten genau.
> - **Oberaufsicht über die Geschäftsleitung:** Regelmässiges, kritisches Hinterfragen ist nötig. Das Ziel: Kontrolle der Strategieumsetzung, Motivation und fachliche Unterstützung.
> - **Finanzkontrolle:** Vorausschauende Finanz- und Liquiditätsplanung ist wichtig. Der VR muss sich regelmässig (mindestens viermal jährlich) vom Management über die finanzielle Situation informieren lassen. Zudem muss der VR von der operativen Leitung des Unternehmens verlangen, dass er bei sich abzeichnenden Krisen auch ausserhalb des normalen Sitzungsturnus sofort und umfassend dokumentiert wird.
> - **Revisionsstelle:** Sie muss in jeder Hinsicht unabhängig vom Verwaltungsrat sein und sollte im Sinn der Good Governance auch kein Beratungsmandat ausüben.
>
> Die Vorteile der Corporate Governance: Effiziente Unternehmensleitung (z.B. auch im Hinblick auf eine Nachfolgeregelung), bessere Finanzierungsmöglichkeiten dank Transparenz und Kontrolle.

Jetzt gehts ans Verdienen: So werden die Gewinne verteilt

Bei gewinnstrebenden Gesellschaften haben die Mitglieder Anspruch auf einen Anteil am erzielten Gewinn. So weit der Grundsatz. Je nach der gewählten Rechtsform ergeben sich aber unterschiedliche Modelle.

Bei der Kollektivgesellschaft:
Die Gesellschafter haben Anspruch auf Zinsen für ihre Einlagen und – sofern im Gesellschaftsvertrag vorgesehen – auf Honorare. Diese dürfen auch während des Geschäftsjahrs ausbezahlt werden, selbst wenn die Firma rote Zahlen schreibt. Sofern im Gesellschaftsvertrag nichts anderes vorgeschrieben ist, haben grundsätzlich alle Gesellschafter das Recht auf den gleichen Gewinnanteil.

Bei der GmbH:
Der Gewinnanteil darf nur aus dem Bilanzgewinn und aus den zu diesem Zweck gebildeten Reserven ausbezahlt werden. Die Gesellschafter haben einen Anspruch auf Gewinnbeteiligung gemäss dem Verhältnis ihrer eingebrachten Stammeinlagen.

Bei der Aktiengesellschaft:
Der Gewinnanteil des Aktionärs ist die Dividende. Dividenden dürfen gemäss Obligationenrecht nur aus dem Bilanzgewinn und aus hierfür gebildeten Reserven ausgerichtet werden. Aktionäre haben keinen Zinsanspruch auf ihr Aktienkapital. Neben der Dividende dürfen an Aktionäre keine Zahlungen geleistet werden. Besondere Gewinnanteile für Verwaltungsräte (Tantiemen) dürfen ebenfalls nur dem Bilanzgewinn entnommen werden – und zwar nur dann, wenn die an die Aktionäre ausbezahlte Dividende mindestens 5 Prozent betragen hat.

Die GmbH untersteht im Grundsatz den gleichen Buchführungsbestimmungen, die auch für eine AG gelten. Dasselbe gilt für die Revision der Rechnung.

Die Genossenschaft

Man kann eine unternehmerische Tätigkeit auch unter der Rechtsform der Genossenschaft aufnehmen. Bei der Genossenschaft steht der Gedanke der wirtschaftlichen Selbsthilfe im Vordergrund, Beispiele dafür sind Wohnbau- oder Einkaufsgenossenschaften.

Zur Gründung braucht es mindestens sieben Genossenschafter, die natürliche oder juristische Personen sein können.

Ein Gründungskapital ist nicht erforderlich. Wenn jedoch eines besteht, muss jeder Genossenschafter mindestens einen Anteil mit festem Nennwert übernehmen.

Vorgeschriebene Organe der Genossenschaft sind Generalversammlung, Verwaltung (mindestens drei Mitglieder) und Kontrollstelle. Der Eintrag ins Handelsregister ist Pflicht, der Name der Genossenschaft kann jedoch frei gewählt werden. Nur bei Personennamen ist der Zusatz «Genossenschaft» zwingend.

Der Verein

Auch Vereine dürfen ein auf kaufmännische Art geführtes Gewerbe betreiben (dieses muss dann ins Handelsregister eingetragen werden). Der Zweck darf gemäss

ZGB jedoch nicht gewinnorientiert sein, also den Mitgliedern keine Vermögensvorteile verschaffen. Zur Vereinsgründung sind mindestens zwei natürliche und/oder juristische Personen notwendig, Gründungskapital ist keines vorgeschrieben.

Die Gründung erfolgt durch die Gründungsversammlung, welche die Statuten genehmigen und den Vorstand sowie allenfalls eine Kontrollstelle bestimmen muss.

Die erforderlichen Organe sind die Vereinsversammlung sowie der Vereinsvorstand (mindestens ein Mitglied). In den Statuten sollte festgelegt sein, dass nur das Vereinsvermögen für allfällige Verbindlichkeiten des Vereins haftet. So besteht für die Mitglieder kein Risiko, Vereinsschulden aus dem eigenen Sack bezahlen zu müssen.

Der Umgang mit dem Handelsregisteramt

Das Führen des Handelsregisters ist Aufgabe der Kantone, der Bund hat die Oberaufsicht. Es gibt in der Schweiz also 26 kantonale Handelsregisterämter.

Bei diesen Ämtern können Sie gegen eine Gebühr Registerauszüge anfordern und sich so relativ fundiert über eine bestimmte Unternehmung informieren. Sie können die Auszüge auch über das Internet abrufen: Der zentrale Firmenindex (www.zefix.ch) dient dabei als Eingangstor.

Die Eintragungen im Handelsregister werden zudem im Schweizerischen Handelsamtsblatt veröffentlicht (www.shab.ch). Die wichtigsten Daten der Firmen finden Sie auch im Ragionenbuch.

Der Eintrag ins Handelsregister ist mit Pflichten verbunden

Wenn Sie Ihre Firma im Handelsregister eintragen müssen, unterstehen Sie in der Folge auch der Buchführungspflicht (siehe Seite 42). Das verpflichtet Sie zu

Die Statuten: Das Grundgesetz der Firma

Statuten sind sowohl für die Aktiengesellschaft als auch für die GmbH gesetzlich vorgeschrieben. Für beide Rechtsformen hat der Gesetzgeber Mindestanforderungen vorgeschrieben (für die AG: Art. 620ff. OR; für die GmbH: Art. 772ff. OR). Die Statuten bedürfen zudem der öffentlichen Beurkundung. Folgende Angaben gehören auf jeden Fall in die Statuten:

Für die AG:
- Firma, Sitz und Zweck der Gesellschaft
- Höhe des Aktienkapitals und des darauf einbezahlten Betrags
- Anzahl, Nennwert und Art der Aktien
- Stimmrecht, Generalversammlung
- Mitglieder Verwaltungsrat, Revisionsstelle
- Form der Bekanntmachungen der AG

Neben diesen Mindestanforderungen empfiehlt es sich, auch Punkte wie Sacheinlagen, Modalitäten der Generalversammlung, Einberufung des Verwaltungsrats usw. in die Statuten aufzunehmen.

Für die GmbH:
- Firma, Sitz und Zweck der Gesellschaft
- Höhe des Stammkapitals sowie Anzahl und Nennwert der Stammanteile
- Form der Bekanntmachungen der GmbH

Wie bei der AG empfiehlt es sich auch für die GmbH, weitere Punkte in die Statuten aufzunehmen. Diese können sein: Geschäftsführungen, Vertretungen, Sacheinlagen, Vorkaufsrechte usw.

3 Wahl der Rechtsform

korrekter und lückenloser Buchhaltung bezüglich
- Inventar und Eingangsbilanz bei Geschäftseröffnung,
- Erfolgsrechnung jeweils auf Ende Jahr und
- Bilanz.

Diese Unterlagen müssen Sie mindestens zehn Jahre lang aufbewahren.

Mit dem Eintrag ins Handelsregister unterliegt Ihr Unternehmen der Betreibung auf Konkurs. Das bedeutet, ein einzelner Gläubiger kann bei Nichtbezahlung einer rechtskräftigen und vollstreckbaren Forderung beim Gericht am Sitz des Unternehmens den Antrag stellen, dass ein Konkursverfahren eröffnet wird. Das ganze Geschäftsvermögen wird dann zur Konkursmasse, woraus alle Gläubiger im Verhältnis ihrer Forderungen befriedigt werden. Das bedeutet nichts anderes als das Ende der Gesellschaft (siehe Kapitel 9 auf Seite 145 ff.).

Eine Einzelfirma ist schnell angemeldet: Bei den kantonalen

TIPP

Registereintrag: Vorsicht vor unseriösen Trittbrettfahrern

Wer sein Unternehmen im Handelsregister eintragen lässt, erhält umgehend Post von Trittbrettfahrern. Diese nehmen die Daten aus dem offiziellen Register und offerieren den gleichen Eintrag in weitere Register – und legen in der Regel gleich einen Einzahlungsschein bei. Besonders perfid: Die Briefe sind so gestaltet und sehen so «amtlich» aus wie Schreiben und Rechnungen der offiziellen Handelsregister.

Wer auf den Trick dieser sogenannten Registerhaie hereinfällt, bestellt damit einen Eintrag in ein von Privaten verfasstes Firmenverzeichnis; dieses ist in der Regel unvollständig und praktisch nutzlos.

Bedenken Sie: Nur der Eintrag ins offizielle Handelsregister ist – unter den beschriebenen Voraussetzungen – obligatorisch und sinnvoll.

Werfen Sie Briefe von privaten Registerbetreibern also in den Papierkorb.

Häufige Absender der unliebsamen Post sind:
- GHI Register und Publikationen, Aarau
- Printem Branchen-Telefonbuch der Schweizerischen Wirtschaft, Ruggell, Liechtenstein
- IFWP-Institut für Wirtschaftspublikationen AG, Lachen
- NMC-Register für Handel und Industrie AG, Zürich
- WSC Handels- und Wirtschaftsinformations AG, Allschwil
- DSI Daten Service und Information, Krumbach, Österreich.

Aufpassen müssen Gewerbler auch bei Offerten für Einträge in Internet-Branchenregistern; diese kommen oft per Fax. Sie gehören ebenfalls in den Papierkorb.

Tipp: Konsultieren Sie die laufend aktualisierten Warnlisten des K-Tipp zu dubiosen Firmen unter www.ktipp.ch → Warnlisten → Registerhaie und Adressbuchschwindler.

Handelsregisterämtern oder im Internet liegen die entsprechenden Anmeldeerklärungen bereit. Dort finden Sie auch Merkblätter über die rechtlichen Voraussetzungen.

Nach der Überprüfung durch den Registerführer kann der Eintrag erfolgen.

Bei einer Kollektivgesellschaft lassen Sie sich mit Vorteil durch eine Anwältin oder einen Anwalt beraten.

Vor der Anmeldung einer AG oder GmbH müssen Sie im Beisein eines Notars eine Gründungsversammlung durchführen und die Beschlüsse öffentlich beurkunden lassen. Anschliessend müssen die Gründungsurkunden dem Handelsregisteramt eingereicht werden. Es folgt die Veröffentlichung im Schweizerischen Handelsamtsblatt und der Eintrag ins Register.

Die Kosten eines Handelsregistereintrags richten sich nach der gewählten Rechtsform. Die Grundgebühren betragen einheitlich 200 Franken für eine Einzelfirma, 400 Franken für eine Kollektivgesellschaft sowie mindestens 1000 Franken für eine AG oder GmbH.

**3
Wahl der Rechtsform**

4 Der Mensch – ein wichtiger Erfolgsfaktor
Personalplanung: Das richtige Vorgehen

Die richtigen Mitarbeiterinnen und Mitarbeiter am richtigen Ort einsetzen: Was einfach klingt, ist in der Praxis nicht immer leicht umzusetzen. Personalplanung ist daher ein entscheidender Faktor für den Erfolg eines Unternehmens. Zu beachten sind dabei organisatorische, fachliche, soziale und gesetzliche Aspekte.

Personalfragen gehören auch bei Kleinunternehmen zur unternehmerischen Planung und dürfen ebenso wenig vernachlässigt werden wie die Bereiche Finanzen, Investitionen, Produktion, Logistik, Marketing oder Verkauf.

Natürlich unterscheiden sich die Anforderungen in Grossunternehmen von jenen in kleineren und mittleren Betrieben. Die Zielsetzung der Personalplanung aber ist stets die gleiche: Welche Massnahmen sind erforderlich, damit die richtige Anzahl der richtigen Leute am richtigen Ort zur richtigen Zeit zur Verfügung steht?

Der erste Schritt: Ausgangslage und Ziele definieren

Personalplanung beginnt mit der Analyse der aktuellen Situation und mündet in konkrete Massnahmen, die sich daraus ergeben. Verschaffen Sie sich also als Erstes einen Überblick über:
- Aktuelle Belegschaft (Anzahl, voraussehbare Ab- und Zugänge)
- Qualifikation der Mitarbeiter (Besteht Bedarf nach Weiterbildung oder Restrukturierung?)
- Zeit und Ort (Wo, wann und für welche Zeitdauer müssen Mitarbeitende einsetzbar sein?).

Aus dieser Analyse ergeben sich folgende Planungsschritte:
- Bedarf: Wie viele Mitarbeiterinnen und Mitarbeiter werden benötigt und für welche Zeit? Besteht Bedarf an neuen Mitarbeitern – etwa wegen Kündigungen, bevorstehenden Pensionierungen oder einer Ausweitung der Produktion?
- Kapazität: Reichen die Arbeitszeiten oder müssen sie erhöht bzw. reduziert werden?
- Einsatz: Wer wird wann, wo und wie eingesetzt?

TIPP

Personalsuche im Internet

Personalsuche im Internet gehört heute zum Standard. Der erste Schritt dazu ist, dass Sie ein Stelleninserat auch auf Ihrer eigenen Website bzw. Homepage publizieren. Falls Sie einen Personaldienstleister beauftragen, achten Sie darauf, dass er das Inserat auch auf seiner eigenen Internetseite aufschaltet.

Am meisten Beachtung findet Ihr Stelleninserat auf einer der mittlerweile zahlreichen Online-Jobbörsen. Die Unterschiede zwischen den einzelnen Anbietern sind in Sachen Preis, Besuchsraten, fachlicher Ausrichtung usw. recht gross. Informieren Sie sich deshalb genau, bevor Sie sich für ein bestimmtes Internetangebot entscheiden.

Online-Inserate haben mindestens zwei Vorteile: Sie sind kostengünstiger und sie sind rund um die Uhr einsehbar. Immer mehr Stelleninserate werden deshalb nur noch im Internet publiziert.

Adressen für die Personalsuche übers Internet:

- www.jobs.ch
- www.jobpilot.ch
- www.jobscout24.ch
- www.stepstone.ch
- www.jobclick.ch
- www.topjobs.ch
- www.monster.ch
- www.stellen.ch

■ Personalsuche: Wie kommt man an die notwendigen Mitarbeiter mit den richtigen Qualifikationen?

So finden Sie die richtigen Mitarbeiter

Eine der zentralen Aufgaben im Personalmanagement ist die Suche nach geeigneten neuen Mitarbeiterinnen und Mitarbeitern. Grundsätzlich gibt es hier zwei Möglichkeiten – die interne und die externe Personalrekrutierung.

Die Vorteile der innerbetrieblichen Variante liegen auf der Hand: Sie können Kosten sparen und die Fluktuation tendenziell senken. Wo interne Laufbahnchancen winken, sind Mitarbeiterinnen und Mitarbeiter motivierter.

Allerdings können interne Lösungen auch zu Unstimmigkeiten führen – zum Beispiel wenn mehrere Mitarbeiter mit der vakanten Stelle liebäugeln. Zudem ist es schwieriger, einem internen Kandidaten eine Absage zu erteilen.

Die externe Kandidatensuche ist teurer, aber chancenreicher

Die externe Personalsuche ist aufwendiger und somit teurer. Doch sie hat entscheidende Vorteile: Leute von aussen bringen neue Ideen und neues Potenzial in eine Unternehmung. Anderseits kann die Integration der neuen Mitarbeiter Schwierigkeiten bereiten und kostspielige und teilweise lange Einarbeitungszeiten mit sich bringen.

Für die Suche nach externen Kandidatinnen und Kandidaten gibt es viele Möglichkeiten: Inserate in Zeitungen oder Fachzeitschriften,

IN DIESEM KAPITEL

- 56 Personalsuche im Internet
- 57 Interne oder externe Kandidatensuche?
- 58 Das gehört in ein gutes Stelleninserat
- 59 So peilen Sie Ihre Wunschkandidaten an
- 59 Ausländische Mitarbeiter einstellen? Das müssen Sie wissen
- 61 Das Bewerbungsgespräch
- 61 Rechte und Pflichten der Lehrlinge
- 62 Stellenantritt
- 63 Probezeitgespräch
- 63 Weiterbildung ist mehr als nur ein Kostenfaktor
- 64 Die Regeln der Kurzarbeit
- 65 Mitarbeiter entlassen – aber wie?
- 65 Das Austrittsgespräch
- 66 Ein Mitarbeiter geht: Das ist zu beachten
- 67 Der Lohn und seine Komponenten
- 69 Die wichtigsten arbeitsrechtlichen Bestimmungen

4 Personal, Arbeitsrecht

Angebote im Internet, Mitteilungen an Anschlagbrettern von Hochschulen, Beizug von externen Beratern, Abwerbung bei Konkurrenten, Zusammenarbeit mit Regionalen Arbeitsvermittlungsstellen (RAV).

Für welche Variante Sie sich entscheiden, hängt von Ihren Bedürfnissen und Ihrem Budget ab und auch davon, wie Sie Ihre Unternehmung darstellen möchten.

Der Beizug von Personalberatern kann sich lohnen

Falls Sie einen hochqualifizierten Spezialisten oder eine Führungskraft suchen, kann sich der Beizug von Personalberatern lohnen. Diese übernehmen den Löwenanteil der Personalrekrutierung: Inseratgestaltung und Platzierung in den Medien, Bewerberauswahl.

CHECKLISTE

Das gehört in ein gutes Stelleninserat

Mit einem Stelleninserat «bewerben» Sie sich als Unternehmen bei potenziellen Mitarbeiterinnen und Mitarbeitern.

Sie sollten also Unternehmung, Aufgaben und Umfeld so beschreiben, dass sich der gewünschte Bewerberkreis angesprochen fühlt. Stellen Sie besondere Vorzüge heraus, vermeiden Sie negative Formulierungen, schreiben Sie flüssig, klar und in kurzen Sätzen.

Je bedeutender die Stelle, desto mehr Informationen sollten Sie bereits im Inserat geben:

- **Unternehmen:** Name, Anschrift, Leistungen, Bedeutung, Grösse, Rechtsform, Besitzverhältnisse (Konzernzugehörigkeit), Zukunftsaussichten, Standort etc.
- **Position:** Bezeichnung Hierarchiestufe, Tätigkeiten und Aufgaben, Kompetenzen und Grad der Selbständigkeit, Entwicklungsmöglichkeiten, Führungsstil, Gründe für die Ausschreibung.
- **Anforderungen:** Ausbildung, Kenntnisse, Berufserfahrung, Alter, Belastbarkeit, erwünschte Einstellungen und Haltungen.
- **Anreize:** Erfolgsbeteiligung, Weiterbildung, Aufstiegsmöglichkeiten, Image des Unternehmens, Arbeitszeitregelungen, Firmenwagen usw.
- **Modalitäten:** Telefonische Kontaktaufnahme erwünscht oder nicht, Bewerbungsart (z.B. Mail), Ansprechperson.

Die Zusammenarbeit mit Personalberatern empfiehlt sich auch, falls Ihr Firmenname aus branchen- oder hausinternen Gründen verschwiegen werden soll. Allerdings: Diese Art der Personalsuche hat ihren Preis, er kann ein bis mehrere Monatsgehälter der zu besetzenden Stelle ausmachen.

Personalsuche ist auch Öffentlichkeitsarbeit

Wenn Sie die Suche selber an die Hand nehmen und beispielsweise ein Inserat schalten möchten, dann geht es nicht «nur» um die Personalrekrutierung.

Bedenken Sie, dass ein Stelleninserat nicht nur auf die potenziellen neuen Mitarbeiter eine Wirkung hat, sondern auch bei den eigenen Mitarbeitern und derzeit nicht suchenden Arbeitnehmern (aber möglicherweise späteren Bewerbern) einen Eindruck hinterlässt. Stellenanzeigen sind imageprägend und somit Teil der Öffentlichkeitsarbeit (siehe Kapitel 6 auf Seite 84 ff.).

Wo Sie inserieren, hängt davon ab, wo Sie Ihr Zielpublikum vermuten. Ein Sachbearbeiter zum Beispiel kann über eine Tages- oder Wochenzeitung angesprochen werden. Spezialisten suchen Sie mit Vorteil auch in entsprechenden Fachzeitschriften.

Noch mehr potenzielle Kandidatinnen und Kandidaten erreichen Sie über das Internet (siehe Kasten auf Seite 56). Ein Grossteil der Stelleninserate wird heute nur noch online publiziert. Wenn Sie eine eigene Website haben, sollten Sie die Anzeige auch dort publizieren. Es gibt spezielle Suchmaschinen, die regelmässig die Firmenwebsites nach Inseraten absuchen.

So peilen Sie Ihre Wunschkandidaten an
Egal für welchen Kanal Sie sich entscheiden – wichtig ist, dass Ihre Botschaft ankommt. Das heisst, es sollen geeignete Kandidatinnen und Kandidaten motiviert werden, ihre Dossiers einzuschicken. Andererseits sollen sich aber auch nicht zu viele und even-

---

CHECKLISTE

Ausländische Mitarbeiter einstellen? Das müssen Sie wissen

Aus arbeitsmarktlicher Sicht gibt es zwei Kategorien von ausländischen Mitarbeitern: Bürger aus EU-/Efta-Staaten und Bürger der übrigen Staaten. Erstere erhalten durch das Personenfreizügigkeitsabkommen einfachen Zugang zum Schweizer Arbeitsmarkt. Aus Drittstaaten werden in beschränktem Ausmass nur gut qualifizierte Arbeitskräfte zugelassen, da diese erfahrungsgemäss bessere langfristige berufliche und soziale Integrationschancen haben als Personen mit tieferen Qualifikationen.

Für Bürger aus **EU-/Efta-Staaten** haben die bilateralen Verträge mit der EU die Voraussetzungen für erweiterte Rechte geschaffen. Dabei werden die Grundregeln der Personenfreizügigkeit, wie sie in der EU zur Anwendung kommen, schrittweise eingeführt. Schweizer wie EU-Bürger können Arbeitsplatz und Aufenthaltsort frei wählen. Voraussetzung ist, dass sie über einen gültigen Arbeitsvertrag verfügen, selbständigerwerbend sind oder – bei Nichterwerbstätigen – ausreichende finanzielle Mittel nachweisen können und krankenversichert sind. Abgeschafft wurde auch die Saisonnierbewilligung. Zudem dürfen sich Stellensuchende drei Monate bewilligungsfrei in der Schweiz aufhalten.

Der Umsetzungsplan für die bilateralen Verträge sieht verschiedene Etappen vor. Staatsangehörige der 25 alten EU-Staaten sowie der Efta geniessen seit 2014 die vollständige Personenfreizügigkeit. Einzig für das Neumitglied Kroatien sowie Rumänien und Bulgarien gelten bis Mai 2016 arbeitsmarktliche Zulassungsbeschränkungen (Inländervorrang, vorgängige Kontrolle der Arbeits- und Lohnbedingungen sowie aufsteigende Kontingente).

Wie sich allfällige Zulassungsbeschränkungen nach Annahme der Einwanderungsinitiative auswirken, ist offen. Die Schweiz verhandelt gegenwärtig mit der EU (Stand Januar 2016).

Für **Erwerbstätige aus Drittstaaten** gelten diese arbeitsrechtlich relevanten Regelungen:
- **Kurzaufenthaltsbewilligung L:** Kantons- und Stellenwechsel sind bewilligungspflichtig, Quellenbesteuerung.
- **Aufenthaltsbewilligung B:** Stellenwechsel in der Regel nicht bewilligungspflichtig, Kantonswechsel bewilligungspflichtig, wird für einen bestimmten Zweck erteilt und kann mit weiteren Bedingungen verbunden werden, Quellenbesteuerung.
- **Niederlassungsbewilligung C:** Bezüglich Arbeitsmarkt den Schweizer Bürgern gleichgestellt, keine Quellenbesteuerung.
- **Grenzgängerbewilligung:** Kantons- und Stellenwechsel mit Bewilligung möglich, Quellenbesteuerung.
- **Stagiairebewilligung:** Maximal 18 Monate, nur für Weiterbildungsaufenthalte junger Berufsleute.
- **Asylsuchende:** Keine Erwerbstätigkeit möglich während der ersten drei Monate nach Einreichen des Asylgesuchs (Wartefrist), Stellenwechsel mit Bewilligung möglich, Kantonswechsel in der Regel nicht möglich, Quellenbesteuerung, 10 Prozent des Lohns werden als Sicherheit zurückbehalten.
- **Kadertransfer:** Unentbehrliche Führungskräfte dürfen sich laut General Agreement on Trade and Services (Gats) maximal 48 Monate in der Schweiz aufhalten. Die Bewilligung wird für die Dauer der Erwerbstätigkeit erteilt.

tuell ungenügend qualifizierte Leute melden.

Stellen Sie also die Unternehmung, die Aufgabe und das Umfeld in Text und Form so dar, dass sich Ihre Wunschkandidaten angesprochen fühlen.

Wenn die ersten Bewerbungen eintreffen, sollten Sie alle Schreiben mit einem Zwischenbescheid bestätigen. Warten Sie damit nicht, bis keine Bewerbungen mehr eingehen. Treffen Sie eine erste Auswahl und gehen Sie dabei nach folgenden Kriterien vor:
- Eignung des Bewerbers
- Ausbildung
- Branchenkenntnisse
- Beruflicher Werdegang
- Besondere Kenntnisse.

Wichtig ist auch eine formale und inhaltliche Beurteilung des Bewerbungsschreibens. Inhaltlich sollte ein Bewerbungsschreiben:
- an das Inserat anknüpfen,
- die wichtigsten Informationen über den Bewerber oder die Bewerberin enthalten,
- die Motive für die Bewerbung darlegen und
- das Interesse an einem Gespräch ausdrücken.

Formale Fragen können sein: Sind die Informationen prägnant und klug geordnet oder nicht? Ist das Schreiben kurz, knapp und präzis oder weitschweifig und langatmig? Wie ist das sprachliche Niveau?

Kernstück der Bewerbung ist der Lebenslauf. Er sollte folgende Punkte enthalten:
- Personalien, Familienstand und Adresse
- Schulen
- Berufliche Ausbildung
- Prüfungen
- Berufliche Tätigkeiten und Fähigkeiten
- Weiterbildung
- Freizeit und Interessen
- Selbsteinschätzung.

Arbeitszeugnisse müssen wohlwollend sein

Dritter Bestandteil einer Bewerbung sind die Zeugnisse – von Schulen und Ausbildungsstätten und auch von bisherigen Arbeitgebern. Arbeitszeugnisse enthalten Angaben über die Dauer des Arbeitsverhältnisses, die Tätigkeiten des Bewerbers sowie eine Beurteilung der Leistungen und des Verhaltens.

Bedenken Sie bei der Beurteilung von Arbeitszeugnissen, dass sie

---

TIPP

Assessment für Kaderleute: Prüfung auf Herz und Nieren

Für die Beurteilung von angehenden Führungskräften kann ein sogenanntes Assessment-Center dienlich sein.

Die Bewerber erhalten in Gruppen Aufgaben gestellt, wie sie in der Realität der ausgeschriebenen Stelle vorkommen werden. Dabei werden die Kandidaten von ihren potenziellen Vorgesetzten beobachtet und beurteilt.

Das Assessment dauert in der Regel zwei bis drei Tage und kann auch als Einzelassessment in Form von standardisierten Testprogrammen durchgeführt werden. Die Kandidaten müssen dabei soziale Kompetenz, systematisches Denken und Handeln, Entscheidungsfähigkeit, Durchsetzungsvermögen usw. unter Beweis stellen. Assessments sind allerdings teuer und zeitraubend.

laut Gesetz und Gerichtspraxis grundsätzlich wohlwollend formuliert sein müssen. Die Zeugnisse sind also in der Regel positiver als die wirkliche Leistung und das effektive Verhalten der Bewerber.

Auch fehlende Angaben können vielsagend sein

Wichtig ist auch eine Beurteilung dessen, was nicht im Zeugnis steht, zum Beispiel Angaben über die Führungsqualität bei einem leitenden Angestellten.

Wenn ein Bewerber oder eine Bewerberin nur eine Arbeitsbestätigung und kein eigentliches Zeugnis mitbringt, hat das Arbeitsverhältnis in der Regel mit Unstimmigkeiten geendet.

Nach der Analyse der Bewerbungen müssen Sie sich entscheiden: Wen laden Sie zu einem Bewerbungsgespräch ein, wer bekommt eine Absage, wen behalten Sie «als Reserve» für den Fall, dass Ihre Wunschkandidaten die Stelle doch nicht annehmen möchten?

Abgewiesene Bewerber sollten in jedem Fall eine kurze Absage erhalten und ihre Bewerbungsunterlagen zurückbekommen.

Das Bewerbungsgespräch: Gute Vorbereitung ist wichtig

Keine Anstellung ohne Interview. Bereiten Sie sich darauf vor. Gehen Sie die eingereichten Bewerbungsunterlagen noch einmal genau durch und notieren Sie sich Fragen, auf die Sie unbedingt eine Antwort möchten.

Dabei dürfen Sie alle für die Anstellung wesentlichen Punkte erwähnen. Weitergehende Fragen, etwa zum privaten Umfeld, müssen Bewerber nicht beantworten.

Über gesundheitliche Probleme müssen Bewerber nur dann Auskunft geben, wenn sie dadurch die Gesundheit von anderen gefährden oder die Stelle keine körperlichen Beschwerden zulässt.

Auch für die Kandidaten selber ist das Bewerbungsgespräch wich-

---

CHECKLISTE

Rechte und Pflichten der Lehrlinge

Mit einem Lehrlingsvertrag verpflichten Sie sich, den Lehrling für einen bestimmten Beruf auszubilden. Ein Lehrvertrag kann in der Probezeit gekündigt werden, anschliessend nur noch aus speziellen Gründen. Lehrlinge haben folgende Rechte:
- Umfassende und fachlich gesicherte Ausbildung
- Recht auf Besuch der Berufsmittelschule oder von Freifächern und Lohnanspruch für diese Zeit
- Information über die Weiterbeschäftigung im Lehrbetrieb (mind. drei Monate vor Ende der Lehre)
- 5 Wochen Ferien pro Jahr (bis zum 20. Altersjahr)

Die Pflichten der Lehrlinge sind:
- Unterrichtsbesuch
- Teilnahme an der Lehrabschlussprüfung

Ansonsten hat ein Lehrling die gleichen Pflichten wie die anderen Mitarbeiter (Sorgfaltspflicht, Geschäftsgeheimnis, Einsatz usw.).

TIPP

Referenzen: Nicht ohne Bewilligung!

Auskünfte von ehemaligen Arbeitgebern sind eine zusätzliche Entscheidungshilfe bei der engeren Auswahl. Sie dürfen solche Referenzen aber nur mit der ausdrücklichen Bewilligung des Bewerbers einholen.

Fragen Sie sicherheitshalber auch bei jenen Kandidaten nach, die in der Bewerbung eine oder mehrere Referenzadressen angegeben haben.

tig. So erfahren sie mehr über die Stelle und die Unternehmung.

Strukturieren Sie das Gespräch. Beginnen Sie nach der Kontaktphase mit der Vorstellung der Unternehmung. Ziel dabei ist es, ein realistisches Bild zu vermitteln, erwähnen Sie aber auch «weiche» Faktoren wie Unternehmenskultur oder Führungsstil. Gehen Sie danach zum Interviewteil über. Stellen Sie Fragen über:

- Werdegang des Bewerbers oder der Bewerberin
- Besonderes Wissen, spezielle Fähigkeiten
- Grund des Stellenwechsels
- Persönliche und berufliche Ziele
- Stärken und Schwächen
- Erwartungen an die Stelle
- Flexibilität (Einsatz, Arbeitsweg usw.)
- Lohnvorstellungen.

Geben Sie anschliessend genaue Informationen zur ausgeschriebenen Stelle: Aufgabe, Erwartungen an die Kandidaten, Arbeitsort, Vorgesetzter, Team und Anstellungsbedingungen.

Lassen Sie sich Zeit für das Gespräch. Machen Sie ein stichwortartiges Protokoll; das hilft bei der Nachbearbeitung und weiteren Selektion. Vielversprechende Bewerber laden Sie allenfalls zu einem zweiten Gespräch ein. Hier können Sie den gewonnenen Eindruck vertiefen und allenfalls den direkten Vorgesetzten miteinbeziehen.

Stellenantritt: Der erste Eindruck zählt

Der erste Eindruck ist oft der prägendste; das gilt auch beim Antritt einer neuen Stelle. Der Eintritt eines neuen Mitarbeiters ist deshalb mehr als nur eine Formalität und soll sorgfältig vorbereitet werden.

Vor dem ersten Arbeitstag sollten Sie Ihre übrigen Mitarbeiter über den Eintritt informiert haben.

TIPP

Personalbetreuung: Gute Information der Angestellten hat oberste Priorität

Eine gute Informationspolitik nützt beiden etwas, dem Unternehmen und den Mitarbeitern. Informierte Mitarbeiter sehen sich als wichtiger Teil des Ganzen und betrachten ihre Tätigkeiten im Gesamtzusammenhang.

Wer informiert ist, entwickelt eher Initiative und bringt Ideen ein. Eine offene Information ist zudem Basis für ein gutes Betriebsklima.

Informieren Sie Ihre Mitarbeiter über die Unternehmensphilosophie. Fördern Sie kundenorientiertes Denken, indem Sie die ganze Belegschaft über Produkte und Kundenwünsche orientieren. Teilen Sie zudem Markterfolge wie beispielsweise neue Aufträge dem Team mit – verschweigen Sie aber auch die Rückschläge nicht.

Für die betrieblichen Informationen gibt es eine Fülle von Kanälen: mündliche Information an Teamsitzungen, schriftliche Mitteilungen am schwarzen Brett oder in der Mitarbeiterzeitung, Rundschreiben, Mitarbeiterbriefe für spezielle Mitteilungen, Intranet usw.

Bereiten Sie den Arbeitsplatz entsprechend vor und sorgen Sie für die notwendige Infrastruktur und das erforderliche Arbeitsmaterial. Passen Sie interne Unterlagen wie Organigramme usw. an.

Stellen Sie dem neuen Mitarbeiter am ersten Arbeitstag das Team und die übrigen Bezugspersonen vor und erledigen Sie die Eintrittsformalitäten. Informieren Sie das neue Teammitglied über Geschäftsusanzen und Erwartungen. Führen Sie am Ende der ersten Woche ein Feedbackgespräch und wiederholen Sie es am Ende des ersten Monats.

Das Probezeitgespräch bietet sich an für eine erste Bilanz
Am Ende der Probezeit führen Sie mit dem neuen Mitarbeiter das Probezeitgespräch. Zentral dabei ist, ob das Arbeitsverhältnis definitiv weitergeführt wird. Bereiten Sie

Personalentwicklung und Weiterbildung: Mehr als ein Kostenfaktor

Weiterbildung ist ein wichtiger Erfolgsfaktor, den kein Unternehmer vernachlässigen darf; sie umfasst alle Schritte, die die Qualifikationen der Mitarbeiter erhöhen.

Mit einer konsequenten Personalentwicklung verbessern Sie die Wettbewerbsfähigkeit Ihres Unternehmens. Sie erhöhen zudem die Flexibilität Ihres Teams, das dank breiterer und tieferer Kenntnisse gezielter einsetzbar ist.

Selbstverständlich steigert sie auch die Motivation des Personals, was wiederum zu einer geringeren Fluktuation führen kann. Personalentwicklung sollten Sie also nicht nur als Kostenfaktor sehen, sondern als lohnende Investition ins Humankapital des Unternehmens.

Zentrales Element der Personalentwicklung sind Aus- und Weiterbildungsmöglichkeiten. Das kann mit dem Besuch von Weiterbildungsveranstaltungen und Seminaren beginnen und unter Umständen bis hin zur Ausrichtung auf eine neue Tätigkeit mit entsprechender Ausbildung führen.

Falls es Ihre Produktionsabläufe erlauben, können Sie ein System der Jobrotation und Stellvertretungen einführen, das Mitarbeiter auch in andern Abteilungen zum Einsatz bringt.

Gezielt planen
Bevor Sie Weiterbildungsmöglichkeiten anbieten, sollten Sie den Ausbildungsbedarf gezielt erheben. Dabei gleichen Sie die aktuelle Situation an die mutmasslichen zukünftigen Anforderungen an. Die Lücke soll durch Weiterbildungsmassnahmen geschlossen werden.

Klären Sie aber zuvor ab, ob die Mitarbeiter überhaupt über das entsprechende Entwicklungspotenzial verfügen. So ist beispielsweise nicht jeder Ingenieur für den Einsatz in Verkaufsgesprächen geeignet.

Erfolg kontrollieren
Personalentwicklung ist keine billige Angelegenheit: Überprüfen Sie deshalb, ob der betreffende Mitarbeiter die Ziele tatsächlich erreicht und ob der Ertrag den Aufwand gerechtfertigt hat. Dazu können Sie den Lernerfolg mit konkreten Tests kontrollieren oder Feedbacks darüber einholen, ob die erlernten Kenntnisse auch tatsächlich in der Praxis umgesetzt werden.

Der Erfolg von Weiterbildungsmassnahmen lässt sich aber nicht einfach nur in Zahlen ausdrücken: Worauf ist beispielsweise der Erfolg eines gelungenen Markteintritts zurückzuführen – auf das Verkaufstraining oder auf die Qualität des Produkts?

Übrigens: Das Thema Aus- und Weiterbildung betrifft nicht nur Ihre Mitarbeiter, sondern auch Sie selbst als Unternehmer. Auch Chefs haben Weiterbildungsbedarf.

sich gut vor. Bilanzieren Sie die Erfahrungen der ersten Arbeitsmonate und beurteilen Sie Leistungsbereitschaft, Leistungsvermögen und Eingliederung ins Team.

Der Mitarbeiter oder die Mitarbeiterin soll seiner-/ihrerseits die erste Zeit zusammenfassen und Auskunft geben über Fragen wie: Entspricht die Stelle den Vorstellungen? Wie ist das Einarbeiten verlaufen? Wie ist die Position im Team?

Beurteilung der Leistung: Ein wichtiges Führungsinstrument

Nebst der Information (siehe «Tipp» auf Seite 62) ist die Beurteilung der Mitarbeiterleistungen ein wichtiges Führungsinstrument. Sie ist ein Soll-Ist-Vergleich, in dem die Vorgesetzten die Anforderungen der Stelle den Leistungen des Mitarbeiters gegenüberstellen.

Viele Unternehmen kennen ein jährliches Qualifikationsgespräch.

FRAGE

Wir wollen Kurzarbeit einführen. Was müssen wir beachten?

Unsere Firma muss vorübergehend einen Auftragseinbruch hinnehmen. Wir möchten deshalb Kurzarbeit einführen. Was ist dabei zu beachten?

Anspruch auf Kurzarbeit besteht bei einer vorübergehenden Reduzierung oder Einstellung der Arbeit in einem Betrieb. Bedingung ist weiter, dass durch die Auszahlung von Kurzarbeitsentschädigung Arbeitsplätze erhalten bleiben.

Sie müssen das Gesuch mindestens zehn Tage vor Beginn der Kurzarbeit schriftlich der kantonalen Amtsstelle einreichen (in der Regel dem kantonalen Arbeitsamt angegliedert). Dort können Sie die entsprechenden Formulare beziehen.

Die Entschädigung wird Ihnen als Arbeitgeberfirma ausbezahlt. Sie wird auch für Mitarbeiter geleistet, die selber keinen Anspruch auf Arbeitslosenentschädigung hätten, z.B. Grenzgänger oder Saisonniers.

Gekündigte Mitarbeiter hingegen haben keinen Anspruch auf Kurzarbeitsentschädigung. Das Gleiche gilt auch für das Management oder finanziell beteiligte Gesellschafter.

Die Kurzarbeitsentschädigung beträgt 80 Prozent des Verdienstausfalls. Ein Mitarbeiter, der beispielsweise 50 Prozent Kurzarbeit leistet, erhält während dieser Zeit seinen normalen Lohn auf das 50-Prozent-Arbeitspensum sowie 80 Prozent seines Lohns für die Zeit, in der er freigestellt ist, insgesamt also 90 Prozent seines üblichen Lohns.

Die Auszahlung an den Mitarbeiter erfolgt gemäss dem sonst üblichen Lohnzahlungsrhythmus. Da die Rückvergütung der Arbeitslosenkasse meist mit mehrmonatiger Verzögerung erfolgt, müssen Sie demnach als Arbeitgeber die Entschädigung zusammen mit dem Lohn faktisch vorschiessen.

Die Kurzarbeitsentschädigung wird innerhalb von zwei Jahren während höchstens 12 Monaten ausbezahlt. Wegen der schwierigen Arbeitsmarktsituation gilt zurzeit eine Frist von 18 Monaten (Stand 2011). Weil der Arbeitgeber – je nach Wirtschaftslage bzw. bundesrätlichem Entscheid – ein bis drei Karenztage pro Monat selber tragen muss, lohnen sich kleine Arbeitszeitreduktionen finanziell kaum.

Während der Kurzarbeit müssen Sie aber weiterhin die vollen gesetzlich und vertraglich vereinbarten Sozialversicherungsbeiträge einzahlen (AHV, IV, UVG, BVG usw.).

Falls die Kurzarbeit länger als einen Monat dauert, müssen Sie Ihre Angestellten zudem informieren, dass sie sich um eine provisorische Beschäftigung bemühen müssen.

In diesem Gespräch sollten Sie nicht nur die Leistung beurteilen, sondern auch gemeinsam Massnahmen definieren, wie sich ein Mitarbeiter oder eine Mitarbeiterin weiterentwickeln kann.

Bestimmen Sie auch die zu erreichenden Ziele und legen Sie diese immer gemeinsam mit den Stelleninhabern fest. Halten Sie schriftlich fest, was der Mitarbeiter mit welchen Mitteln in welcher Zeit erreichen soll.

Die fundierte Leistungsbeurteilung hat zudem einen motivierenden Effekt: Indem Sie mit Ihren Mitarbeitern einen intensiven Gedankenaustausch pflegen, würdigen Sie deren Leistung und geben ihnen Sicherheit durch eine klare Standortbestimmung.

Aus der Leistungsbeurteilung ergeben sich auch die Massnahmen der Personalentwicklung bzw. Weiterbildung (siehe Kasten auf Seite 63).

Mitarbeiter entlassen: Bitte mit Fairness

Sowohl Arbeitgeber als auch Arbeitnehmer dürfen einen Arbeitsvertrag jederzeit kündigen. Spezielle Gründe braucht es dazu nicht, es ist auch keine bestimmte Form vorgesehen (auch mündliche Kündigungen sind rechtsgültig).

Aus Beweisgründen ist es aber ratsam, Kündigungen in schriftlicher Form auszustellen und den Empfang quittieren zu lassen.

Auf folgende Arten können Arbeitsverhältnisse enden:
- Kündigung
- Aufhebungsvertrag (gegenseitige Aufhebung des Arbeitsvertrags)
- Ende auf ein bestimmtes Datum (bei befristeten Arbeitsverhältnissen)
- Tod des Mitarbeiters.

Auch mit einer Verkürzung der Arbeitszeit können Überkapazitäten abgebaut werden, sofern diese nur für eine bestimmte Zeit bestehen. Eine Form davon ist die Kurzarbeit, die ebenfalls als vorübergehende Massnahme geeignet ist.

Bei der Kurzarbeit erhält der Arbeitgeber von der Arbeitslosenversicherung 80 Prozent des anrechenbaren Verdienstausfalls der Mitarbeiter. Karenztage und die weiterbestehenden Sozialabzüge sowie Ferienansprüche schmälern aber den Spareffekt fürs Unternehmen (siehe Kasten auf Seite 64).

Das Austrittsgespräch bringt wertvolle Infos über den Betrieb

Sollten Sie dennoch zu Entlassungen gezwungen sein, bleiben Sie fair und korrekt. So sichern Sie sich in der Kündigungsfrist eine optimale Arbeitsleistung und verhindern zudem zwischenmenschliche Spannungen. Mussten Sie die Kündigung aus wirtschaftlichen Gründen aussprechen, sollten Sie die entlassenen Mitarbeiter nach Möglichkeit bei der Suche nach einer neuen Stelle unterstützen.

Führen Sie auch ein Austrittsgespräch – egal wer gekündigt hat. So kommen Sie zu wertvollen Informationen über den Betrieb. Bringen Sie Themen zur Sprache wie: Führung, Entwicklungsmöglichkeiten, Arbeitsgestaltung, Verhältnis zu Teammitgliedern und Vorgesetzten, Betriebsklima usw. Informieren Sie am Ende des Gesprächs über rechtliche Folgen der Kündigung und die Ansprüche des Mitarbeiters (siehe Kasten unten).

Der Lohn der Arbeit

Der Grundsatz ist klar: Keine Arbeit ohne angemessene Entlöhnung. Doch darüber, was angemessen bedeutet, gehen die Meinungen natürlich oft auseinander. Gesetzliche Mindestlöhne gibt es für die privaten Arbeitsverhältnisse nicht – ausser ein entsprechender Gesamtarbeitsvertrag (GAV, siehe Seite 68) sieht dies vor. Der Lohn ist deshalb vor allem Verhandlungssache.

Das Lohnsystem sollte aber in sich stimmig sein; es soll von den Mitarbeitern als gerecht empfunden werden.

Bewegung im Lohnsystem: Viele Saläranteile sind variabel

Während viele Mitarbeiter früher in fixe Lohnklassen eingeteilt waren,

---

CHECKLISTE

Ein Mitarbeiter geht: An diese Punkte müssen Sie denken

- **Arbeitszeugnis:** Das Zeugnis muss folgende Angaben enthalten: Personalien, Dauer des Arbeitsverhältnisses, Berufsbezeichnung und Aufgabenbereich, Qualifikation von Leistung und Verhalten, Grund des Austritts. An die Stelle eines Zeugnisses kann auch eine kurze Arbeitsbestätigung treten. Hier beschränken Sie sich auf die Angabe von Dauer und Art des Arbeitsverhältnisses. Der austretende Arbeitnehmer hat ein Wahlrecht zwischen ausformuliertem Arbeitszeugnis oder einer blossen Arbeitsbestätigung (siehe Details auf Seite 60 f.).
- **Ferien/Lohn:** Zu viele oder nicht bezogene Ferientage werden mit der letzten Lohnzahlung ausgeglichen. Haben Sie mit Ihrem Mitarbeiter einen 13. Monatslohn vereinbart, müssen Sie bei Austritt während des Jahres pro Monat einen Zwölftel des 13. Monatsgehalts auszahlen.
- **Unfallversicherung:** Sie müssen den austretenden Mitarbeiter auf den Wegfall der Versicherungsdeckung bei der Unfallversicherung aufmerksam machen; sie endet 30 Tage nach Beendigung des Arbeitsverhältnisses. Sie sind ebenfalls verpflichtet, über die Möglichkeit zur Fortführung der Unfallversicherung zu informieren (sogenannte Abredeversicherung, kostet 25 Franken pro Monat, Stand 2012).
- **Pensionskasse:** Für die Pensionskasse ist ein Austrittsformular auszufüllen. Über das Ende der Anstellung hinaus besteht im Versicherungsbereich eine Deckung von 30 Tagen, sofern der Mitarbeiter nicht in eine neue Vorsorgeeinrichtung eintritt. Die Angestellten erhalten vor dem Austritt ein Formular, auf dem sie die Pensionskasse des nächsten Arbeitgebers oder eine Freizügigkeitseinrichtung angeben müssen.
- **Krankentaggeld-Versicherung:** Hat der Betrieb für die Angestellten eine Kollektiv-Krankentaggeld-Versicherung abgeschlossen, haben die Austretenden das Recht, bei der gleichen Gesellschaft in die Einzelversicherung überzutreten. So können Austretende den Versicherungsschutz ohne neue Vorbehalte wahren – allerdings zu höheren Prämien. Dies ist dann empfehlenswert, wenn ein Austretender keine andere Stelle antritt, sondern sich etwa selbständig macht oder arbeitslos wird.

kommen heute vermehrt individuelle Lohnbänder zur Anwendung. Das heisst: Der Einstiegslohn und das Lohnmaximum sind pro Band definiert, der Lohn wird individuell innerhalb dieser Bänder festgelegt.

Immer mehr Arbeitgeber zahlen zudem variable Saläranteile aus, und zwar nicht nur für Kader. Ein gewisser Teil des Lohnes ist dann vom Erfolg der Unternehmung, des Teams oder des einzelnen Mitarbeiters abhängig.

Falls Sie sich je nach Erfolg Ihres Unternehmens für die Zahlung von solchen Boni entscheiden, sollten Sie vorgängig folgende Fragen beantworten:
- Welchen Gesamtbetrag möchten Sie ausschütten?
- Welches ist die Bemessungsgrundlage? (Gewinn, Cashflow, Kundenzufriedenheit usw.)
- Wie ist der Verteilschlüssel? (Dienstalter, Hierarchiestufe usw.)
- Was enthält die Ausschüttung (Bargeld, Aktien usw.)?

Viele Komponenten: So ist der Lohn zusammengesetzt

Der sogenannte Grundlohn soll die anforderungsgerechte Entlöhnung sicherstellen. Hinzu kommt ein Erfahrungsanteil, mit dem Sie die Berufserfahrungen des Mitarbeiters honorieren. Diesen Leistungsanteil bewerten Sie mit der Qualifikation und entlöhnen ihn entsprechend.

Ein weiterer Lohnbestandteil ist der Sozialanteil, der Kinderzulagen, Familienzulagen und Beiträge an die Sozialversicherungen umfasst. Hinzu können eine Gratifikation, eine Provision oder sogenannte Fringe-Benefits kommen (beispielsweise Gratisferien in einem firmeneigenen Ferienhaus).

Lohnabrechnung und Lohnausweis

Der Zeitlohn ist die häufigste Form der Entlöhnung, andere Formen sind etwa Akkordlohn oder Prämienlohn.

Für welche Form Sie sich in Ihrem Unternehmen auch entscheiden – übergeben Sie mit jeder Auszahlung immer eine Lohnabrechnung. Darin sollen enthalten sein:
- Lohn und allfällige Provisionen (z.B. Monatslohn, ergibt den Bruttolohn)
- Sozialabzüge (AHV, ALV, Pensionskasse, NBU usw., ergibt den Nettolohn)
- Spesen (gemäss Abrechnung oder pauschal)
- Zulagen (z.B. Kinderzulage)
- Ferienguthaben

STICHWORT

Gratifikation

Im Unterschied zum 13. Monatslohn, der einen vertraglich vereinbarten Lohnbestandteil darstellt, ist eine Gratifikation im Prinzip freiwillig. Es kommt also auf den Wortlaut der Vereinbarung an. Achten Sie bei der Ausgestaltung des Arbeitsvertrages darauf, dass Sie sich punkto «Grati» klar ausdrücken.

Übrigens: Eine Gratifikation kann zum festen Lohnbestandteil werden, wenn ein Unternehmen diese freiwillige Sondervergütung regelmässig mehrere Jahre lang ohne Vorbehalt und in gleich bleibender Höhe ausbezahlt hat. Die Arbeitsgerichte gehen in diesem Fall von einer «stillschweigenden Vertragsabrede» aus und erklären die Gratifikation somit für verbindlich.

4
Personal, Arbeitsrecht

- Allfällige Pro-rata-Leistungen (z.B. 13. Monatslohn bei Austritt während des Jahres)
- Auszahlungsbetrag und Konto.

Lassen Sie alle Lohndaten einmal jährlich und pro Mitarbeiter im Lohnausweis zusammenfassen. Die Angestellten benötigen den Ausweis als Basis für ihre Steuererklärung. Auch beim Austritt hat der Mitarbeiter Anspruch auf den Lohnausweis.

Spesen zahlen:
Für Arbeitgeber eine Pflicht

Spesen sind Sache des Arbeitgebers. Mitarbeiterinnen und Mitarbeiter haben ein Recht darauf, dass ihnen sämtliche Auslagen vergütet werden – und zwar spätestens bei der Auszahlung des Lohnes; so will es das Gesetz.

Ein gewisser Interpretationsspielraum besteht aber in der Frage, was man als Spesen definiert. Die Kosten für den Arbeitsweg etwa trägt der Mitarbeiter, sofern nichts anderes abgemacht worden ist. Muss ein Arbeitnehmer sein Auto während der Arbeit benutzen, hat er Anrecht auf eine Entschädigung, sofern er den Einsatz des Privatfahrzeugs vorher mit dem Arbeitgeber vereinbart hat.

Sie können Ihren Mitarbeitern auch eine Spesenpauschale ausrichten, welche die durchschnittlich anfallenden Kosten abdeckt.

Was Unternehmer über das Arbeitsrecht wissen müssen

Eine Vielzahl von Gesetzen regelt den Umgang zwischen Arbeitgebern und Arbeitnehmern – darunter Arbeitsgesetz, Obligationenrecht, Berufsbildungsgesetz, Sozialversicherungsgesetze, Gleichstellungsgesetz usw. Die wichtigsten Vorschriften finden sich im Arbeitsvertragsrecht, das im Obligationenrecht (OR) geregelt ist.

STICHWORT

Einzelarbeitsvertrag und Gesamtarbeitsvertrag (GAV)

- **Einzelarbeitsvertrag**

Im Einzelarbeitsvertrag sind Rechte und Pflichten von Arbeitgeber und Arbeitnehmer definiert. Für die Form bestehen keine Vorschriften. Nur bei Verträgen mit Lehrlingen oder Kurzaufenthaltern ist die Schriftlichkeit Pflicht.

Der Gesetzgeber verlangt auch bei Sondervereinbarungen wie Verlängerung der Probezeit, Lohnverzicht bei Überstunden oder Konkurrenzverbot die schriftliche Form.

Tipp: Sorgen Sie für Klarheit und fassen Sie Arbeitsverträge und Vereinbarungen schriftlich ab. Dann haben Sie bei Streitfällen eine brauchbare Beweislage.

- **Gesamtarbeitsvertrag**

Ein Gesamtarbeitsvertrag (GAV) wird zwischen Arbeitgeber- und Arbeitnehmerverbänden abgeschlossen. Die Sozialpartner definieren darin Minimalbestimmungen (z.B. Minimallöhne), die von Einzelarbeitsverträgen nicht unterschritten werden dürfen. In der Schweiz gibt es rund 10 allgemein verbindliche und rund 1500 nicht allgemein verbindliche GAV. Erstere kommen in der entsprechenden Branche immer zur Anwendung (z.B. Gastgewerbe), Letztere nur dann, wenn beide Vertragsparteien, also Arbeitgeber und Arbeitnehmer, Mitglieder in den entsprechenden Verbänden sind.

Für kleinere und mittlere Betriebe ist zudem das Arbeitsgesetz (ArG) von Bedeutung. Es regelt wichtige Punkte wie Arbeits- und Ruhezeiten, Schutzbestimmungen (für Jugendliche und Frauen bzw. Schwangere) oder Gesundheitsvorsorge. Dazu kommen je nach Branche allfällige Gesamtarbeitsverträge.

Die wichtigsten arbeitsrechtlichen Bestimmungen

Arbeitszeit
Die maximale wöchentliche Arbeitszeit beträgt für industrielle Betriebe 45 Stunden (gilt auch für Büropersonal und andere Angestellte). In Gewerbebetrieben liegt die Grenze bei 50 Stunden. Für gewisse Berufe (z.B. Taxifahrer, Assistenzärzte) lässt das Gesetz auch längere Arbeitszeiten zu. Zudem kann der Arbeitgeber die maximale Arbeitszeit je nach Umständen verlängern.

Wenn es betrieblich notwendig ist, sind Arbeitnehmer verpflichtet, Überstunden zu leisten (Art. 321c OR), die aber mit einem Lohnzuschlag von mindestens 25 Prozent oder entsprechender Freizeit vergütet werden müssen.

Aber: Als Unternehmer können Sie im Arbeitsvertrag festschreiben, dass Arbeitnehmer eine bestimmte Anzahl Überstunden unentgeltlich leisten müssen.

Lohn
Sie können den Lohn grundsätzlich frei vereinbaren, sofern nicht ein GAV einen Mindestlohn vorsieht. Auch über die Zusammensetzung des Salärs (Zulagen, Naturalleistungen etc.) können Sie selber bestimmen, sofern kein GAV etwas anderes vorschreibt. Der 13. Monatslohn ist nicht gesetzlich vorgeschrieben, eine arbeitsvertragliche Verankerung somit freiwillig.

Lohnfortzahlung bei Arbeitsunfähigkeit
Sie müssen Ihren Mitarbeiterinnen und Mitarbeitern auch dann den Lohn zahlen, wenn diese unverschuldet nicht arbeiten können. Dabei ist zu unterscheiden:
- Bei Krankheit müssen Sie eine Zeit lang 100 Prozent des Lohnes zahlen – und zwar so lange, wie es die entsprechenden Skalen vorsehen (siehe Tabelle auf Seite 71). Falls Sie für Ihr Personal eine Kollektiv-Krankentaggeld-Versicherung abgeschlossen haben, zahlt diese in der Regel 80 Prozent des Lohnes maximal zwei Jahre lang.
- Nach der Geburt haben Frauen Anspruch auf 14 Wochen Mutterschaftsurlaub (80% des Normallohnes). Vergütung aus der Erwerbsersatzordnung (EO).
- Bei einem Unfall müssen Sie ebenfalls 80 Prozent des Lohnes

---

CHECKLISTE

Die Ansprüche an ein faires Salär

Ein anständiger Lohn sollte zumindest:
- den Leistungen der Mitarbeiter entsprechen,
- die Anforderungen der Stelle berücksichtigen,
- marktkonform sein,
- im Rahmen der Möglichkeiten des Unternehmens liegen und
- ethisch vertretbar sein (z.B. existenzsichernde Mindestlöhne).

auszahlen; das wird Ihnen von der Unfallversicherung ersetzt.

■ Auch bei Militär- oder Zivilschutzdienst müssen Sie 80 Prozent des Lohnes zahlen. Von der EO erhalten Sie eine Vergütung, die aber in der Regel weniger als 80 Prozent des Lohnes ausmacht. Den Rest müssen Sie selber ausgleichen.

Ferien und Feiertage

Jeder Arbeitnehmer in der Schweiz hat ein Recht auf mindestens vier Wochen bezahlte Ferien (Jugendliche bis zum 20. Altersjahr fünf Wochen). Auch Teilzeitangestellte haben einen Anspruch auf bezahlte Ferien – und zwar im Verhältnis zur geleisteten Arbeitszeit.

Dies zu berechnen ist oft nicht einfach. Viele Arbeitgeber zahlen deshalb die Ferienentschädigung mit dem Stundenlohn aus (dann muss deren Höhe aber im Arbeitsvertrag und auf jeder Lohnabrechnung separat ausgewiesen sein). Das ist aber nur erlaubt, wenn die Arbeitszeit überwiegend unregelmässig ist.

Als Arbeitgeber müssen Sie den Mitarbeitern zudem an den gesetzlichen Feiertagen frei geben. Laut Gerichtspraxis müssen Sie Festangestellte im Monatslohn auch an den Feiertagen entlöhnen, nicht aber Stundenlohnbezüger.

Auch für Heirat, Todesfall, Umzug, Zahnarztbesuch usw. müssen Arbeitnehmer freie Zeit erhalten. Wie viel, ist gesetzlich nicht geregelt.

Probezeit

Haben Sie mit Ihrem Mitarbeiter nichts anderes vereinbart, gilt eine Probezeit von einem Monat. Im Vertrag kann die Probezeit auf maximal drei Monate verlängert werden. Während dieser Zeit können beide Vertragspartner das Arbeitsverhältnis jederzeit mit einer Frist von sieben Tagen kündigen.

Befristete Arbeitsverträge kennen keine Probezeit, sofern im Vertrag nicht ausdrücklich eine Probezeit vorgesehen ist.

Kündigung

Ein Arbeitsvertrag ist grundsätzlich jederzeit von beiden Seiten und ohne triftige Gründe kündbar.

Nach Ablauf der Probezeit gelten laut OR folgende Kündigungsfristen: ein Monat im ersten Dienstjahr, zwei Monate vom zweiten bis zum neunten Dienstjahr, drei Monate ab dem zehnten Dienstjahr. Diese Kündigungsfristen können im Arbeitsvertrag abgeändert werden.

Eine Kündigung ist erst wirksam, wenn sie der Empfänger erhalten hat; massgebend ist also nicht das Datum des Poststempels.

Es empfiehlt sich deshalb, schriftliche Kündigungen spätestens fünf Arbeitstage vor Monatsende per Einschreiben abzuschicken – oder der gekündigten Person persönlich zu überreichen (und den Empfang schriftlich bestätigen zu lassen).

Befristete Arbeitsverträge enden ohne Kündigung auf den vertraglich abgemachten Zeitpunkt. Eine vorzeitige ordentliche Kündigung ist in diesem Fall ausgeschlossen. Arbeitgeber und Arbeitnehmer haben aber das Recht, den befristeten Vertrag bei Vorliegen wichtiger Gründe fristlos zu kündigen.

Kündigungsschutz

In folgenden Fällen darf Angestellten nicht gekündigt werden:

- Während obligatorischem Militär- oder Zivilschutzdienst sowie vier Wochen vorher und nachher, falls der Dienst länger als elf Tage gedauert hat.
- Bei ganzer oder teilweiser Arbeitsunfähigkeit nach unverschuldetem Unfall oder Krankheit. Im ersten Dienstjahr gilt dieser Kündigungsschutz für 30 Tage, bis zum fünften für 90 Tage, ab dem sechsten Dienstjahr für 180 Tage.
- Während der Schwangerschaft und bis 16 Wochen nach der Geburt.
- Während einer vom Bund angeordneten Hilfsaktion im Ausland, die vom Arbeitgeber bewilligt wurde.

Kündigungen innerhalb dieser Sperrfristen sind ungültig, müssen also nach Ablauf wiederholt werden. Fällt einer dieser Sperrgründe in die Kündigungsfrist, verlängert sich die Frist entsprechend.

Eine Kündigung während ferienbedingter Abwesenheit wird erst bei der Rückkehr aus den Ferien wirksam, die Kündigungsfrist verlängert sich entsprechend.

Fristlos dürfen Sie ein Arbeitsverhältnis nur in schwerwiegenden Ausnahmefällen kündigen (Art. 337 OR), beispielsweise bei Betrug, Arbeitsverweigerung oder Konkurrenzierung des Arbeitgebers.

Bei einer Freistellung endet zwar die Pflicht zur Arbeitsleistung sofort, Sie müssen aber den Lohn bis ans Ende der Kündigungsfrist weiter ausrichten.

Alle wichtigen Infos zum Arbeitsrecht finden Sie im «Saldo»-Ratgeber «Arbeitsrecht: Was Angestellte wissen müssen». Sie können das Buch über Tel. 044 253 90 70 oder über www.saldo.ch bestellen.

TIPP

Bei Krankheit der Mitarbeiter: So lange müssen Arbeitgeber den Lohn zahlen

Sofern der Arbeitsvertrag oder Gesamtarbeitsvertrag keine günstigere Regelung vorsieht und keine Betriebs- oder Einzel-Krankentaggeld-Versicherung besteht, richtet sich die sogenannte Lohnfortzahlung bei Krankheit nach einer der folgenden Skalen. Welche Skala in Ihrem Fall gilt, erfahren Sie beim Bezirksgericht des Arbeitsortes.

Achtung: Die Tabelle gilt nur für privatrechtliche Anstellungsverhältnisse, nicht aber für öffentliche Betriebe wie zum Beispiel Kantonsspitäler.

	Dauer des Arbeitsverhältnisses	Lohnanspruch
Basler Skala	4. bis 12. Monat	3 Wochen
	2. und 3. Jahr	9 Wochen
	4. bis 10. Jahr	13 Wochen
	11. bis 15. Jahr	17 Wochen
	16. bis 20. Jahr	22 Wochen
	ab 21. Jahr	26 Wochen
Berner Skala	4. bis 12. Monat	3 Wochen
	2. Jahr	4 Wochen
	3. und 4. Jahr	9 Wochen
	5. bis 9. Jahr	13 Wochen
	10. bis 14. Jahr	17 Wochen
	15. bis 19. Jahr	22 Wochen
	20. bis 24. Jahr	26 Wochen
	25. bis 29. Jahr	30 Wochen
	30. bis 34. Jahr	33 Wochen
	ab 35. Jahr	39 Wochen
Zürcher Skala	4. bis 12. Monat	3 Wochen
	2. Jahr	8 Wochen
	3. Jahr	9 Wochen
	4. Jahr	10 Wochen
	pro weiteres Jahr	plus 1 Woche

5 So sind Sie richtig versichert
Die Policen für Personal und Material

Zwar kann auch die beste Versicherung keinen Schadenfall abwenden. Die richtige Police kann aber die finanziellen Folgen zumindest mildern. Deshalb sollten Unternehmer auch stets ein Augenmerk auf die Versicherungen richten – für sich selber, für die Angestellten und für den Betrieb. Einige sind obligatorisch, andere freiwillig.

In die Gründungsphase fällt auch der Abschluss der obligatorischen und sonst noch wichtigen Versicherungen. Dabei stehen drei Versicherungstypen im Vordergrund:
- die Sozialversicherungen für Sie selbst (Seite 72 ff.),
- die Sozialversicherungen für die Angestellten (Seite 78 ff.) und
- die Betriebsversicherungen (Seite 81 ff.).

Die persönlichen Versicherungen für Selbständige

Was für den Unternehmer selber freiwillig ist und was obligatorisch, hängt bei den Sozialversicherungen von der gewählten Rechtsform ab. Grundsätzlich gilt: Gründer von Einzelfirmen und Kollektivgesellschaften gelten für die Sozialversicherungen als Selbständigerwerbende. Für ihre Vorsorge sind sie mithin zu einem grossen Teil selber verantwortlich.

Die Gründer einer Aktiengesellschaft oder einer GmbH hingegen, die im Betrieb mitarbeiten, sind häufig Unternehmer und gleichzeitig Angestellte. Für alle Sozialversicherungen gelten sie dann als Unselbständigerwerbende bzw. als Angestellte der AG oder der GmbH.

AHV/IV/EO für Selbständige

Die Alters- und Hinterlassenenversicherung (AHV) soll den Grundbedarf der Rentnerinnen und Rentner decken. Die Invalidenversicherung (IV) ist für die finanziellen Folgen von Invalidität da. Die Erwerbsersatzordnung (EO) kompensiert teilweise die Einkommensausfälle durch Militär- oder Zivilschutzdienst.

Finanziert werden diese Versicherungen aus Arbeitnehmer- und Arbeitgeberbeiträgen sowie durch Bund und Kantone. Wird von der AHV-Beitragspflicht gesprochen, ist damit immer auch die Beitragspflicht an IV und EO gemeint. Die

AHV-Beiträge für Selbständigerwerbende

Jahreseinkommen in Franken von mindestens	aber weniger als	AHV/IV/EO-Beitragssatz in % des Erwerbseinkommens
9 400.–	17 200.–	5,223
17 200.–	21 900.–	5,348
21 900.–	24 200.–	5,472
24 200.–	26 500.–	5,596
26 500.–	28 800.–	5,721
28 800.–	31 100.–	5,845
31 100.–	33 400.–	6,093
33 400.–	35 700.–	6,342
35 700.–	38 000.–	6,591
38 000.–	40 300.–	6,840
40 300.–	42 600.–	7,088
42 600.–	44 900.–	7,337
44 900.–	47 200.–	7,710
47 200.–	49 500.–	8,084
49 500.–	51 800.–	8,457
51 800.–	54 100.–	8,829
54 100.–	56 400.–	9,202
56 400.–		9,700

STAND 2016

Beiträge an diese Sozialversicherungswerke werden gemeinsam erhoben.

Richtigerweise müsste man demnach vom AHV/IV/EO-Abzug sprechen. Alle Abzüge werden von der AHV-Ausgleichskasse abgerechnet.

Im Unterschied zu Angestellten müssen Selbständigerwerbende ihre Sozialversicherungsbeiträge in ganzer Höhe selber zahlen.

Die Beiträge für AHV, IV und EO betragen zusammen 9,65 Prozent (Stand 2016).

Bei einem Einkommen von weniger als 56 400 Franken (Stand 2016) sind reduzierte Beiträge fällig (siehe Tabelle auf der Seite links). Lesebeispiel: Wer ein Jahreseinkommen aus selbständiger Erwerbstätigkeit von 38 000 Franken erzielt, muss an die AHV/IV/EO einen Beitrag von 6,84 Prozent zahlen; das sind Fr. 2599.20 im Jahr.

Massgebend ist das aktuelle Einkommen des Beitragsjahres. Für das im Betrieb investierte Eigenkapital erfolgt ein Abzug.

Bei einem jährlichen Einkommen von weniger als 9400 Franken ist ein Mindestbeitrag von 478 Franken geschuldet (Stand 2016).

Die Ausgleichskassen erheben zusätzlich Verwaltungskosten von maximal 3 Prozent des Beitrages auf das Erwerbseinkommen.

Achtung: Nicht jeder, der sich selbständig fühlt, ist auch in den Augen der AHV-Ausgleichskassen selbständig (siehe Kasten auf Seite 74). Sind Sie zum Beispiel als Einzelunternehmer im Auftragsverhältnis überwiegend für einen einzigen Kunden tätig, kann Sie die AHV als dessen Angestellten einstufen.

In diesem Fall muss dieser Kunde alle Beiträge (Arbeitnehmer- und Arbeitgeberanteil) einzahlen.

Klären Sie deshalb unbedingt frühzeitig bei der zuständigen Ausgleichskasse ab, ob Sie wirklich als selbständig erwerbend akzeptiert werden. Die AHV-Kasse muss eine entsprechende Verfügung erlassen, gegen die man Einsprache erheben kann.

Selbständigerwerbende müssen ihre persönlichen Beiträge an die AHV vierteljährlich entrichten; die AHV stellt immer drei Monate in Rechnung. Falls innert 10 (!) Tagen keine Zahlung erfolgt, wird ein Verzugszins von satten 5 Prozent in Rechnung gestellt – und zwar ab Fälligkeitsdatum und nicht erst ab Datum der Mahnung.

Es lohnt sich also nicht, eine AHV-Zahlung hinauszuzögern in

> **IN DIESEM KAPITEL**
>
> 72 AHV/IV/EO für Selbständige
> 74 Die Pensionskasse für Selbständige
> 75 Die Unfallversicherung für Selbständige
> 75 Die Säule 3a für Selbständige
> 76 Das Krankentaggeld nicht vergessen!
> 77 Die Absicherung des Todesfalls für Selbständige
> 77 Die Kollektiv-Krankentaggeld-Versicherung
> 78 AHV und ALV für Angestellte
> 79 Die Unfallversicherung für Angestellte
> 79 Die Familienzulagen
> 80 Die Pensionskasse für Angestellte
> 81 Die Betriebsversicherungen

der Meinung, das Geld sei auf einem Bankkonto besser aufgehoben.

Bei welcher AHV-Ausgleichskasse können respektive müssen sich Firmengründer anmelden?

■ Wer sich einem Berufsverband angeschlossen hat, muss sich der Verbandsausgleichskasse seines Verbandes anschliessen.

■ Wer hingegen keinem Berufsverband angehört, der eine eigene Ausgleichskasse führt, kann sich der kantonalen Ausgleichskasse seines Wohnsitzkantons anschliessen.

Berufliche Vorsorge (Pensionskasse) für Selbständige

Für Selbständigerwerbende ist die Pensionskasse freiwillig. Sie haben aber einerseits die Möglichkeit, sich bei der Vorsorgeeinrichtung ihres Berufsverbandes versichern zu lassen. Bekannt ist etwa die Pensionskasse der Ärzte oder Architekten.

Hat der Firmeninhaber sein Personal in einer Pensionskasse versichert, so kann er sich andererseits auch selber dieser Pensionskasse anschliessen.

Selbständigerwerbende ohne Personal können sich auch der Auf-

Selbständig oder nicht? Die AHV-Ausgleichskasse redet mit

Nicht jeder, der keinen Chef hat, ist deswegen selbständigerwerbend – zumindest nicht in den Augen der AHV-Behörde (und auch nicht der Steuerbehörde, siehe Seite 122).

Kaum Diskussionen mit der AHV gibt es bei Unternehmern mit eigenem Betrieb, also beispielsweise bei Landwirten oder bei Freiberuflern wie etwa Anwälten, Ärzten, Apothekern, Architekten oder Ingenieuren: Sie alle haben in der Regel eigene Geschäftsräume, sie haben Personal angestellt, sie haben viele Kundinnen und Kunden, sie besitzen eigene Betriebseinrichtungen usw. – und das sind stichhaltige Hinweise auf eine selbständige Tätigkeit.

Schwieriger wird es hingegen z.B. für Journalisten, die mehrere Auftraggeber haben. Was im jeweiligen Arbeitsvertrag steht, spielt dabei für die AHV bloss eine untergeordnete Rolle. Massgebend sind einzig die «tatsächlichen wirtschaftlichen Verhältnisse». Da stellt sich etwa die Frage, wer das unternehmerische Risiko trägt, wie ausgeprägt die Weisungsbefugnis ist oder wer gegenüber Dritten haftet.

Letztlich kommt es auf den Einzelfall an; Rechtssicherheit gibt es in diesem Bereich kaum, sondern nur Kriterien, an die sich Behörden und Richter einigermassen halten.

Die Folgen dieser mangelnden Rechtssicherheit können einschneidend sein: Gibt ein Unternehmer einem vermeintlich selbständigen Mitarbeiter einen Auftrag und stellt sich dann heraus, dass gar keine echte Selbständigkeit vorliegt, muss das Unternehmen die Arbeitgeberbeiträge an die Sozialversicherungen nachzahlen.

Entpuppt sich also ein selbständiger Auftragnehmer letztlich im sozialversicherungsrechtlichen Sinn als Arbeitnehmer, so können bei einer Klage oder bei einer AHV-Revision hohe Forderungen auf den Auftraggeber zukommen.

Umgekehrt: Für Jungunternehmer, die sich selbständig machen möchten, ist Sicherheit in diesem Bereich ebenso wichtig. Grund: Selbständigerwerbende kommen in den Genuss des günstigeren AHV-Sondersatzes für Selbständige (siehe Seite 72f.).

Es empfiehlt sich darum, bei der zuständigen AHV-Zweigstelle abklären zu lassen, ob sie Ihnen den Selbständigenstatus gewähren wird.

TIPP

Säule 3a für Selbständige

Einzahlungen in die Säule 3a sind auch für Selbständigerwerbende eines der besten Investments im Hinblick auf das Alter – aus drei Gründen:

■ Die Sparerinnen und Sparer erhalten einen Vorzugszins, der sich deutlich von den normalen Zinsen für Sparkonten abhebt.

■ Einzahlungen in die Säule 3a können Sparer in der Steuererklärung vom steuerbaren Einkommen abziehen. Eine Faustregel besagt, dass ein Drittel der Einzahlung in Form von Steuerersparnis wieder zum Sparer zurückfliesst. Das gilt besonders bei steuerbaren Einkommen von rund 100 000 Franken und mehr. Die Steuerpflicht tritt immer erst im Zeitpunkt des Bezugs beziehungsweise bei Erreichen des AHV-Alters ein oder bei Aufgabe der Erwerbstätigkeit (spätestens mit Alter 69/70).

■ Die Säule 3a ist ein langfristiges Sparinstrument; das Geld ist «gebunden», steht also dem Sparer im Prinzip frühestens fünf Jahre vor Erreichen des AHV-Alters zur Verfügung. So kommt der Zinseszinseffekt voll zum Tragen.

Selbständigerwerbende, die keiner Pensionskasse angehören, können im Jahr 2016 20 Prozent ihres Erwerbseinkommens einzahlen (aber maximal 33 840 Franken, siehe auch Kasten auf Seite 30).

Macht sich ein 3a-Sparer selbständig, kann er das 3a-Geld für diesen Neustart einsetzen. Wechselt er später sein Metier, kann er es auch dann noch dafür einsetzen.

Wichtig: Die Versicherungsgesellschaften verkaufen auch 3a-Policen, die den Sparprozess fürs Alter mit einer Risikoversicherung (Todesfall, evtl. inkl. Invalidität) versichern. Damit ist eine langjährige Zahlungsverpflichtung verbunden. Von solchen unflexiblen Kombiprodukten ist abzuraten. Besser ist es, das Sparen fürs Alter und die nötigen Risikoversicherungen getrennt anzugehen.

---

fangeinrichtung anschliessen. Diese spezielle, vom Bund geschaffene Einrichtung muss Betriebe ohne Vorsorgeeinrichtung zwangsweise aufnehmen, sodass das Pensionskassenobligatorium durchgesetzt werden kann (Stiftung Auffangeinrichtung BVG, Weststr. 50, 8036 Zürich, Tel. 041 799 75 75).

Sonst steht Selbständigerwerbenden nur die Altersvorsorge in der Säule 3a offen (siehe Kasten oben).

Wie wird der versicherte Verdienst bei Selbständigerwerbenden berechnet? Als Grundlage gilt die Selbsteinschätzung des Einkommens, das im laufenden Jahr erwartet wird. Sollte dieses wesentlich höher oder tiefer ausfallen als erwartet, kann eine Korrektur vorgenommen werden.

Falls Sie vor dem Sprung in die Selbständigkeit als Angestellter tätig waren und Ihre 2. Säule nicht weiterführen möchten, können Sie sich das Freizügigkeitskapital bar auszahlen lassen und als Startkapital einsetzen (siehe Kapitel 2 auf Seite 29 ff.). Sie können den Betrag aber auch auf einem Freizügigkeitskonto parkieren.

Die Unfallversicherung für Selbständigerwerbende

Für die Selbständigerwerbenden ist die Unfallversicherung nach dem Unfallversicherungsgesetz (UVG) nicht vorgeschrieben. Für sie gibt es aber die attraktive Möglichkeit, sich bei einer UVG-Unfallversicherung (also bei der Suva oder bei einem anderen Unfallversicherer nach UVG) versichern zu lassen.

Dies heisst, dass ihnen nach einem Unfall einerseits Arzt- und Spitalkosten vergütet werden (ohne Kostenbeteiligung) und dass sie andererseits Anspruch haben auf ein Unfalltaggeld von 80 Prozent des versicherten Lohnes und später auf eine lebenslange Invalidenrente.

Ein weiterer Vorteil der UVG-Versicherung ist, dass hier in der Regel keine Gesundheitsprüfung stattfindet – es erhalten also auch gesundheitlich Angeschlagene einen Versicherungsschutz. Wer hingegen die Unfallversicherung bei einer privaten Versicherungsgesellschaft möchte, wird auf seinen Gesundheitszustand überprüft; Kranke haben hier keine Chance.

Die Prämien sind von der Branche abhängig

Die Prämien für Selbständigerwerbende sind allerdings höher als die Prämien für Angestellte (bzw. für obligatorisch versicherte Personen). Im Vergleich zu den Angestellten zahlen Selbständigerwerbende 30 bis 40 Prozent mehr.

Die Tarife sind – wie bei den Angestellten auch – nach der Risikokategorie der jeweiligen Branche abgestuft.

Der entscheidende Vorteil der freiwilligen UVG-Lösung ist – wie erwähnt – die lebenslange Unfall-

---

TIPP

Selbständige: Das Risiko Krankheit nicht vergessen!

Menschen können nicht nur verunfallen. Gerade Selbständigerwerbende müssen daran denken, dass sie auch infolge Krankheit erwerbsunfähig werden können. Langfristige Arbeitsunfähigkeit wegen Krankheit ist rund fünfmal häufiger als die durch Unfälle.

Selbständige brauchen daher als Lohnersatz unbedingt ein Taggeld, das sowohl bei Krankheit als auch bei Unfall zahlt. Für Selbständigerwerbende gibt es dafür spezielle Firmenversicherungen, auch für Ein-Personen-Firmen und Landwirte.

Mehr noch: Für den Fall von Invalidität sollten Selbständige auch eine private Invalidenrente abschliessen, die sowohl Krankheit wie Unfall abdeckt. Sie wird oft Erwerbsausfall- oder Erwerbsunfähigkeits-Versicherung genannt. Sowohl beim Taggeld für den kurzfristigen Lohnersatz als auch bei der Rente für den langfristigen Lohnersatz infolge Invalidität kann man die Unfalldeckung ausschliessen, falls sie schon anderweitig versichert ist.

Hier drängt sich aber eine Gesamtberatung auf. Diese muss alle Risiken einbeziehen, die man als Selbständigerwerbender versichern will. Nur so kann die günstigste, massgeschneiderte Lösung erarbeitet werden.

Alle Versicherungsgesellschaften bieten solche Beratungen an. Am besten lässt man sich von einer unabhängigen und anerkannten Brokerorganisation Vorschläge unterbreiten.

Solche spezialisierten Firmen verlangen zwar für die Beratung in der Regel ein Honorar, können aber den Interessierten ausführliche Prämien- und Leistungsvergleiche vorlegen und die preisgünstigste Variante ermitteln.

rente (und nicht nur bis zur Pensionierung).

Absicherung des Todesfalls bei Selbständigen

Stirbt ein Selbständiger, der auch Ernährer einer Familie ist, hat die Witwe oft ein finanzielles Problem, denn das Einkommen ist nun empfindlich schmäler geworden: Die AHV und (falls vorhanden) die Pensionskasse des Mannes zahlen der Witwe zusammen nie so viel aus, wie der Mann vorher verdiente. Ist auch noch ein Haus oder eine Wohnung da, wird die Schuldenlast wegen der Hypothek vielleicht so gross, dass die Witwe das Wohneigentum verkaufen muss.

Für einen solchen Fall gibt es die Todesfallrisiko-Versicherung: Sie dient als finanzieller Fallschirm für die Hinterbliebenen und zahlt der Witwe die vereinbarte Summe bar auf die Hand, falls ihr Mann eine solche Police abgeschlossen hatte und stirbt (egal ob wegen Krankheit oder wegen eines Unfalls).

Mit diesem Geld kann die Witwe etwa die Hypothek reduzieren.

Diese Faktoren beeinflussen die Höhe der Prämie

Selbständigerwerbende können mit der Todesfallrisiko-Versicherung auch den Fortbestand ihres Unternehmens sicherstellen, indem sie beispielsweise den Geschäftspartner begünstigen.

Die Prämien für die Todesfallrisiko-Police sind in erster Linie abhängig von der abgemachten Versicherungssumme, die im Todesfall zur Auszahlung kommt, sowie vom Alter der Person zum Zeitpunkt des Abschlusses.

Eine prämienbestimmende Rolle spielen auch Laufzeit, Gesundheitszustand, Geschlecht oder der Nikotinkonsum.

Keine Arbeitslosenversicherung (ALV) für Selbständige

Als Selbständigerwerbender können Sie sich grundsätzlich nicht gegen Arbeitslosigkeit versichern – auch nicht freiwillig. Als Unternehmer haben Sie auch kein Anrecht auf Kurzarbeits-, Schlechtwetter- oder Insolvenzentschädigungen.

Scheitern Sie mit Ihrem Projekt, erhalten Sie nur dann Arbeitslosentaggelder, wenn Sie innerhalb der letzten zwei Jahre vor der Arbeitslosigkeit während mindestens zwölf

> **TIPP**
>
> ### Die Kollektiv-Krankentaggeld-Versicherung: Freiwillig, aber nützlich
>
> Fortschrittliche Arbeitgeber schliessen für ihr Personal eine Kollektiv-Krankentaggeld-Versicherung ab. In einigen Gesamtarbeitsverträgen ist das sogar Vorschrift.
>
> Die Prämien werden meistens je hälftig zwischen Arbeitgeber und Arbeitnehmer aufgeteilt.
>
> Das hat für die Angestellten den Vorteil, dass sie bei einer längerwährenden Krankheit maximal zwei Jahre lang einen Lohnersatz erhalten; in der Regel beträgt er 80 Prozent des vorherigen Lohnes. Konkret: Der Arbeitgeber zahlt 80 Prozent aus, und diese werden ihm von der Versicherung vergütet.
>
> Als Arbeitgeber sind Sie verpflichtet, den Angestellten Auskunft über die genauen Versicherungsbedingungen zu geben.
>
> Für die Folgen von Unfällen besteht kein Handlungsbedarf, sie sind über die obligatorische Unfallversicherung bestens abgedeckt (siehe Seite 79 f.).

Die Lohnabzüge für AHV und Arbeitslosenversicherung

Sozialversicherung	Arbeitnehmer	Arbeitgeber	Total
AHV	4,2%	4,2%	8,4%
IV	0,7%	0,7%	1,4%
EO	0,225%	0,225%	0,45%
ALV (bis 148 200 Franken)	1,1%	1,1%	2,2%
Total bei einem Verdienst unter 148 200 Franken	6,225%	6,225%	12,45%

Angestellte bezahlen gesamthaft 5,125 Prozent an die AHV/IV/EO plus 1,1 Prozent an die Arbeitslosenversicherung. Gleich viel bezahlen die Arbeitgeber.

Alle Angaben: Stand 2016

Monaten als Angestellter Beiträge an die ALV gezahlt haben.

Mitarbeitende Inhaber von AG und GmbH gelten als Angestellte und sind deshalb punkto ALV bessergestellt. Sie müssen aber zwei Voraussetzungen erfüllen:
- Der Lohn muss tatsächlich ausbezahlt worden sein.
- Sie müssen die entsprechenden Beiträge an die Sozialversicherungen bezahlt haben.

Sollten Sie allerdings im Unternehmen Führungsverantwortung haben (als Verwaltungsrat, unbeschränkt haftender Gesellschafter oder bestimmender Aktionär), haben Sie gemäss Versicherungsgericht keinen Anspruch auf Arbeitslosenentschädigung.

Die Versicherungen für die Angestellten

AHV und ALV für Angestellte

Arbeitgeber müssen für die Angestellten – unabhängig von der Höhe des Lohnes – immer den gleichen Prozentsatz an die AHV abliefern: 8,4 Prozent des Salärs. Dieser Ansatz wird je zur Hälfte (4,2 Prozent) von Arbeitgebern und Arbeitnehmern bestritten.

Der gesamte Lohnabzug fällt aber höher aus, denn zusammen mit der AHV-Zahlung werden auch noch die Beiträge an Invalidenversicherung (IV), Erwerbsersatzordnung (EO) und Arbeitslosenversicherung (ALV) bezahlt; alle drei zusammen machen weitere 4,05 Prozent aus oder für die versicherte Person 2,025 Prozent (siehe Details im Kasten oben).

Jeder verdiente Franken ist der AHV zu melden

Sämtliche Bar- und Naturalbezüge gelten als Lohn oder als massgebendes Einkommen, auf das AHV-Beiträge zu zahlen sind. Selbst wenn das Entgelt noch so gering ist – die AHV-Beitragspflicht besteht dennoch. Wer meint, er zahle nur einen nicht beitragspflichtigen «Bagatellohn», irrt.

In der Tat kommt es häufig vor, dass für eine Arbeit ein Entgelt entrichtet, dieses aber der AHV nicht gemeldet wird, obwohl eine Beitragspflicht bestehen würde. Kommt es zu einer Steuer- oder AHV-Revision, werden die «vergessenen» Beiträge nachträglich eingefordert.

Schon das Gesetz (Art. 7 der AHV-Verordnung) regelt detailliert, was als massgebendes Einkommen gilt:
- Zeit-, Akkord- und Prämienlohn, einschliesslich Entschädigungen für Überzeit, Nachtarbeit und Stellvertretungen,
- Orts- und Teuerungszulagen,
- Gratifikationen, Treueprämien, Mitarbeiteraktien bei Differenz zwischen Kurswert und reduziertem Abgabepreis,
- Gewinnanteile am Geschäftsgewinn,
- Trinkgelder (sofern wesentlicher Lohnbestandteil),
- regelmässige Naturalbezüge, also regelmässige Verköstigung oder die Benützung einer Wohngelegenheit,
- Provisionen und Kommissionen,
- Ferien- und Feiertagsentschädigungen,
- Tantiemen, Sitzungsgelder,
- Arbeitgeberzahlungen für den Einkauf eines Angestellten in die Pensionskasse, nicht aber die reglementarischen ordentlichen Beiträge,
- Abgangsentschädigungen.

Neben dieser gesetzlichen Regelung besteht eine umfassende Rechtsprechung mit zusätzlichen detaillierten Vorschriften. So zählen etwa Auslagen zum Einkommen des Arbeitnehmers, die ein Arbeitgeber für eine private Feier dieses Arbeitnehmers bezahlt.

Die Unfallversicherung für die Angestellten

Als Arbeitgeber sind Sie verpflichtet, Ihre Arbeitnehmerinnen und Arbeitnehmer gegen die Folgen von Berufsunfällen am Arbeitsplatz und gegen Berufskrankheiten zu versichern – auch Teilzeitler mit einem Minipensum.

STICHWORT

Familienzulagen

Jedes Unternehmen muss sich auch einer Familienausgleichskasse anschliessen, die insbesondere für die Ausrichtung der Kinderzulagen zuständig ist.

Der Arbeitgeber richtet die Familienzulagen mit dem Lohn aus und erhält die Rückvergütung dafür von der Ausgleichskasse.

Da die Kinderzulagen kantonal unterschiedlich geregelt sind, genügt es nicht, sich nur am Sitz der Gesellschaft registrieren zu lassen. Erforderlich ist eine Anmeldung für jede einzelne Produktionsstätte, auch wenn es sich bloss um ein paar in einem andern Kanton ausgelagerte Arbeitsplätze und nicht um eine eigentliche Tochtergesellschaft handelt. Es ist allerdings möglich, ein Gesuch für eine zentrale und damit administrativ einfachere Abrechnung über den Hauptsitz zu stellen.

In der Regel wird man sich für die Familienzulagen jener AHV- oder Verbandskasse anschliessen, bei der man sich schon für die AHV angemeldet hat.

Die Arbeitgeberbeiträge variieren sehr stark von Branche zu Branche und von Kasse zu Kasse. Sie bewegen sich zwischen 0,5 und 3 Prozent der Lohnsumme. Kantonale Kassen sind meist teurer als Verbandskassen, weil sie einen höheren administrativen Aufwand geltend machen. Branchen mit traditionell wenig Kindern (z.B. Anwälte, Informatiker) sind billiger als Berufsgruppen, deren Mitglieder durchschnittlich mehr Kinder haben (z.B. Baugewerbe, Gastronomie).

Sie müssen auch die entsprechende Berufsunfallprämie allein zahlen.

Viele Betriebe – vor allem beim Bund, im Baugewerbe und in der Industrie – müssen sich von Gesetzes wegen obligatorisch bei der Suva, der Schweizerischen Unfallversicherungsanstalt, versichern. Das betrifft annähernd zwei Drittel aller Beschäftigten. Die restlichen Angestellten sind bei privaten Versicherungsgesellschaften zu versichern; sie geniessen dort den gleichen Schutz und die gleichen obligatorischen Leistungen wie bei der Suva, denn für alle gilt dasselbe Gesetz: das Bundesgesetz über die Unfallversicherung (UVG).

Die meisten Arbeitnehmerinnen und Arbeitnehmer sind aber nicht nur gegen Unfälle versichert, die sich am Arbeitsplatz ereignen. Wer mindestens acht Stunden pro Woche bei einem Arbeitgeber arbeitet, ist automatisch auch gegen Unfälle in der Freizeit versichert; im Gesetz heissen sie Nicht-Berufs-Unfälle (NBU). Die Prämie für die Nicht-Berufsunfall-Versicherung können Arbeitgeber auf die Angestellten überwälzen.

Tipp: Sie können Ihre Angestellten über die UVG-Zusatzversicherung (Tabelle auf Seite 82) freiwillig besser versichern – indem Sie bei Gutverdienern auch die Lohnanteile abdecken, die über dem gesetzlichen UVG-Minimum von 148 200 Franken liegen (Stand 2016).

Die Pensionskasse für die Angestellten

Als Arbeitgeber sind Sie verpflichtet, Ihre Angestellten bei einer Pensionskasse zu versichern. Kleinere Betriebe (unter 50 Angestellte) schliessen sich in der Regel einer Sammelstiftung an, für grössere Betriebe kann es sich lohnen, eine eigene Pensionskasse zu führen.

Die Pensionskasse ist einerseits ein Zwangssparen fürs Alter; nach der Pensionierung erhalten die Versicherten eine Rente. Andererseits ist sie auch eine Risikoversicherung, die den Angestellten eine Rente zahlt, falls sie wegen Krankheit oder Unfall invalid werden.

Und: Beim Tod vor der Pensionierung erhalten die Angehörigen der verstorbenen versicherten Person Witwen- und Waisenrenten.

Die Prämien werden im Prinzip zwischen Arbeitgeber und Arbeitnehmer geteilt. Als Arbeitgeber sind Sie dafür verantwortlich, dass die Prämien an die Pensionskasse weitergeleitet werden.

Vor dem Abschluss: Mehrere Offerten einholen!

Ein paar wichtige Details zur Pensionskasse:

TIPP

Das Personal besser versichern!

Prüfen Sie beim Anschluss an eine Einrichtung der beruflichen Vorsorge (Pensionskasse), ob Sie Ihre Angestellten freiwillig besser versichern möchten, als es das Gesetz vorsieht. Das kostet auch mehr.

In Frage kommt etwa eine überobligatorische Invalidenrente; Ihr Personal ist dann insbesondere bei Invalidität infolge Krankheit finanziell bessergestellt.

Denkbar ist auch die Senkung der Eintrittsschwelle (siehe Seite 81), damit auch Teilzeitler mit kleinem Pensum von der Pensionskasse profitieren können.

TIPP

K-Tipp- und Saldo-Ratgeber mit Informationen auch für Unternehmer

- «**Gut vorsorgen: Pensionskasse, AHV und 3. Säule**»
Überblick über die Sozialversicherungen, die für Angestellte obligatorisch sind, sowie über die freiwillige 3. Säule.
- «**So sind Sie richtig versichert**»
Hier stehen wichtige Infos zu den Themen Krankentaggeld und Erwerbsunfähigkeits-Rente.
- «**Arbeitsrecht: Was Angestellte wissen müssen**»
Hier erfahren Sie, welche Rechte Sie Ihren Angestellten einräumen müssen.
- «**Das Mietrecht im Überblick**»
Die Rechte der Mieterinnen und Mieter gelten auch für Mieter von Geschäftsräumlichkeiten.
- «**So sparen Sie Steuern**»
Mit wichtigen Tipps für Selbständige.
- «**Das Internet sinnvoll nutzen**»
Mit Infos zu E-Mail, zum Aufbau der eigenen Website und zum Thema E-Commerce.
- «**Erben und Vererben**»
Vom Testament bis zur Erbteilung: Alles über Erbvorbezüge, Erbverträge und Pflichtteile.
- «**KMU: So nutzen Sie das Internet**»
Handbuch zum Erstellen einer eigenen Homepage und allem, was dazu gehört.

Sie können die Bücher über Tel. 044 253 90 70 oder über www.ktipp.ch bestellen.

- Der Eintritt in die Pensionskasse erfolgt mit 17 Jahren: Wer das 17. Altersjahr vollendet hat, wird am 1. Januar des folgenden Jahres versicherungspflichtig. Versichert sind gemäss Gesetz nur die Risiken Tod und Invalidität.

Das eigentliche Alterssparen beginnt erst ab dem 1. Januar nach dem vollendeten 24. Altersjahr. Personen zwischen 17 und 24 Jahren bezahlen also nur einen kleinen BVG-Beitrag.

- Der versicherte Lohn ist oben und unten begrenzt. Die Eintrittsschwelle in die Pensionskasse liegt bei einem Jahresverdienst von 21 150 Franken, gegen oben ist der obligatorisch versicherte Verdienst auf 84 600 Franken begrenzt (Stand 2016). Auf freiwilliger Basis können aber sowohl tiefere Löhne versichert werden (Vorteil für Teilzeitler mit kleinem Pensum) als auch höhere Löhne (das bevorteilt die Gutverdienenden).

Tipp: Bevor Sie sich einer Vorsorgeeinrichtung anschliessen, sollten Sie unbedingt die Kosten, die Leistungen und den Aufwand für die Administration vergleichen. Die Unterschiede sind erheblich.

Und: Schliessen Sie sich keiner Pensionskasse an, die einen Deckungsgrad unter 100 Prozent aufweist. Lassen Sie sich dazu von Fachleuten beraten (siehe Adressen im Anhang auf Seite 148 ff.).

Die Betriebsversicherungen

Bei den Betriebsversicherungen ist der Unternehmer freier als bei den Sozialversicherungen. Er kann grundsätzlich selber entscheiden, welche Risiken er abgedeckt haben möchte. Normalerweise lohnt sich der Beizug eines unabhängigen Versicherungsberaters. Produktevielfalt und Kombinationsmöglichkeiten sind gross, und es bestehen erhebliche Prämien- und Leistungsunterschiede.

Betriebshaftpflicht

Eine Betriebshaftpflicht-Versicherung gehört praktisch in jedem Unternehmen zum Grundbedarf. Die Risiken unterscheiden sich natürlich stark von Branche zu Branche – machen Sie vor Versicherungsabschluss deshalb eine genaue Risikoanalyse Ihres Betriebes. Folgende Risiken können abgedeckt werden:

- **Anlagerisiken:** Das sind Schäden, die aus der Haftpflicht als Eigentümer oder Mieter von Geschäftsimmobilien entstehen. Beispiel: Von Ihrem Betriebsgebäude löst sich ein Ziegel und beschädigt ein parkiertes Auto.

- **Betriebsrisiken:** Das sind Schäden, die aus betrieblichen Abläufen entstehen. Beispiel: Bei der Auswechslung der Waschmaschine beschädigt ein Monteur die Wohnungstür, die in der Folge repariert werden muss.

- **Produkterisiken:** Das sind Schäden durch Konstruktions- oder Entwicklungsfehler von Produkten. Beispiel: Ein Kaffeemaschinen-Bauteil sorgt für Überhitzung, was zu einem Brand führen kann.

Auch Angehörige sogenannt freier Berufe wie Ärzte und Architekten können eine freiwillige Berufshaftpflicht-Versicherung abschliessen. Sie deckt ihre speziellen Berufsrisiken ab. Für Anwälte ist eine Berufshaftpflicht-Versicherung zwingend, falls sie in der Schweiz zugelassen sein wollen.

Fazit: Mit einigen Hundert Franken Prämien kann man unter Umständen Millionenschäden versichern. Wichtig zu wissen:

- Versicherungstechnisch wird unterschieden zwischen Haftpflichtschäden im Privat- und solchen im Berufsleben. Es ist ausgeschlossen, eine selbständige Berufstätigkeit in die Privathaftpflicht-Versicherung einzubeziehen, ausser es handelt sich um einen unbedeutenden Nebenerwerb.

- Das Wichtigste beim Abschluss einer Haftpflichtversicherung ist die präzise Umschreibung der Berufstätigkeit. Grundsätzlich deckt die Versicherung nur Haftpflichtansprüche aus der definierten Tätigkeit; gewisse Risiken können explizit ausgeschlossen, Sondergefahren je nach Bedarf gegen Zuschlag individuell mitversichert werden.

Sachversicherungen

Bei den Sachversicherungen unterscheidet man zwischen Gebäudeversicherungen und Versicherungen der Fahrhabe (Waren, Maschinen, Werkzeuge, Computer, Motorfahrzeuge usw.). Um die Gebäudeversicherung müssen Sie sich nur kümmern, wenn Sie Ihr Geschäft in einer eigenen Liegenschaft betreiben. Alles, was sich im Gebäude befindet, gilt als Fahrhabe.

Grundsätzlich decken Sachversicherungen Elementarschäden, Einbruch, Feuer und teilweise Glasbruch. Die Deckung kann je nach Branche stark variieren. Auch hier sollten Sie eine gründliche Risikoanalyse vornehmen und mehrere Angebote einholen.

Betriebsunterbrechungs-Versicherung

Sie deckt die finanziellen Folgen von Betriebsunterbrüchen (direkte Kosten sowie entgangener Gewinn). Die Betriebsunterbrechungs-Versicherung kann für praktisch alle Risiken abgeschlossen werden und lohnt sich vor allem für Firmen, die über keine Ausweichmöglichkeiten für ihre Produktion verfügen.

Maschinen- und EDV-Versicherung

Die Maschinenversicherung (oder die allgemeine Versicherung für technische Anlagen) deckt Schäden an Maschinen, Apparaten, Instrumenten und anderen technischen Anlagen, die aus eigenem oder fremdem Verschulden entstanden sind. Die gleiche Versicherungsart gibt es auch für Computersysteme.

CHECKLISTE

Bagatellrisiken nicht versichern

Diese Fragen sollten Sie sich stellen, bevor Sie eine Versicherung abschliessen:
- Was kann die Existenz meines Unternehmens gefährden? Solche Ereignisse sollten Sie versichern.
- Wie hoch ist der maximale Schaden, der bei einem Unfall bzw. Schadenereignis zu erwarten ist? Den Risikoschutz können Sie dementsprechend anpassen.
- In welcher Höhe kann ein Selbstbehalt pro Ereignis getragen werden? Höhere Selbstbehalte reduzieren die Prämienhöhe.
- Welches sind Bagatellrisiken, die man nicht versichern muss?

---

5 Versicherungen

6   Der Draht zu Kundinnen und Kunden
Wie Marketing zum Erfolg führt

Ohne Marketing läuft nichts. Wer sich auf dem Markt behaupten will, muss sein Unternehmen bekannt machen – und die Produkte oder Dienstleistungen geschickt verkaufen. Dazu gehören auch die Beobachtung des Marktes, die richtige Preisgestaltung, die Nutzung des Internets und Werbemassnahmen mit Pfiff.

Damit Marketing erfolgreich ist, muss es systematisch geplant und betrieben werden. Ziel ist, ein unverwechselbares Angebot zu schaffen. Die Abnehmer sollen einen Nutzen in Ihren Produkten bzw. Dienstleistungen sehen. Und es soll klar werden, wie sich Ihr Angebot von demjenigen der Konkurrenz abhebt.

Dies setzt voraus, dass Sie Ihre Zielgruppe so genau wie möglich kennen und sich an ihr orientieren.

STICHWORT

Marketing und Werbung

Den Begriff «Marketing» könnte man als «Umgang mit Märkten» umschreiben. Marketing dient umfassend dazu, das Unternehmen sowie seine Produkte bzw. Dienstleistungen bekannt zu machen.

Werbung ist ein Teil des Marketings und speziell auf den konkreten Verkauf ausgerichtet.

Ein Grossteil der Marketingarbeit basiert auf genauer Beobachtung des Kundenverhaltens und auf der Bereitschaft bzw. Fähigkeit, sich in die Kundinnen und Kunden hineinzuversetzen.

Dabei spielt es keine Rolle, ob das Unternehmen erst neu oder bereits längere Zeit am Markt tätig ist. Gerade in Zeiten eines harten Verdrängungswettbewerbs innerhalb von gesättigten Märkten ist die Marketingkompetenz in allen Phasen der Geschäftsentwicklung sehr wichtig.

Sie benötigen dazu Informationen über Kundenbedürfnisse und über mögliche Trendwenden im Markt.

Und da Sie in der Regel kaum der einzige Anbieter eines Produkts oder einer Dienstleistung sind, brauchen Sie auch möglichst genaue Kenntnisse über Ihre Konkurrenz.

Marktforschung – damit Sie nicht im luftleeren Raum agieren

Die genaue Erforschung des Marktes, also der potenziellen Zielgruppe sowie der Konkurrenten, ist zentral für den Erfolg des Unternehmens. Erst die so eingeholten Informationen ermöglichen die strategische Ausrichtung im Hinblick auf die Entwicklung von Produkten und/oder Dienstleistungen, Preisgestaltung, Vertriebsformen sowie Positionierung des Unternehmens.

Bestandteil der Marktforschung ist das Sammeln und Auswerten sämtlicher für das Unternehmen relevanter Informationen. Egal ob Einmannbetrieb, kleines Jungunternehmen oder bereits etablierter Betrieb: Die Marktforschung stellt in jeder Phase der Firmenentwicklung sicher, dass Ihr unternehmerisches Handeln nicht im luftleeren Raum passiert.

Marktforschungsberichte sowie -erhebungen finden Sie unter anderem auf den Websites von
- Verband Swiss Marketing (www.swissmarketing.ch)
- Nielsen Schweiz (www.nielsen.com/ch)
- Demoscope (www.demoscope.ch) und
- Publizistik CH (www.publizistik.ch/forschung).

Wenn Sie die Marketingstrategie einmal festgelegt haben, sollten Sie sich Gedanken über die Marketinginstrumente machen, mit denen Sie Ihre Ziele erreichen wollen. Ziel ist der sogenannte Marketing-Mix, der eine Kombination der folgenden vier Hauptkomponenten («4 Ps») darstellt:
- Product: Produkt- und Sortimentspolitik
- Price: Preispolitik
- Promotion: Kommunikationspolitik
- Placement: Vertriebspolitik

Erzeugt der Marketing-Mix beim Kunden ein stimmiges Bild oder Gefühl über das Produkt oder kann er helfen, ein bestimmtes Image aufzubauen, war die Kommunikation erfolgreich. Beispiel: Die Werbung für ein Produkt ist originell, schafft hohe Bekanntheit und löst Kaufbereitschaft aus. Ist allerdings der Kaufpreis zu hoch, wird es zum Ladenhüter.

Gegenbeispiel: Der Preis ist so niedrig, dass die Firma deutlich höhere Verkaufszahlen erreicht, womöglich aber nicht auf ihre Kosten kommt.

IN DIESEM KAPITEL

- 84 Vom Nutzen der Marktforschung
- 85 Die richtige Produktpolitik
- 86 Die Komponenten des Marketingkonzepts
- 87 So finden Sie den optimalen Produktepreis
- 88 Dumpingpreise können ins Auge gehen
- 88 Kundenpflege mit Psychologie
- 89 Beispiel für eine Preiskalkulation
- 91 Warum zufriedene Kunden wichtig sind
- 91 Tipps für die Kundenbefragung
- 92 So können Sie verlorene Kunden zurückgewinnen
- 93 Direktmarketing: So schreiben Sie kundenorientiert
- 94 So wird Ihr Mailing zum Grosserfolg
- 95 Online-Marketing und Internet-Mailings
- 96 Die Website als Visitenkarte
- 98 Der eigene Firmenauftritt als Werbebotschaft
- 99 Werbung muss nicht teuer sein
- 102 Guerilla-Marketing

6 Marketing, Verkauf

Ein wichtiger Schritt: Die Produktpolitik festlegen

Eine grundlegende Entscheidung müssen insbesondere Jungunternehmer beim Angebotssortiment treffen. Was will der angepeilte Kunde überhaupt? Welche Probleme hat er?

Sie müssen Ihren potenziellen Kunden glaubwürdig klarmachen, dass Sie diese Probleme lösen können. Das sollte stets die Hauptbotschaft Ihres Produktes oder Ihrer Dienstleistung sein. Preisen Sie also z.B. nicht bloss die nackten technischen Vorzüge Ihres Produktes an, sondern zeigen Sie den grösseren Zusammenhang: Der Kunde will nicht den aufwendigsten Bohrer, sondern die saubersten Löcher.

Konzentration auf Kernprodukte: Weniger ist mehr

Beim Sortiment gilt: Weniger ist mehr! Ein beschränktes Sortiment bindet weniger finanzielle Mittel und beansprucht weniger Lagerplatz. Es verringert die Gefahr von Ladenhütern und ermöglicht den Kunden, in einem oft unüberschaubaren Markt den Überblick

CHECKLISTE

Marketingkonzept: An diese Komponenten müssen Sie denken

- **Marktsituation**
Was wünschen sich die potenziellen Kunden, wo könnte evtl. eine Marktnische sein?
- **Kundennutzen**
Der Nutzen kann technischer, finanzieller oder auch modischer Natur sein.
- **Das Besondere des Angebots**
Was unterscheidet Ihr Angebot von dem der Konkurrenz? Was zeichnet z.B. Ihren Kundendienst aus?
- **Potenzielle Kunden**
Welche geografischen, demografischen, psychologischen und branchenspezifischen Merkmale lassen sich Ihrer Zielgruppe zuordnen?
- **Konkurrenzangebote**
Wer und wo sind die Hauptkonkurrenten? Welche Produkte und Dienstleistungen bieten sie zu welchen Preisen an? Wie vertreiben sie ihre Produkte?
- **Marketingziele**
Welches sind die kurz-, mittel- und langfristigen Ziele des Unternehmens (3 bis 10 Jahre)? Wie sollen die Marketingziele erreicht werden? Hier gibt es vier verschiedene Wege:
– Marktdurchdringung (mehr Erfolg mit den heutigen Angeboten auf den derzeitigen Märkten)
– Marktentwicklung (Erschliessen neuer Märkte für die heutigen Produkte bzw. Dienstleistungen)
– Produkt- und Dienstleistungsentwicklung (neue Angebote auf den derzeitigen Märkten)
– Diversifikation (Ausbrechen aus angestammten Betätigungsfeldern, Entwicklung neuer Produkte bzw. Dienstleistungen für neue Märkte)
- **Marketinginstrumente**
Mit welchen Instrumenten soll die Strategie umgesetzt werden?
- **Marketingmassnahmen**
Welche Marketingmassnahmen sollen wann eingeleitet werden, um die Ziele zu erreichen?
- **Marketingbudget**
Was kostet die Umsetzung des Marketingplans?

---

zu behalten. Darüber hinaus hilft die Konzentration auf ein paar wenige Kernprodukte gerade neuen Marktteilnehmern, sich deutlicher von der Konkurrenz abzuheben. Eine Diversifikation, also eine Erweiterung des Angebots, sollte erst dann eingeleitet werden, wenn die Kundenbedürfnisse besser bekannt sind.

Von der Konkurrenz abheben kann man sich aber auch mittels Nebenprodukten oder Zusatzleistungen. Coiffeure beispielsweise verkaufen auch Haarpflegemittel, Fitness-Studios haben auch Energy Drinks im Angebot, Metzgereien bieten auch Fleischmesser und Kochbücher feil.

Zusatznutzen für den Kunden – das muss nicht teuer sein

Zusatzleistungen verursachen zwar Betriebskosten, versprechen aber auf längere Sicht mehr Umsatz. Denn neben dem Konkurrenzvorsprung, den sie im besten Fall mit sich bringen, verbessern sie die Servicequalität. Ergänzende Leistungen müssen auch nicht unbedingt gross ins Geld gehen. Schon eine Tasse Kaffee, Biskuits oder Luftballone für Kinder können ein Zeichen setzen und schaffen

beim Kunden ein positives Gefühl. Beispiele für Zusatzleistungen sind:
- Hilfe bei Montage und Installation
- Lieferung der Ware frei Haus
- Verbesserung der Garantieleistungen
- reservierte Kundenparkplätze
- Kinderspielecke
- Abhol- und Bringservice.

Auch die angestrebte Produktqualität gilt es zu definieren. Qualität ist jedoch relativ bzw. abhängig von den jeweiligen Ansprüchen. Während sich Qualität bei Produkten etwa auf Leistung, Funktion, Lebensdauer und Design beziehen kann, geht es bei Dienstleistungen eher um Schnelligkeit, Zuverlässigkeit, Freundlichkeit und Kulanz.

So finden Sie den optimalen Produktepreis

Der Preis einer Ware oder einer Dienstleistung ist eines der wesentlichen Verkaufsargumente. Wer etwas verkaufen will, muss erstens sicher sein, dass er es zum verlangten Preis auch wirklich loswird. Zweitens muss er mit dem Verkaufserlös die eigenen Kosten decken und einen Gewinn erzielen.

Grundlage für die Preisfindung ist einerseits der sogenannte Kostenpreis, also der Preis, den ein Produkt kosten muss, damit die reinen Erstellungskosten gedeckt sind.

Den Preis kalkulieren: An alle Aufwandsposten denken!

Dieser vom Aufwand abhängige Preis muss durch eine saubere und realistische Kalkulation aller effektiven Kosten ermittelt werden. Vergessen Sie hierbei nicht die Aufwendungen, die – anders als die Personalkosten – nicht direkt den Kunden verrechnet werden können.

Zu diesen sogenannten Overheadkosten zählen etwa Aufwendungen für Administration (Sekretariat, Empfang), Miete, Energie (Wasser, Strom), Telefon, Versicherungen, Bürobedarf, Fahrzeuge, Werbung, Instandhaltung der Geräte, Steuerberater/Buchhaltung usw. Ein detailliertes Berechnungsbeispiel finden Sie im Kasten auf Seite 89.

Auch äussere Faktoren haben Einfluss auf den Preis

Als Marktpreis bezeichnet man dagegen den Preis, den Kunden bereit sind zu bezahlen und den Ihre

Das sind mögliche Preisstrategien

Wie die beste Preisstrategie aussieht, muss jedes Unternehmen aufgrund seiner Produkte, Dienstleistungen und Marktstrategie entscheiden.

Tiefpreisstrategie
- eingeschränktes Sortiment für Massengeschäft
- kleine Produktpalette in guter Qualität
- keine Zusatzleistungen

Niedrig- und Mittelpreisstrategie
- zur Gewinnung von Marktanteilen
- zur Erschliessung neuer Märkte
- gute Strategie für Neuunternehmer

Mittel- bis Hochpreisstrategie
- neue Produkte
- zur Deckung der Entwicklungskosten
- Preissenkung möglich, wenn Konkurrenz nachzieht

Hochpreisstrategie
- Prestige- und Hochqualitätsprodukte
- Trendprodukte und Luxusartikel
- je nach Produktepalette empfehlenswert
- möglicher Einbezug des «Snob-Effekts»

6 Marketing, Verkauf

Konkurrenz für ähnliche Produkte oder Dienstleistungen verlangt.

Gibt es von einem Produkt oder einer Dienstleistung nur ein sehr begrenztes Angebot bei hoher Nachfrage, können Unternehmer einen höheren Preis verlangen. Dies ist vor allem dann der Fall, wenn die betreffenden Anbieter keine oder kaum Konkurrenz auf ihrem Markt haben.

Ist ein Produkt oder eine Dienstleistung dagegen massenhaft verfügbar und die Nachfrage gering, kann man nur einen vergleichsweise geringen Preis verlangen.

Was aber, wenn der Kostenpreis aufgrund der internen Kalkulation höher ist als der Marktpreis, der gerade noch «drinliegt»?

TIPP

Dumpingpreise können ins Auge gehen

Der Einsatz von Dumpingpreisen verlangt eine aggressive Kostenbewirtschaftung. Und: Früher oder später werden Preiserhöhungen meist trotzdem nötig – und das verärgert die Kundschaft.

Dumpingpreise können im schlechten Fall sogar kontraproduktiv sein – dann nämlich, wenn Kunden glauben: «Was billig ist, taugt nichts.»

Nicht zuletzt motivieren Tiefstpreise die Konkurrenz zu entsprechenden Abwehrmassnahmen. Insbesondere Neuunternehmer ziehen in einer solchen Situation meist den Kürzeren.

Ein bekanntes und besonders von Jungunternehmern eingesetztes Mittel der Verkaufsförderung sind auch Rabatte, Sonderangebote und Preisnachlässe.

Doch Vorsicht: Wer zu aggressiv vorgeht, kann mittel- bis langfristig einen Imageverlust erleiden.

Ein weiteres Problem von «Preisbrechern» ist, dass ihnen ihre Kundschaft in der Regel nur so lange treu bleibt, bis die Konkurrenz billiger ist.

Wenn dies der Fall ist, müssen Sie an einem der möglichen Parameter schrauben: Sie können
- die Kosten senken,
- ein anderes Zielpublikum anvisieren,
- mehr Werbemittel einsetzen oder
- das Angebot so verbessern, dass sich höhere Preise durchsetzen lassen.

Kundenpflege und Absatzförderung: So wirds gemacht

Was muss ich tun, damit meine Kunden auf mich und mein Angebot aufmerksam werden? Insbesondere Existenzgründer stehen hier vor einer Gratwanderung. Einerseits müssen sie ihre Kunden so schnell wie möglich erreichen, damit die Kasse klingelt. Andererseits fehlen ihnen die finanziellen Mittel für eine gross angelegte Werbekampagne.

Zu den üblichen Kommunikationsinstrumenten gehören der Verkauf, die Verkaufsförderung, Direktmarketing, Werbung und Öffentlichkeitsarbeit.

Die Wege, über die sich Produkte oder Dienstleistungen verkaufen lassen, sind vielfältig. Zur Auswahl stehen Agenten, Lizenznehmer, Aussendienstmitarbeiter oder interne Sachbearbeiter, das Internet und der direkte Kundenkontakt.

Bei Existenzgründern und Kleinunternehmern basiert der Verkauf aber seltener auf einer durchstrukturierten Verkaufsorganisation als vielmehr auf dem Engagement des Geschäftsführenden selbst.

Fortsetzung auf Seite 90

Von den Kosten zum Preis: Beispiel für eine Kalkulation

Der Zweimannbetrieb Grafik Design Huber wird angefragt, Layout und Grafik für einen Versandhauskatalog zu offerieren. Martin Huber schätzt den Aufwand auf ungefähr 230 Stunden. Er muss also seinen Stundenansatz mit 230 multiplizieren sowie die Materialkosten und einen angemessenen Gewinn dazurechnen. Und so rechnet er (Angaben in Franken):

Ermittlung des Stundensatzes:
- Mitarbeitergehalt 8500 x 13   110 500.–
- Lohnnebenkosten (18 %)   19 890.–

Personalkosten total   130 390.–

Ermittlung der Betriebskosten:
- Energiekosten (Strom, Wasser, Heizung)   4 000.–
- Miete des Büros (inkl. Reinigung und Nebenkosten)   48 000.–
- Versicherungen   2 000.–
- Bürobedarf   4 000.–
- Fahrzeuge   8 000.–
- Werbung   10 000.–
- Unterhalt   4 000.–
- Sonstige Kosten (Steuerberater und Buchhaltung)   8 000.–

Kapitalkosten total   88 000.–

Martin Huber hat zwei Kredite laufen, mit denen er die Firmengeräte finanzierte:
- Kredit über 75 000 Franken zu einem Zinssatz von 7 %   5 250.–
- Darlehen seines Vaters über 20 000 Franken mit 2 % verzinst   400.–

Finanzierungskosten total   5 650.–

Die Computer-Hard- und -Software des Grafikbüros hat Huber für 70 000 Franken angeschafft. Er will sie mindestens drei Jahre lang nutzen. Sie erleiden aber einen Wertverlust, den er als Kostenfaktor berechnen muss (Abschreibung). Huber teilt den Anschaffungspreis durch die drei Jahre und kommt so auf einen jährlichen Abschreibungsbetrag von 23 300 Franken.

Er berechnet sich monatlich 10 000 Franken plus Sozialleistungen (18 %) als (kalkulatorischen) Unternehmerlohn; das sind total 153 400 Franken. Davon bestreitet er seinen Lebensunterhalt und bezahlt die Einkommenssteuer.

Jetzt zieht Huber alle Kosten zusammen:
- Personalkosten   130 390.–
- Betriebskosten   88 000.–
- Kapitalkosten   5 650.–
- Abschreibung   23 300.–
- Unternehmerlohn   153 400.–

Kosten total   400 740.–

Diese Gesamtkosten teilt Martin Huber jetzt durch die Durchschnittszahl der Stunden, die er und seine Mitarbeiter das ganze Jahr über in etwa verrechnen können. Er kommt nach Abzug der Sonn- und Feiertage, der Urlaubstage und der sonstigen Ausfälle (z.B. Krankheit) auf 1700 Stunden pro vollbeschäftigte Person. Also teilt er 400 740 Franken durch 3400 Stunden. Das sind rund 118 Franken pro Stunde.

Jetzt berechnet Martin Huber, welchen Preis er seinem Auftraggeber in der verlangten Offerte nennen soll:

- 230 für den Auftrag veranschlagte Arbeitsstunden (230 x 118 Franken)   27 140.–
- Materialkosten   4 900.–
- 20 % Gewinn   6 408.–

Total   38 448.–
plus MwSt. (8 %)   3 076.–

Fazit: Für einen Preis von 41 524 Franken (inkl. MwSt.) kann Martin Huber sein Angebot unterbreiten. Damit verbleibt ihm auch noch etwas Spielraum für seine Preisverhandlungen mit dem Auftraggeber. So kann er notfalls seine Gewinnspanne auf 15 % drücken, er kann den Auftrag in weniger als 230 Stunden erledigen oder Teile des Auftrags an Drittunternehmen abgeben, die unter dem Stundensatz von 118 Franken arbeiten.

Fortsetzung von Seite 88

Nebst Fachkompetenz braucht es auch selbstsicheres Auftreten

Das persönliche Gespräch mit dem potenziellen Kunden gilt als die erfolgreichste, aber auch anspruchsvollste Form des Verkaufens. Hier zählen neben hoher Fachkompetenz auch Motivation, Souveränität und ein selbstsicheres, überzeugendes Auftreten.

Je nach Gesprächspartner und Situation kommt ausserdem noch ein gewisses Mass an psychologischer Verkaufstaktik hinzu (siehe «Tipp» unten links).

Die richtige Verkaufsform hängt vom Produkt ab

Welche Verkaufsform (persönliches Gespräch oder eher anonymer Kontakt) Sie letztlich wählen, hängt stark von Ihrem Angebot ab. Für die meisten Produkte und Dienstleistungen haben sich im Laufe der Vergangenheit bestimmte Verkaufsarten durchgesetzt. So werden Zeitungen und Magazine z.B. am Kiosk verkauft, Immobilien über Makler und Versicherungen immer öfter am Telefon, meist aber wie bis anhin noch zu Hause.

Inwieweit Sie hier neue Wege einschlagen wollen – auch um sich von der Konkurrenz abzuheben –, hängt von Ihrer Kreativität und der Marktakzeptanz ab. Warum also nicht vielleicht einen mobilen Coiffeurservice für ältere Menschen einrichten? Oder die schweren Getränkeharasse in den Hauskeller liefern?

Neben dem Telefon gewinnt in den letzten Jahren immer mehr das Internet als alternatives Verkaufsinstrument an Bedeutung. Den Verkauf von Produkten oder Dienstleistungen über das Internet bezeichnet man als E-Business oder E-Commerce.

Die Erfahrung lehrt jedoch, dass sich der Verkauf übers Internet nur für bestimmte Produkte und Dienstleistungen eignet und stets nur als ein Vertriebsinstrument neben anderen gesehen werden sollte.

Auch im Offertwesen hinterlässt das Internet seine Spuren. Seit einiger Zeit gibt es sogenannte Handwerkerportale. Zuerst nur in Deutschland (z.B. www.my-hammer.de, www.blauarbeit.de), dann auch in der Schweiz. Auf www.renovero.ch holen sich Private Offerten für ihre zu erledigenden Arbeiten – meist kleinerer Art – ein. Das eröffnet Kleinunternehmern eine gute

---

TIPP

Geschickt verkaufen – mit Psychologie

Sie sollten sich als Verkäufer stets vor Augen führen, dass Sie mehr zu verkaufen haben als «nur» ein Produkt oder eine Dienstleistung. Was Sie glaubwürdig verkaufen müssen, sind vor allem Problemlösungen, aber je nach Umfeld auch Sicherheit oder ein Lebensgefühl.

Beispiele dafür: Kauft eine Hausfrau biologisch abbaubares Reinigungsmittel, bringt sie damit indirekt ihr Umweltbewusstsein zum Ausdruck.

Oder: Kauft ein Jugendlicher das Snowboard einer bestimmten Marke, erwirbt er nebst dem Sportgerät auch ein Zugehörigkeitsgefühl.

Verkäufer müssen sich deshalb in ihre Kunden hineinversetzen können. Nur so können sie überzeugend argumentieren.

Möglichkeit, an Aufträge zu gelangen. Allerdings ist die Kundschaft sehr preisbewusst; schliesslich haben die Handwerkerportale als Hauptzweck den Preisvergleich. Wer also dabei sein will, muss seine Kostenbasis genau kennen und realistisch offerieren. Sonst landet man unter Umständen ein finanzielles Verlustgeschäft.

Mit dem erfolgreichen Verkauf ist der Dienst am Kunden keineswegs erfüllt. Wer wegen der neuen Kunden die bisherigen vergisst, begeht einen schwerwiegenden Fehler. Denn: Kunden zu gewinnen ist um etliches teurer als Kunden zu halten. Kundenpflege ist also wichtig.

Zufriedene Kunden sind die besten Verkäufer

Hinzu kommt, dass bisherige Käufer nicht nur der Marke treu sind. Sie sind auch deren beste Botschafter und sozusagen kostenlose Verkäufer, indem sie ihre Zufriedenheit über Mund-zu-Mund-Propaganda weitertragen. Viele Konsumentinnen und Konsumenten vertrauen bei der Produkteauswahl auf Empfehlungen von Freunden und Bekannten.

Nutzen Sie dieses Potenzial – insbesondere im Dienstleistungsbereich. Ein Coiffeur z.B. sollte neben einem guten Haarschnitt auch eine gute Servicequalität bieten. Der Kunde erwartet, dass er persönlich erkannt, angesprochen und kompetent beraten sowie freundlich und angenehm umsorgt wird.

Diese «weichen Faktoren», also die emotionalen Anteile, sollten Sie nicht ausser Acht lassen.

TIPP

Mit diesen Massnahmen können Sie den Verkauf ankurbeln

- Muster und Degustationen
- Geschenkpackungen
- Produktedemonstrationen
- Erfrischungen
- Umtauschgarantie
- Wettbewerbe, Verlosungen
- Kinderspielecke
- Rabatte
- Werbegeschenke

Loyale Mitarbeiter bringen loyale Kundschaft

Soll das Unternehmen erfolgreich verkaufen, kommt den Mitarbeitern eine besondere Bedeutung zu. Nur wer loyale Mitarbeiter hat, kann auch mit loyalen Kunden rechnen – und umgekehrt.

TIPP

Nützliche Kundenbefragung

Die besten Anregungen zur Verbesserung der Servicequalität erhält man direkt von seinen Kundinnen und Kunden. Schon ein mit Begleitbrief versandter Fragebogen kann hier wertvolle Einblicke verschaffen. Er kann unter anderem folgende Fragen enthalten:
- Fühlen Sie sich von unseren Mitarbeiterinnen und Mitarbeitern freundlich bedient?
- Haben Sie als Kunde das Gefühl, ernst genommen zu werden?
- Wie beurteilen Sie unseren Telefonservice?
- Werden mögliche Reklamationen freundlich und zügig erledigt?
- Welche Serviceverbesserungen wünschen Sie sich?

Anhand der Antworten können Unternehmer im Übrigen auch entscheiden, mit welchen Zusatzleistungen sie sich im Markt positionieren möchten.

So fördert eine hohe Kundenbindung in der Regel auch die Mitarbeiterzufriedenheit und verhindert eine hohe Fluktuation. Das wiederum hält auch Kunden bei der Stange, die dem Mitarbeiter gegenüber loyal sind (nicht aber unbedingt auch gegenüber der Firma).

Warum wechseln Kunden die Marke? Zu den am häufigsten genannten Gründen für die plötzliche Untreue von Stammkunden zählen schlechte und unhöfliche Bedienung, der Eindruck nicht erwünscht zu sein, lange Wartezeiten und das Gefühl, dass man ihnen die teuersten Waren aufdrängt.

Damit Sie Kunden aktiv pflegen oder – wie es im Marketingjargon heisst – «nachfassen» können, sollten Sie von Anfang an eine Kundendatei führen. In ihr sollten Sie neben Namen, Adresse (evtl. Geburtsdatum, Hobbys, Interessen) des Kunden auch Gesprächsprotokolle abrufbar halten. Darin sollten Angaben stehen zu: Stimmung des Gesprächs, Kundenargumente, Vereinbarungen, nächste Schritte, nächster geplanter Kontakt.

Je nach Firmengrösse können Sie die Kunden z.B. auch in umsatzabhängige Kategorien einteilen, die für eine unterschiedliche Behandlung stehen. Für das Führen von Kundendateien gibt es kostengünstige Programme für PC und Mac.

Direktmarketing: Der «heisse» Draht zu Kundinnen und Kunden

Wenn Sie Ihr Produkt oder Ihre Dienstleistung anbieten, Kunden

---

«Verlorene» Kunden zurückgewinnen – so wirds gemacht

■ Analyse
Welcher Kunde ist warum untreu geworden? Wie wichtig ist er? Kann man ihn zurückholen? Nach diesen Kriterien können Sie verlorene Kunden gruppieren. Es fällt dann leichter, zu entscheiden bei welchen Ex-Kunden die Chancen auf Rückgewinnung am besten sind.

■ Kommunikation
Als Hauptabwanderungsgründe gelten der Preis, mangelhaftes Eingehen auf Beschwerden sowie schlechter Service. Verbessern Sie die Kommunikation mit dem Kunden – schriftlich, telefonisch, per E-Mail oder persönlich. Dabei ist bei jedem Kontakt wichtig, das Preis-Leistungs-Verhältnis des Angebots darzustellen, Service anzubieten und den Kunden nach seiner Meinung zu fragen.

■ Anreize
Finanzielle Zugeständnisse wie Preissenkungen locken zwar Kunden an, gelten dann aber rasch als selbstverständlich. Kostenneutral für den Anbieter und von längerer Wirkung sind dagegen Anreize wie Vertragsumstellungen, individuelle Alternativangebote, Zusatzofferten oder Schulungen. Die geschickte Kombination von finanziellen Leistungen und zusätzlichen Serviceangeboten wirkt oft am besten.

■ Bindung
Zurückeroberte Kundschaft erwartet fortan besondere Zuwendung. Sie fühlt sich ernst genommen, wenn sie z.B. Kundenforen, Beiräten oder Stammkundenzirkeln angehört, bevorzugt informiert oder bedient wird.

■ Controlling
Zahlen sich Investitionen in zurückeroberte Kunden überhaupt aus? Sind es nur Schnäppchenjäger oder Dauernörgler, die sich reaktivieren lassen? Um dies zu klären, sollten Sie das Kundenverhalten vor und nach der Rückgewinnung aufmerksam verfolgen.

informieren und beraten, Reklamationen behandeln oder über den Preis verhandeln – dann betreiben Sie Direktmarketing. Der Werbebrief (Mailing) ist eine der üblichsten Formen der direkten Kundenansprache.

Beispiele für Direktmarketing-Aktionen:

- Ein Beauty-Salon informiert Kundinnen, Nachbarn und Freunde über ein neues, spezielles Kosmetikangebot. Dem Angebot liegen saisonale Gesundheits- und Wellness-Tipps bei.
- Ein Garagist versendet am Ende des Winters ein Mailing an seine Kunden, worin er einen Reifenwechsel zum Sondertarif anbietet.
- Ein Computerhändler lädt bestehende und potenzielle Kunden zu einer Fachmesse an seinen Stand ein. Er schreibt dazu EDV-Leiter in Unternehmen an, die mit Grossrechnern ausgestattet sind.

Anders als klassische Werbung (Inserate, Radio- und Fernseh-Spots usw.) bringt ein Mailing bereits nach kurzer Zeit konkret messbare Ergebnisse. Sie können also genau berechnen, ob Ihre Aktion bloss Kosten verursacht hat, gerade kostendeckend war oder tatsächlich Mehrumsätze bringt.

Bei einem Mailing oder einer Drucksache handelt es sich um eine persönlich adressierte, massenhaft vervielfältigte Briefsendung. Mailings sind zum Beispiel Werbebriefe, Einladungen, Informationsschreiben, Bestellhefte und Versandhauskataloge. Das Mailing ist ein heute weit genutztes Instrument, um bestimmte Kunden- und Zielgruppen kostengünstig, schnell, zuverlässig und persönlich zu er-

> **TIPP**
>
> **Werbegeschenke richtig auswählen**
>
> Wer sich für die Vergabe von Werbegeschenken entscheidet, sollte dies mit Bedacht tun. Orientieren Sie sich bei der Auswahl also nicht an den günstigsten Angeboten des Werbemittelkatalogs. Lassen Sie Ihre Kreativität spielen und überlegen Sie, welches «Giveaway» zu Ihrer Marke und Firmenkultur passt und Ihren Kunden gefallen könnte.
>
> Ein Metzger z.B. schenkt seinen Kunden eher ein schönes Schneidebrett statt eines billigen Kugelschreibers, ein Garagist verschenkt ein funktionales Antibeschlagtuch für die Windschutzscheibe statt eines langweiligen Landschaftskalenders.

CHECKLISTE

Kundenorientierte Texte schreiben – darauf müssen Sie achten

- Je einfacher, desto besser: Verwenden Sie eine kurze und verständliche Sprache, vermeiden Sie Fremdwörter und Floskeln.
- Schreiben Sie wie für einen einzigen Menschen und benutzen Sie möglichst individuelle und persönliche Formulierungen.
- Gestalten Sie Ihre Schriftstücke leserecht, nicht maschinengerecht. Formulieren Sie kurze Sätze mit höchstens 15 Wörtern und achten Sie auf kurze Absätze.
- Nehmen Sie den Kunden an der Hand und führen Sie ihn hin zur gewünschten Reaktion. Lassen Sie unwichtige Details auf der Seite.
- Negationen erschweren das Verständnis beim Leser. Formulieren Sie immer positiv.

CHECKLISTE

Direktmarketing: So wird Ihr Mailing zum Grosserfolg

■ **Halten Sie Ihre Ziele schriftlich fest.** Was wollen Sie mit Ihrem Mailing erreichen? Definieren Sie Ihre Zielgruppe und legen Sie fest, welche Branchen, Funktionsstufen, Betriebsgrössen, Orte usw. Sie berücksichtigen wollen.
■ **Formulieren Sie Ihren Brief so persönlich wie möglich.** Ihr Brief ersetzt das persönliche Verkaufsgespräch. Sagen Sie dem Adressaten, wo er profitieren kann, denn ihn interessiert nur sein Nutzen. Seien Sie offen und steuern Sie ohne Umschweife auf Ihr Angebot zu. Zeigen Sie dem Leser die Vorteile Ihres Angebots auf einen Blick – mittels fettgedruckter Überschrift oder in einer eingerückten Angebotszeile. Und vergessen Sie nicht die persönliche Unterschrift in blauer Tinte.
■ **Heben Sie sich optisch ab.** Meist entscheidet sich in Sekunden, ob ein Mailing gelesen wird. Ein auffälliges Format/Design erhöht die Chance, dass der Brief nicht im Papierkorb landet.
■ **Machen Sie es Ihrem Kunden leicht.** Versehen Sie Ihr Mailing mit einer Antwortkarte. Strukturieren Sie klar, was der Kunde wo anzugeben hat. Nehmen Sie ihm dabei die Schreibarbeit so weit es geht ab und drucken Sie seine Adresse vor. Wiederholen Sie das Angebot mit einer Ja-Antwort.
■ **Verwenden Sie nur erstklassige Adressen.** Zwei Drittel des Erfolgs eines Mailings hängen von der Qualität der Adressdaten ab. Verwenden Sie deshalb für Ihr Mailing nur aktuelle, vollständige und korrekte Adressen. Sie können dazu Ihre eigene Datenbank überprüfen und nötigenfalls aktualisieren oder mit einem professionellen Adressbroker zusammenarbeiten. Diese Broker verfügen über Hunderttausende von Adressen – alle selektierbar nach Branchen, Betriebsgrösse, geografischer Lage usw.
■ **Beachten Sie Gewicht und Porto.** Berücksichtigen Sie bei der Gestaltung auch die postalischen Vorschriften und informieren Sie sich rechtzeitig über Portotarife und Rabatte für Vorsortierungen usw. (siehe auch www.post.ch). Übrigens: Eine Briefmarke wirkt viel persönlicher als der Aufdruck einer Frankiermaschine.

reichen. Es ist das klassische Werbemittel im Direktmarketing.

Ebenfalls ein sehr wichtiger Bestandteil des klassischen Mailings ist die Möglichkeit, dass Kunden antworten könnten (Response-Element). Das können eine Antwortkarte, ein Bestellschein, eine vorgefertigte Fax-Antwort u.a. sein.

Mit dem Rücklauf (Response) kann der wirtschaftliche Erfolg einer Werbeaussendung berechnet werden. Erfahrungsgemäss schwanken die Responsequoten sehr stark und liegen zwischen 0,1 und 45%. Aber schon Quoten unterhalb dieser Werte können für Unternehmen wirtschaftlich sein. Der Response bedeutet im Direktmarketing das Verhältnis zwischen erhaltenen Reaktionen (Bestellungen, Anfragen) und ausgesendeten Exemplaren. Er hängt von vielen Faktoren ab wie beispielsweise der Adressqualität beim Mailing, der Attraktivität des Produkts, dem Preis des Angebots, der Auflage der Werbemassnahme und dem Zeitpunkt der Streuung.

Auch Online-Marketing gehört zum guten Marketing-Mix

Das Online-Marketing spielt eine immer wichtigere Rolle im Marketing-Mix. Es kann zwar die klassischen Möglichkeiten der Kundenansprache (z.B. Werbung) nicht einfach ersetzen, aber wirkungsvoll unterstützen.

Gut platzierte Werbebanner, also anklickbare Online-Anzeigen meist im oberen Bereich einer Homepage, helfen zwar durchaus beim Aufbau einer Marke, sind jedoch bezüglich ihrer Effizienz schlecht messbar.

Anders das E-Mail-Marketing, wozu das Newsletter- und das Direct-E-Mail-Marketing zählen:

- Newsletter-Marketing wird in der Regel von Unternehmen eingesetzt, die ihre Kunden regelmässig auf elektronischem Weg über neue Dienstleistungen und Produkte informieren möchten. Das ist weit günstiger als der herkömmliche Weg via Post, da teure Werbemittelproduktion und Versandporto entfallen.
- E-Mail-Marketing lässt sich mit einem klassischen Postversand vergleichen – doch als Transportweg dient das Internet. Wie beim Newsletter-Marketing sollten Sie aber auch hier nur Adressen benutzen, bei denen Sie das Einverständnis des Empfängers eingeholt haben (siehe «Tipp» unten).

Werbemails verschicken: Beachten Sie die «Netiquette»

Die besten Adressen sind die, die man selber gesammelt hat. Das ist zu Beginn der Geschäftstätigkeit nicht immer ganz einfach, und Aktivitäten wie etwa Gewinnspiele führen in der Regel zu qualitativ minderwertigen Adressen.

Beim Kauf von Adressen ist Vorsicht geboten. Diese können zu Problemen mit dem Datenschutz führen und beim User den Anschein von «Spam», also von lästiger, unaufgeforderter Werbung per E-Mail, hervorrufen.

Weiter auf Seite 96

TIPP

Das richtige Vorgehen bei Internet-Mailings

- E-Mails bzw. Newsletters regelmässig verschicken
- Versandrhythmus nicht zu hoch ansetzen
- Vertraulichkeit der E-Mail-Daten wahren
- Kein E-Mail-Versand an Adressen ohne vorherige User-Bestätigung
- Sorgfältige Auswahl von Adressbrokern (E-Mail-Händler)
- info@firma.ch-Adressen als Absender vermeiden. Sie vermitteln den Eindruck von Spam. «Echte» Absender wie peter.muster@bluewin.ch haben grössere Glaubwürdigkeit.
- Betreffzeile sorgsam formulieren (Interesse wecken)
- Nur tatsächlich gewünschte Inhalte verschicken (Bedürfnisorientierung)
- Informationen nur anreissen und mit direktem Link auf die eigene Homepage verbinden.
- Texte nach journalistischen Kriterien verfassen (das Wichtigste an den Anfang)
- Persönliche Ansprache des Empfängers
- Eingehende E-Mails prompt beantworten (innerhalb von 24 Stunden).

Viele Konsumenten reagieren verärgert, wenn sie im elektronischen Briefkasten derartige Spam-Mails sehen. Denn sie entsprechen nicht den Gepflogenheiten der Internetgemeinde, der sogenannten «Netiquette», und schaden dem Image des Versenders.

Die Website als Visitenkarte: Aufbau, Kosten, Pflege

Zu einem erfolgreichen Marketing-Mix gehört auch ein Internetauftritt. 85 Prozent der mittelgrossen Schweizer Firmen verfügen bereits über eine eigene Website.

Diese dient vor allem kommunikativen Zwecken (Werbung, PR). Oft wird sie aber auch für Verkauf und Distribution eingesetzt.

Das digitale Medium eignet sich jedoch nicht für jede Branche gleich gut. So ist es etwa für einen Bauunternehmer weit schwieriger, Detailangaben zu Sortiment und Preisen im Internet zu publizieren als etwa für ein Reisebüro, da Offerten in der Regel sehr individuell sind.

Nur durchdachte Konzepte führen zum Erfolg; das gilt auch für Ihre Internetpräsenz. Diese Punkte sollten Sie beim Aufbau einer eigenen Homepage beachten:

Vorbereitung

Analysieren Sie, welche Ihrer in- und ausländischen Konkurrenten bereits im Netz aktiv sind und mit welchen Marketingstrategien. Übernehmen Sie gute Ideen, lernen Sie aus deren Fehlern.

Werfen Sie bei der Ideensammlung auch einmal einen Blick auf die Internetpräsenz von Unternehmen ausserhalb Ihrer Branche. Erstellen Sie dann ein detailliertes Konzept, das Ihre Zielgruppe, den Inhalt und den Aufbau Ihrer Website festlegt. Erarbeiten Sie einen Zeitplan sowie eine Zusammenstellung der nötigen Technik. Überlegen Sie, wer für Inhalt, Technik und Design verantwortlich sein soll.

Umsetzung

In dieser Phase geht es darum, das für Ihre Homepage nötige Material zu beschaffen und einzubauen. Es muss jetzt klar sein, von wem Sie Texte, Grafiken, Bilder, Navigationselemente und allenfalls Musik und Animationen bekommen. Anschliessend folgt die Programmierung und die Integration von Web-Applikationen (etwa E-Mail, E-Shop, Diskussionsforen).

Schliessen Sie diesen Projektabschnitt auf jeden Fall mit einer intensiven Testphase ab. Was jetzt nicht einwandfrei funktioniert, kann später zu grossen Schwierigkeiten mit Ihren Kunden führen.

Kostenfaktoren beim Internetauftritt

Folgende Posten sind im Budget für die eigene Website einzukalkulieren:
- Hard- und Software
- Konzeption und Programmierung
- Content (Inhalte, Funktionen, Grafik)
- Providergebühren
- Domaingebühren
- Betreuung (inhaltlich und technisch)
- Vermarktung (Werbehinweise, z.B. Banner, kostenpflichtige Links auf Suchmaschinen.

Permanente Pflege

Ist Ihre Homepage endlich im Internet abrufbar, müssen Sie sich laufend darum kümmern, dass alles reibungslos funktioniert. Dazu gehört, auftretende Probleme rasch zu beseitigen, die Inhalte stets aktuell zu halten, Anfragen zu beantworten, die Nutzung der verschiedenen Seiten mittels Statistiken zu verfolgen und die Site zu vermarkten.

Buchtipp

Viele weitere nützliche und wichtige Informationen und Tipps finden Sie im K-Tipp-Ratgeber «KMU: So nutzen Sie das Internet». Sie können ihn über Tel. 044 253 90 70 oder über www.ktipp.ch bestellen.

«Anständige» Mailer erzielen die besseren Erfolge

Orientieren Sie sich also an den heute gültigen gesetzlichen und ethischen Grundsätzen und gehen Sie so vor:

Fragen Sie die Besucher Ihrer Website, mit denen Sie bisher noch nicht in einer Geschäftsbeziehung standen, ob sie aktuelle Infos, Sonderangebote usw. per Mail erhalten möchten, und bitten Sie sie um eine persönliche Anmeldung («Opt-in»).

Gemäss heute üblichem Standard erfolgt dann ein Bestätigungsmail, in dem der User gefragt wird, ob er sich wirklich für den Mailservice angemeldet hat.

Im Bestätigungsmail muss der User auf einen Link klicken, um die Erlaubnis für die Zusendung von E-Mails mit Werbecharakter erneut zu bestätigen («Double-Opt-in»).

Bieten Sie den Nutzern auch die Möglichkeit, sich jederzeit von der E-Mail-Adressliste streichen zu lassen («Opt-out»).

Die «Response-Rate», also der Anteil messbarer User-Reaktionen, ist deutlich höher, wenn Sie beim Versand von Newsletters oder E-Mails nach dem beschriebenen Verfahren vorgehen; sie liegt bei diesem sogenannten «Permission-Marketing» bei 10 bis 20 Prozent und ist rund doppelt so hoch wie beim klassischen Direktmarketing.

Die Internetsuchmaschinen kann man beeinflussen

Wenn nicht zu erwarten ist, dass der Firmenname zugleich der Webadresse entspricht (wie z.B. bei ABB bzw. www.abb.ch), starten sehr viele Web-User zuerst eine Suchmaschinen-Anfrage. Je besser Ihre Firma hier positioniert ist (idealerweise auf den ersten drei Treffern), desto besser werden potenzielle Kunden auf Sie aufmerksam.

Die Positionierung innerhalb der Suchmaschine können Sie teilweise beeinflussen. Fragen Sie Ihren Computerspezialisten.

Mit dem sogenannten «Keyword-Targeting» lassen sich gegen Bezahlung auch Suchworte buchen

Die Vorteile des E-Mail-Marketings

- E-Mail-Kampagnen verursachen punkto Herstellung und Versand geringere Kosten als traditionelle Mailings per Post.
- E-Mails lassen sich jederzeit versenden (Aktualität).
- Die Reaktionszeiten (Response) auf das Online-Mailing sind relativ kurz (80 Prozent der Rückmeldungen innerhalb von zwei bis vier Tagen).
- Links führen den Empfänger per Mausklick auf die Firmenwebsite, wo weitere Infos bereitgestellt werden können.
- Grafisch und inhaltlich gut gestaltete Newsletters können je nach Adressmaterial eine Response-Rate von 10 bis 30 Prozent erreichen.
- Messverfahren (zum Beispiel Öffnungs-, Klickraten) helfen bei der Erfolgskontrolle des Mailings.
- Falls eine Kundenprofil-Datenbank vorliegt, lassen sich individualisierte E-Mails verschicken.

und auf die eigene Website verlinken.

Beispiel: Wenn jemand nach Socken sucht, wird der Banner von Blacksocks.com, einem Anbieter von abonnierbaren Business-Socken, eingeblendet.

Eine günstigere Methode zur Bewerbung der eigenen Website sind die Einträge in Suchmaschinen. Hierzu werden im Quellcode der Homepage bestimmte Befehle für Suchmaschinen erfasst. Die sogenannten Metatags sind für den Surfer unsichtbar, speisen die Suchmaschinen aber mit den relevanten Informationen. Die wichtigsten Metatags sind:

■ **Keywords:** Sie beschreiben, unter welchen Begriffen die Website gefunden werden soll (z.B. Branche, Produktenamen, Marken, Regionen).

■ **Description:** Dieser sogenannte Tag (ein hinterlegter Informationseintrag) ermöglicht dem Website-Betreiber, sein Angebot mit meistens nicht mehr als 250 Zeichen in Form von Fliesstext zu beschreiben.

Mit Werbung das Zielpublikum genau ins Visier nehmen

Keine Firma – egal ob jung oder bereits etabliert – kommt ohne Werbung aus. Hauptziel der Werbung ist es, Produkte oder Dienstleistungen bei der Zielgruppe bekannt zu machen, mit einem

---

TIPP

Der eigene Firmenauftritt ist die Basis jeder Werbung

■ **Firmenlogo**
Es soll auf sämtlichen Geschäftsunterlagen platziert sein; es zieht die Blicke des Betrachters auf sich und fördert den Wiedererkennungswert. Das Firmenlogo muss daher zum Image der Firma passen und vielleicht sogar einen optischen Bezug zu deren Produkten, Dienstleistungen oder dem Firmennamen herstellen. Da ein Unternehmen mit seinem Logo lange zufrieden sein sollte, ist das Geld für einen Grafiker in diesem Fall meistens gut investiert.

■ **Briefpapier, Rechnungen usw.**
Geschäftspapiere sind Bestandteil Ihres Werbeauftritts (Corporate Identity, Corporate Design). Daher sollten sie professionell wirken und sich an den branchenüblichen Standards orientieren. Ein Grafikbüro darf hier sicherlich etwas mehr von der Norm abweichen als ein Garagist.

■ **(Firmen-)Präsentationsmappen**
Die Übergabe einer Unternehmenspräsentation mit Informationen über Produkte und Dienstleistungen, Referenzkunden, Preise, Mitarbeiter usw. rundet jeden Geschäftskontakt optimal ab. Auch hier sollte nicht plumpes Eigenlob, sondern expliziter Kundennutzen im Vordergrund stehen. Diese Art der Informationen eignet sich auch sehr gut für den eigenen Internetauftritt.

■ **Visitenkarten**
Auf der Visitenkarte sollen neben dem Firmenlogo alle relevanten Kontaktdaten wie Name, Postanschrift, Telefon, Fax, Handynummer, E-Mail- und Internetadresse angegeben sein. Bezüglich Format und Papierqualität hält man sich am besten an die üblichen Standards. Zu kleine oder zu grosse Karten passen nicht in die genormten Visitenkartenhalter und zu dünnes Papier wirkt leicht schäbig.

Image zu versehen – und natürlich zu verkaufen. Mit Hilfe von Werbemitteln (Anzeigen, Broschüren, Werbespots usw.) soll die Kaufbereitschaft geschaffen oder erhöht werden.

Damit Werbung den erwünschten Effekt hat, muss sie sich so exakt wie möglich an die angepeilte Zielgruppe wenden.

Ihre Aussage (Werbebotschaft) sollte zudem leicht verständlich sein und über das geeignete Medium (Werbeträger) verbreitet werden.

Besonders für Existenzgründer und kleinere Unternehmen lohnt es sich beispielsweise nicht, teure Anzeigen in einer überregionalen Zeitung zu platzieren, wenn das Vertriebsgebiet und die Zielkundschaft lokal oder regional begrenzt sind (hoher Streuverlust). In einem solchen Fall empfiehlt sich z.B. eher ein Inserat in einem lokalen Anzeiger.

Auch sollten das Image einer Firma und die Art und Weise, wie und wo sie für sich und ihre Produkte wirbt, zueinander passen. So bringt es kaum etwas, wenn ein Sanitärfachgeschäft in einem Kosmetikstudio wirbt oder wenn ein Jaguar-Händler beim Bäcker fotokopierte Handzettel auflegt.

Unprofessionelle Werbung bringt mehr Schaden als Nutzen

Ob man für die Werbung professionelle Unterstützung bei einer Werbeagentur sucht, ist vorab eine Frage des Budgets. Entscheidend ist natürlich neben den eigenen kreativen Fähigkeiten auch die erforderliche Qualität.

Überlegen Sie also gründlich, was Sie sich selber zutrauen und ab welchem Moment Sie Fachleute

Werbung muss nicht teuer sein

Werbung ist für jedes Unternehmen ein Muss. Den Aufwand kann man aber durchaus in Grenzen halten.

Möglichkeiten für kleine Budgets
- Schaufensterdekoration
- Nutzung freier Flächen (Firmenwagen, Briefpapier, Visitenkarten, Hausfassaden, Böden usw.)
- Verteilen von Wurfzetteln, Flyern
- Versand von Werbeschreiben per Post, Fax oder Internet (Newsletters)
- Versand von Presseveröffentlichungen
- Belohnen von positiver Mund-zu-Mund-Propaganda (mit «Tell a friend»-Geschenk)
- Schalten von Kleinanzeigen
- Herstellung und Platzierung von kleinen Aushangplakaten oder Handzetteln
- Eintrag in Gelbe Seiten
- Veranstaltungen wie «Tag der offenen Tür».

Möglichkeiten für mittlere Budgets
- Leuchtreklamen (ab 1000 Franken)
- Fachmessen (ab 5000 Franken)
- Inserate (lokale Tageszeitung ab 200 Franken)
- Banner-Werbung (ab 30 Franken pro 1000 Einblendungen)
- Regionalradio-Spots (Produktion ab 500 Franken, Ausstrahlung ab 2000 Franken)
- Regional-TV-Spots (Produktion ab 5000 Franken, Ausstrahlung ab 15 000 Franken)
- Inserate in Fachzeitschriften (ab 1000 Franken)
- Grossflächenplakate (ab 10 000 Franken)
- Werbung in Verkehrsmitteln (ab 5000 Franken)
- Kinowerbung (Dia-Produktion ab 500 Franken, Ausstrahlung ab 2000 Franken)
- Werbeprospekte und Referenzmappen (ab 2000 Franken)
- Kundenzeitschriften (ab 10 000 Franken)
- Beflaggung (ab 2000 Franken).

6
Marketing, Verkauf

Der Vertrieb ist oft das teuerste am Produkt

Produkte und Dienstleistungen müssen zum richtigen Zeitpunkt über die richtigen Wege und in der gewünschten Qualität und Quantität die richtigen Kunden erreichen. Entscheidungen über den Vertrieb müssen sich nach den Wünschen der Kundschaft richten: Wie möchte sie einkaufen? Wie häufig, wie viel und wann wird bestellt? Welche Ansprüche hat der Kunde an Lieferpünktlichkeit, Reparatur- und Unterhaltsdienste?

Solche Fragen sollten schon vor Geschäftseröffnung beantwortet werden. Wer nicht auf Erfahrungswerte zurückgreifen kann, muss Modellrechnungen oder Schätzungen machen.

Für Handelsfirmen dagegen ist die Frage der reibungslosen Logistik von entscheidender Bedeutung. Wichtig ist hier, die kostengünstigsten Transportmittel auszuwählen, die möglichen Verzögerungen der Waren bei Ein- und Ausfuhr einzukalkulieren und die unversehrte Lieferung sicherzustellen. Auch Fragen der Lagerhaltung und der damit verbundenen Lagerkosten müssen vorweg durchgerechnet und geklärt sein.

Wer aufgrund hoher Vertriebskosten, wegen eines fehlenden Absatzkanals oder wegen eines zu engen Produktsortiments mit Händlern, Agenten oder Detaillisten zusammenarbeiten muss, schafft mit dieser Zwischeninstanz eine weitere mögliche Problemquelle. Denn die Verantwortung für Zuverlässigkeit, Qualität und Effizienz wird so in fremde Hände gegeben.

Bevor Sie also eine Vertriebspartnerschaft eingehen, sollten Sie folgende Punkte klären:

- (Wie) Passt mein Produkt oder meine Dienstleistung zum Angebot und zur Zielgruppe des Partners?
- Hat der Vertriebspartner das nötige Vermarktungs-Know-how?
- Passt das Image des Partners zu dem meiner Firma?
- Welchen Absatz kann mir der Partner zusichern?
- Wie wirkt sich der Vertrieb über Dritte auf meine Marge bzw. meinen Businessplan aus?

Ob eine junge Firma überhaupt einen Vertriebspartner benötigt, hängt natürlich von ihrem Angebot ab. Es kann sich von Fall zu Fall lohnen, über kreative Alternativen nachzudenken. Forellen aus eigener Zucht kann man auch ab Hof verkaufen, auf dem Markt feilbieten oder in einem begrenzten Gebiet ausliefern, statt sie einem Fischhändler zu geben. Software lässt sich immer mehr auch via Internet vertreiben.

Die Frage ist letztlich immer, ob sich der zusätzliche Aufwand lohnt und der Kunde bereit ist, für eine bessere alternative Vertriebsform auch mehr zu bezahlen.

zu Rate ziehen möchten. Amateurhafte Werbung bringt nichts und schadet dem Image.

Sollten Sie eine Werbeagentur oder einen Grafiker beiziehen wollen, nehmen Sie sich genügend Zeit für die Auswahl. Hören Sie sich um, verlangen Sie Referenzen und lassen Sie sich von mehreren Anbietern eine Offerte machen.

PR als Verkaufsförderung: Tue Gutes und rede darüber

Unter Öffentlichkeitsarbeit oder Public Relations («Beziehungen zur Öffentlichkeit») versteht man die bewusste Kommunikation zwischen Unternehmen und Öffentlichkeit. Aufgabe von PR ist es, langfristig ein positives Unternehmens-Image aufzubauen und Vertrauen zu schaffen.

Öffentlichkeitsarbeit ist auch für kleine und mittlere Unternehmen ein wichtiger Bestandteil der Kommunikationspolitik und sollte schon im Businessplan (siehe Kapitel 1) berücksichtigt sein.

Denn: Auch ein Garagist kann durch Öffentlichkeitsarbeit Servicefreundlichkeit oder soziales Engagement kommunizieren, sich einen Wettbewerbsvorteil verschaffen und dazu beitragen, das Ansehen der gesamten Branche zu verbessern.

Die Powerpoint-Präsentation reicht nur am Anfang

Bevor Sie allerdings Öffentlichkeitsarbeit sinnvoll umsetzen können, müssen Sie sich über die Öffentlichkeit, die Sie erreichen wollen, Gedanken machen. Zur Öffentlichkeit gehören beispielsweise Mitarbeiter, Kunden, Nachbarn, Interessenten, Medienvertreter, Partner/Zulieferer, Banken sowie wichtige Vertreter aus Politik, Kultur, Wirtschaft, Verwaltung und Sport.

CHECKLISTE

Das sind die häufigsten Marketingfehler

- **Fehlende Marktorientierung**
Häufig wird zu wenig überlegt, ob das Produkt oder die Dienstleistung vom Markt überhaupt gewünscht sind. Und wie sie mit nachhaltigem Erfolg verkauft werden sollen.

- **Mangelhafter Firmenauftritt**
Viele Firmen verstehen sich vor allem als Anbieter von Produkten und Services. Dabei übersehen sie häufig, dass sie vom Kunden stets als komplexes Ganzes gesehen werden. Umso wichtiger ist es, dem Unternehmen von Anfang an ein «Gesicht» zu geben und dieses einheitlich und systematisch zu kommunizieren. Dazu zählen: sinnvolle Namensgebung, aussagekräftiges Logo, einheitliche und repräsentative Geschäftspapiere (Visitenkarten, Briefpapier, Imagebroschüre usw.).

- **Nachlassende Öffentlichkeitsarbeit**
Die Firma bekannt zu machen und den Bekanntheitsgrad aufrechtzuerhalten bzw. zu steigern, ist eine permanente Aufgabe.

- **Marketingkiller Tagesgeschäft**
Gerade Jungunternehmer vernachlässigen oft ihren Aussenauftritt und ihre Werbeanstrengungen, da sie vom Tagesgeschäft überrollt werden. Trotz Alltagspflichten sollte man nicht vergessen, einen Vertriebsplan und einen Werbeplan aufzustellen, entsprechende Massnahmen einzuleiten und beides permanent im Auge zu behalten.

- **Stagnierende Kundenakquisition**
Immer wieder müssen Unternehmer feststellen, dass Auftragseingang und Kundenstamm stagnieren. Dies hat sehr häufig damit zu tun, dass die Akquisitionsbemühungen nicht zielgruppenorientiert sind. Viele verzetteln sich, dann steht der Erfolg der Bemühungen in keinem Verhältnis zum Aufwand, die Kosten übersteigen die Einnahmen. Hier hilft eine konsequente Abgrenzung der Zielgruppe.

- **Ungenügende Vorbereitung auf Wettbewerb**
Marketingoffensiven – insbesondere von neuen Anbietern – fordern die Konkurrenz heraus. Die Geschäftsführung sollte sich also im Vorfeld darüber Gedanken machen: Was passiert, wenn ein Mitbewerber die Preise senkt oder seine Produkte verbessert?

- **Fehlende Absatzplanung**
Oft planen Unternehmer ihren Absatz vor allem anhand ihrer Produktion oder ihres Angebots. Um keine bösen Überraschungen zu erleben, sollten Sie die Chancen Ihres Produkts vorab auf einem Testmarkt prüfen.

STICHWORT

Guerilla-Marketing

Guerilla-Marketing verfolgt grundsätzlich dieselben Ziele wie das klassische Marketing – aber mit anderen Mitteln. Ähnlich wie ein Guerilla-Kämpfer will diese Form des Marketings mit besonders ausgefallenen, überraschenden, originellen oder aussergewöhnlichen Aktionen und Ideen Aufmerksamkeit erzeugen. Und dies erst noch mit kleinem Budget.

Ursprünglich war Guerilla-Marketing eine Methode, die hauptsächlich von kleinen und mittelständischen Firmen im Kampf gegen überlegene Grossunternehmen eingesetzt wurde. Sie betrieben ein regelrechtes Antimarketing, um den Wettbewerber in der Ausführung seiner Geschäftstätigkeit einzuschränken und zu behindern.

Mittlerweile hat sich Guerilla-Marketing zu einer Option und Strategie sowohl für kleine und mittlere Unternehmen wie auch für Grossunternehmen entwickelt. Dabei steht der Mut zum Unkonventionellen, Genialen und Einfachen im Vordergrund.

Guerilla-Marketing ist sehr praxisorientiert, wobei häufig Entscheidungen aus dem Bauch heraus getroffen werden. Doch nicht alle Guerilla-Aktionen sind erfolgreich: Mit wenigen Pfeilen zu treffen, ist anspruchsvoller als aus vollen Rohren auf sein Ziel zu schiessen.

Guerilla-Marketing zeichnet sich durch folgende Merkmale aus:
- ungewohnte Werbeaussagen
- neue Werbemittel
- neue Werbekanäle (z.B. Social Media)
- relativ kostengünstig
- kreativ und unkonventionell
- bleibt der Zielgruppe im Gedächtnis
- sorgt für Gesprächsstoff.

Die Basis guter PR stellen Imagebroschüren und Unternehmenspräsentationen dar. Sie sollen leicht verständlich und glaubwürdig darstellen, welche Ziele Ihr Unternehmen verfolgt und welchen konkreten Nutzen es potenziellen Kunden bietet. Auch sollten sie in jedem Fall eine Referenzkundenliste enthalten.

Einfach gestaltete Imagebroschüren sind im günstigsten Fall selber produzierte, farbige Powerpoint-Präsentationen. Das kann für den Anfang reichen, sollte aber mittelfristig durch professionell erstellte Produkte ersetzt werden, für die Sie mit Kosten ab 2000 Franken rechnen müssen.

Die Aktionen, über die Sie Ihre Öffentlichkeit erreichen, lassen sich in drei Bereiche gliedern:

- Medienarbeit (Zeitungen, Zeitschriften, Fachpublikationen, Radio und Fernsehen)
- PR-Instrumente (Tag der offenen Tür, Vorträge, Workshops usw.)
- Unterstützung von Aktivitäten oder Sponsoring (Kultur, Sport, Soziales)

Ein guter Draht zu den Medien gehört ebenfalls zur PR

Ein guter und günstiger Weg, ein positives Image in der Öffentlichkeit aufzubauen und zu pflegen, ist die regelmässige Erwähnung Ihres Unternehmens im Redaktionsteil einer Zeitung. Um das zu erreichen, sollten Sie gute persönliche Kontakte zur lokalen Presse pflegen.

Was Sie jetzt noch brauchen, ist ein gutes Thema, eine interessante Story. Denn: Die Inhalte müssen so interessant sein, dass diese freiwillig von der Öffentlichkeit und den Medien aufgenommen werden. Besser als trockene Geschäftszahlen eignen sich also z.B. die mehr als 100-jährige Firmengeschichte, eine erfolgreiche Sammelaktion für einen guten Zweck oder freiwillig verschärfte Umweltschutznormen, an denen sich Ihre Firma neuerdings orientiert.

Weitere Mittel der Medienpflege sind Mediencommuniqués und -konferenzen sowie Fachartikel.

Für die direkte Kommunikation mit Kundinnen und Kunden eignen sich Kundenmagazine, Verkaufsbroschüren und Produkteflyer.

Auch der Einmannbetrieb braucht Marketingmassnahmen
Nachdem Sie sich eingehend mit Ihren Marketingzielen, der -konzeption und der -strategie auseinandergesetzt haben, sollten Sie für jeden Bereich des Marketing-Mix die konkreten Massnahmen auswählen und terminieren. Je nach Grösse Ihres Unternehmens, Ihrer Produktpalette, den Branchengepflogenheiten und dem Entwicklungsstand Ihres Unternehmens eignet sich ein mehr oder weniger ausführlicher Massnahmenkatalog.

Die folgenden Fragen sollten Sie aber auf jeden Fall beantworten können:
- Was sind meine konkreten Produkte und Dienstleistungen?
- Wie gestalte ich meinen Preis?
- Wie will ich mein Angebot verkaufen?
- Wie fördere ich den Verkauf meines Angebots?
- Wie möchte ich meine Produkte und Dienstleistungen bewerben?
- Wie trete ich gegenüber der Öffentlichkeit auf?
- Wie sollen meine Produkte vertrieben werden?

Selbst der Einmannbetrieb darf auf Marketing nicht verzichten. Wer die Massnahmen und Instrumente gut auswählt, kann auch mit einem bescheidenen Budget Erfolge erzielen.

Marketing fängt bereits im Kleinen an, z.B. beim persönlichen Erscheinungsbild oder bei der Visitenkarte. Denken Sie daran, dass die Kunden Sie und Ihre Mitarbeiter als Repräsentanten der Firma erleben. Der Eindruck, den Sie hinterlassen, fällt auch auf die Firma zurück.

6 Marketing, Verkauf

7 So haben Sie die Finanzen im Griff
Buchhaltung und Liquiditätsplanung

Eine saubere Buchführung ist Grundvoraussetzung für jede erfolgreiche Geschäftstätigkeit. Nur wer Zahlungsein- und -ausgänge lückenlos verbucht, hat eine Kontrolle darüber, wie es um sein Unternehmen wirklich steht. Die Buchhaltung ist auch die Basis für das Budget und die Zukunftsplanung.

Selbständigerwerbende mit wenig Umsatz müssen laut Gesetz keine professionelle Buchhaltung führen. Sie ist erst gefordert, wenn der Umsatz die Mehrwertsteuerpflicht-Grenze von 100 000 Franken übersteigt (siehe Seite 42).

Theoretisch genügt es, wenn Selbständige alle Quittungen und Belege einigermassen geordnet aufbewahren und bei einer allfälligen Steuerkontrolle dem Beamten vorweisen. Das gilt aber nur bis zu einem Umsatz von 500 000 Franken jährlich. Wer mehr einnimmt, muss auch als Selbständigerwerbender eine regelrechte Buchhaltung führen und eine Jahresrechnung sowie eine Bilanz erstellen.

Für einen kaufmännisch geführten Betrieb ist dies ohnehin zu empfehlen, um die Übersicht über die Finanzen zu behalten.

Die Finanzen sollten in jedem Unternehmen Chefsache sein

Auch wenn ein betriebsinterner Buchhalter oder ein externer Treuhänder mit der Buchführung betraut ist – als Unternehmer dürfen Sie die Finanzen nie aus dem Blick verlieren.

Und das wiederum setzt voraus, dass sich der Gründer oder Unternehmer mit dem Thema auseinandersetzt und sich zumindest Basiskenntnisse in Buchhaltung und

Die Bücher selber führen? Oder einen Treuhänder beauftragen?

Ob Sie die Buchhaltung selber führen oder sie an externe Spezialisten vergeben wollen, hängt von verschiedenen Faktoren ab:
- Gibt es jemanden im Betrieb mit den erforderlichen Kenntnissen, der auch genügend persönliche Beziehungen hat und sich laufend weiterbilden kann?
- Verfügt diese Person – vor allem in der Aufbauphase – über die erforderliche Zeit, Energie und Lust, sich mit der Buchhaltung zu befassen?
- Verfügen Sie über geeignete Räumlichkeiten und eine zweckdienliche Buchhaltungs-Software (kein vernünftiges Unternehmen führt seine Buchhaltung noch auf Papier)?
- Wäre eine Konzentration auf das Kerngeschäft allenfalls sinnvoller?

Möglich und relativ kostengünstig sind natürlich auch Mischformen, indem Sie beispielsweise die aufwendige, aber weniger anspruchsvolle Kontierung im eigenen Betrieb vornehmen. Anspruchsvolle Aufgaben wie Abschluss, (Mehrwert-)Steuerabrechnung und Lohnbuchhaltung erledigt dagegen ein externes Treuhandbüro für Sie.

Die Wahl des Treuhänders ist eine wichtige Entscheidung. Es muss ein Vertrauensverhältnis möglich sein, da er tief in die Innereien Ihres Betriebs sehen und auch ein wichtiger Berater für Sie sein wird. In der Regel entstehen daraus langjährige Geschäftsbeziehungen. Ein Qualitätskriterium kann die Mitgliedschaft des Treuhänders in einem Berufsverband sein.

Finanzen aneignet. Wie elementar dies ist, wird er spätestens dann merken, wenn ihm seine Bank einen Kredit verweigert, weil er nicht in der Lage ist, die finanzielle Situation seines Betriebs anhand der Buchführung zu erläutern.

Gemäss Obligationenrecht (Artikel 957) müssen alle Gesellschaften, die verpflichtet sind, sich im Handelsregister eintragen zu lassen, auch eine ordnungsgemässe Buchhaltung führen.

Dies ist für alle Handelsgesellschaften ausser für Einzelfirmen der Fall. Für Einzelfirmen ist der Eintrag erst ab einem Umsatz von 100 000 Franken jährlich Vorschrift.

Die Buchführung – mehr als Notizen in einem «Milchbüechli»

Die Buchhaltungspflicht bedeutet, dass Sie ein Inventar sowie eine vollständige Bilanz und Erfolgsrechnung samt den zugehörigen Belegen erstellen müssen.

Aus jedem Beleg muss hervorgehen, um welchen Geschäftsakt es geht; und jeder Beleg muss von einer zuständigen Person visiert und jederzeit griffbereit sein.

Daraus ergibt sich, dass Sie den Laufweg von Rechnungen und Belegen, die finanziellen Kompetenzen, die Visumpflicht sowie die Organisation der Ablage mit internen Vorschriften präzis festlegen müssen.

Bilanz und Erfolgsrechnung sind im Original während zehn Jahren aufzubewahren. Die übrigen Geschäftsbücher wie Inventar, Buchungsbelege, Journale, Kontenblätter und Korrespondenzen sind

IN DIESEM KAPITEL

- **104** Die Bücher selber führen? Oder einen Treuhänder beauftragen?
- **106** Die Bilanz: Momentaufnahme der Aktiven und Passiven
- **107** Die Erfolgsrechnung vergleicht Aufwand und Ertrag
- **108** Debitorenverluste und Delkredere
- **109** Verlustvortrag und Gewinnverteilung
- **109** Geschäftliches und Privates sauber trennen!
- **109** Die Bewertungsvorschriften
- **110** Wozu Rückstellungen bilden?
- **110** Interne und externe Abschlussrechnung
- **111** Die stillen Reserven
- **111** Die Revision – das offizielle Testat
- **112** Richtig budgetieren: So gehen Sie vor
- **112** Musterbudget
- **113** Die Liquiditätsplanung
- **114** Muster-Liquiditätsplan
- **116** Investitionsplan und Fünf-Jahres-Horizont
- **117** Der Cashflow als wichtige Schlüsselzahl
- **117** Der Deckungsbeitrag

ebenfalls zehn Jahre zu archivieren; allerdings reicht es hier, wenn sie elektronisch noch vorhanden und abrufbar sind.

Geschäftsjahr und Kalenderjahr müssen nicht identisch sein

Ein Geschäftsjahr umfasst normalerweise zwölf Monate und entspricht in der Regel auch einem Kalenderjahr. Beides ist aber nicht zwingend.

Im Gründungsjahr haben Sie die Wahl zwischen einem Kurz- oder einem Langjahr. Fällt das Gründungsdatum beispielsweise auf den 1. Juli, können Sie wählen, ob Ihr erstes Geschäftsjahr nur 6 Monate oder 18 Monate dauern soll.

Da im ersten Geschäftsjahr erfahrungsgemäss hohe Aufwendungen anfallen, lohnt es sich meist, ein möglichst langes Geschäftsjahr zu wählen. Das bringt steuerliche Vorteile, da Sie so die hohen Anfangskosten mit später anfallenden Gewinnen verrechnen können.

Die Steuerbehörden tolerieren je nach Kanton unterschiedlich lange erste Geschäftsjahre. So sind etwa in den Kantonen Zürich und Schwyz maximal 23 Monate möglich, während im Kanton Aargau nur 15 Monate akzeptiert werden.

Kurzabschlüsse sind nicht empfehlenswert, weil ihre Aussagekraft gering ist.

Für Saisonbetriebe (Tourismus, Bauwirtschaft usw.) kann es sinnvoll sein, das Geschäftsjahr so zu wählen, dass es eine volle Saison abdeckt. Aus steuerlichen Gründen sollte der Abschluss dabei vor der saisonalen Spitze liegen, weil das vor der Saison aufgefüllte Lager dann zu Vorteilen bei der Reservebildung führen kann.

Die Bilanz: Momentaufnahme der Aktiven und Passiven

In der Bilanz eines Unternehmens (siehe Kasten rechts) wird zwischen Vermögen (Aktiven) und Schulden (Passiven) unterschieden.

Den Überschuss über die Schulden bezeichnet man als Reinvermögen bzw. als Eigenkapital.

- Das Vermögen kann sich aus Bargeld, Guthaben auf dem Bank- oder Postkonto sowie Gütern (Fahrzeuge, Maschinen, Immobilien usw.) zusammensetzen. In der Buchhaltung nennt man dieses Vermögen die Aktiven.

Die Aktivseite (Vermögens- und Investitionsseite) gibt Auskunft darüber, wie Ihr Unternehmen das verfügbare Kapital angelegt hat.

- Das Fremdkapital besteht auf der andern Seite – auf der Passivseite – aus noch nicht bezahlten Rechnungen (Kreditoren) sowie Schulden bei der Bank oder bei Privaten. Das Fremdkapital und das Eigenkapital bilden zusammen die Passiven.

Die Passivseite (Kapital- oder Finanzierungsseite) zeigt, wer Ihrem Unternehmen Kapital zur Verfügung gestellt hat.

- In der Bilanz (aus dem italienischen bilancia = Waage) werden die Aktiven und die Passiven einander gegenübergestellt und so ins Gleichgewicht gebracht (siehe Seite rechts).

Die Bilanz ist immer nur eine Momentaufnahme. Häufigster Bilanzstichtag ist der 31. Dezember.

TIPP

Buchhaltung: Machen Sie sich sachkundig!

Unternehmer, die nichts oder kaum etwas von Buchhaltung verstehen, sollten sich zumindest die Grundbegriffe aneignen. Dies kann im Selbststudium mit Lehrbüchern und Fachliteratur geschehen (siehe Literaturverzeichnis im Anhang auf Seite 158 ff.) oder besser noch mit dem Besuch von Basiskursen, wie sie zum Beispiel der Schweizerische Kaufmännische Verband anbietet.

Lassen Sie sich dabei nicht von Zahlen und abstrakten Begriffen abschrecken. Jeder Mensch mit normalem Schulabschluss kann lernen, wie man eine gesetzeskonforme Buchhaltung führt.

Die Erfolgsrechnung vergleicht Aufwand und Ertrag

Ziel eines Unternehmens ist es, Güter und Dienstleistungen zu produzieren und möglichst mit Gewinn zu verkaufen. Durch die Herstellung und den Verkauf dieser Güter und Dienstleistungen entstehen Aufwendungen und Erträge. Diese stellt man in der Erfolgsrechnung gegenüber, um daraus den Erfolg (Gewinn oder Verlust) zu ermitteln. Die Zahlen der Erfolgsrechnung beziehen sich immer auf einen bestimmten Zeitraum.

Unbedingt erforderlich ist die Jahresrechnung. Es könnte sich aber unter Umständen auch lohnen, eine Erfolgsrechnung für das halbe Jahr oder für das Quartal zu

Die Bilanz: Vermögen und Schulden im Gleichgewicht

Auf der **Aktivseite** steht das Vermögen; die Aktiven gliedert man in Umlaufvermögen und Anlagevermögen.

■ Zum **Umlaufvermögen** gehören die flüssigen Mittel (Kasse, Post- und Bankguthaben) und die Vermögensteile, die Sie innerhalb eines Jahres zu Geld machen wollen (Debitoren, Vorräte).

■ Das **Anlagevermögen** umfasst die Vermögensteile, die dem Unternehmen für lange Zeit (meist über mehrere Jahre) zur Nutzung bereitstehen (Büroeinrichtungen, Geschäftsliegenschaft, Maschinen usw.).

Auf der **Passivseite** stehen Fremd- und Eigenkapital.

■ Unter **Fremdkapital** (oder Schulden) fasst man die Ansprüche von aussenstehenden Geldgebern am Unternehmensvermögen zusammen.

■ Unter **Eigenkapital** (Reinvermögen) versteht man bei Aktiengesellschaften das Aktienkapital, bei GmbH das Stammkapital sowie bei beiden die Reserven und einen allfälligen Gewinnvortrag.

Bilanz per 31.12.2015			
Aktiven (Vermögen)	in Fr.	**Passiven** (Schulden)	in Fr.
Umlaufvermögen		**Kurzfristiges Fremdkapital**	
Liquide Mittel (Kasse, Post)	20 000.–	Bank (Kontokorrent)	28 000.–
Debitoren	10 000.–	Kreditoren	14 000.–
Wertschriften (Aktien, Obligationen)	40 000.–	Privatdarlehen Schwester	10 000.–
Betriebsmaterial	4 000.–		
Software	50 000.–		
Total Umlaufvermögen	**128 000.–**	**Total kurzfristiges Fremdkapital**	**52 000.–**
Anlagevermögen		**Langfristiges Fremdkapital**	
EDV-Anlage	160 000.–	Privatdarlehen Eltern	40 000.–
Bürogeräte (Telefonanlage, Kopierer)	36 000.–	Bankdarlehen	120 000.–
Büromobiliar	44 000.–		
Fahrzeuge	32 000.–		
Total Anlagevermögen	**272 000.–**	**Total langfristiges Fremdkapital**	**160 000.–**
		Eigenkapital	168 000.–
		Reingewinn	20 000.–
Bilanzsumme	**400 000.–**	**Bilanzsumme**	**400 000.–**

erstellen: So können Sie relativ rasch abschätzen, ob Sie im Budget liegen oder ob Korrekturen nötig sind.

Für die Produktion benötigen Sie Arbeitskräfte und Vermögenswerte (Maschinen usw.) und müssen allenfalls Aufträge an Dritte vergeben. Das verursacht unter anderem Lohnzahlungen, Materialverbrauch, Abnützung von Anlagen und Mietzinskosten. Diesen Wertverzehr bezeichnet man in der Buchhaltung als Aufwand (siehe Kasten unten).

Durch den Verkauf von Gütern und Dienstleistungen entsteht auf der andern Seite ein Wertzuwachs, den man als Ertrag bezeichnet.

Mit Zahlungsausfällen rechnen: Debitorenverlust und Delkredere
Leider ist es auch im Geschäftsalltag nicht so, dass jeder seine Rechnungen pünktlich und zuverlässig zahlt. Es kommt sogar vor, dass ein Unternehmen auf seine Forderung ganz verzichten muss, beispielsweise weil ein Kunde zahlungsunfähig wird.

Solche sogenannten Debitorenverluste werden buchhalterisch unterschiedlich behandelt, je nachdem ob der Verlust bereits endgültig eingetreten ist oder ob erst in Zukunft damit zu rechnen ist.

■ Ist der Verlust endgültig, erfolgt die Abschreibung der Forderung direkt auf dem Debitorenbestand über ein spezielles Aufwandskonto mit der Bezeichnung «Debitorenverluste».

■ Ist der Zahlungseingang bloss ungewiss, so müssen Sie das Verlustrisiko Ende Jahr abschätzen und indirekt über das Delkredere und/oder das Debitorenverlustkonto abschreiben. Das Konto

Die Erfolgsrechnung: Aufwand und Ertrag

Erfolgsrechnung per 31.12.2015

Aufwand	in Fr.	Ertrag	in Fr.
Personalaufwand	130 000.–	Verkauf von Produkten	280 000.–
Materialaufwand	120 000.–	Beratung/Schulung	62 000.–
Mietaufwand	8 000.–		
Zinsaufwand	6 000.–		
Unterhalt und Reparaturen	18 000.–		
Abschreibungen	14 000.–		
Debitorenverlust	2 000.–		
Delkredere/Rückstellungen	4 000.–		
Steuern und Versicherungen	4 000.–		
Energie/Treibstoff	2 000.–		
Energie/Treibstoff	2 000.–		
Büro und Verwaltung	4 000.–		
Werbeaufwand	10 000.–		
Gewinn	20 000.–		
Total	342 000.–	**Total**	342 000.–

«Delkredere» ist also ein Wertberichtigungskonto für die aus Erfahrung geschätzten künftigen Zahlungsausfälle.

Offiziell gestatten die Steuerbehörden für inländische Schuldner ein pauschales Delkredere von 5 Prozent des Debitorenbestands (also der noch offenen Rechnungen). Bei ausländischen Schuldnern sind es 10 Prozent.

In der Praxis akzeptieren die Steuerbehörden der meisten Kantone aber 10 Prozent Delkredere auf den gesamten Debitorenbestand.

Verluste haben auch ihre guten Seiten

Zumindest in der Startphase wird es nur den wenigsten Unternehmen gelingen, gleich Gewinne zu erzielen. Viel wahrscheinlicher ist, dass die Erfolgsrechnung am Jahresende ein Minus aufweist.

Statt eines Reingewinns zeigt die Schlussbilanz dann einen Verlust, der auf die Rechnung des nächsten Geschäftsjahres vorgetragen wird.

Solange der Verlust sich in der budgetierten Höhe bewegt, ist das nicht weiter tragisch. Steuerlich bietet das sogar Vorteile, weil Unternehmen künftige Gewinne noch bis zu sieben Jahre damit verrechnen dürfen (siehe Kapitel 8 auf Seite 121f.).

Und nun das Angenehme: Die Gewinnverteilung

Fliessen Gewinne, so sind zumindest Aktiengesellschaften nicht völlig frei in der Entscheidung, was sie damit tun wollen. 5 Prozent des Jahresgewinns gehen zwingend in die gesetzlichen Reserven (bis insgesamt 20 Prozent des Aktienkapitals erreicht sind).

Den verbleibenden Bilanzgewinn (Reingewinn plus allfälliger Gewinnvortrag aus früheren Jahren) kann die Generalversammlung der AG entweder als Dividende an die Aktionäre ausschütten, auf die nächste Rechnung vortragen – oder sie kann damit zur Stärkung der Gesellschaft weitere freiwillige Reserven bilden.

In der Realität passiert oft eine Mischung aus den verschiedenen Möglichkeiten.

Die Bewertungsvorschriften – damit die Bilanz korrekt ist

Wie Maschinen, Fahrzeuge, Warenvorräte oder Beteiligungen zu bewerten sind, steht dem Unternehmen nicht völlig frei. Die Betriebsrechnung (gesetzgeberischer Ausdruck für die Erfolgsrechnung) und die Bilanz sind gemäss Artikel 959 OR «nach allgemein anerkannten

---

TIPP

Abschluss bei Selbständigen: Geschäftliches und Privates sauber trennen!

Ein Selbständiger haftet mit seinem gesamten Vermögen für Geschäftsschulden. Das heisst nun aber nicht, dass man Privates und Geschäftliches einfach vermischen darf. Es ist von Vorteil, die beiden Bereiche rechnerisch sauber auseinanderzuhalten. Denn Selbständigerwerbende dürfen den geschäftsmässig begründeten Aufwand vom Ertrag in Abzug bringen. Privater Aufwand aber darf selbstverständlich nicht als Geschäftsaufwand vom Einkommen abgezogen werden.

kaufmännischen Grundsätzen vollständig, klar und übersichtlich» aufzustellen, damit die Beteiligten einen möglichst zuverlässigen Einblick in die wirtschaftliche Lage des Geschäftes erhalten.

Die Aktiven sind darum höchstens mit demjenigen Wert in der Bilanz aufzuführen, der ihnen zum Bilanzierungszeitpunkt für das Unternehmen auch effektiv zukommt.

Aktiengesellschaften dürfen ihre Anlagen, Rohmaterialien und Wertschriften höchstens zu den Anschaffungs- oder Herstellungskosten unter Abzug der notwendigen Abschreibungen bewerten.

War der Anschaffungspreis von Rohmaterialien oder Wertschriften höher als der aktuelle Marktwert, so dürfen Sie höchstens diesen Wert bilanzieren.

FRAGE

Wozu soll ich Rückstellungen bilden?

Ein befreundeter Treuhänder hat mir empfohlen, Rückstellungen für allfällige Risiken zu bilden. Welches sind die häufigsten Risiken, die es zu berücksichtigen gilt?

Rückstellungen sind eine Art Voraussparen, damit man nicht in Zahlungsschwierigkeiten kommt, wenn etwas passieren sollte. Rückstellungen müssen sich aber immer auf ein konkretes Risiko beziehen.

Ein häufiges Risiko sind beispielsweise Nachforderungen von AHV und Mehrwertsteuer, wenn Umsatz oder Lohnsumme zu tief veranschlagt wurden. Auch Garantieforderungen oder allfällige Prozessrisiken sollten Sie gegebenenfalls über Rückstellungen absichern.

Pauschal akzeptieren die Steuerbehörden einen Abzug von 2 Prozent auf den Umsatz.

Wichtigster Grundsatz ist also die Bilanzvorsicht: Sie sollten Ihr Unternehmen nicht reicher darstellen, als es in Wirklichkeit ist. Im Zweifel sind also Aktiven und Erträge eher zu tief, Schulden und Aufwendungen eher zu hoch anzusetzen.

Eine Folge davon ist das sogenannte Realisationsprinzip: Gewinne darf man erst dann ausweisen, wenn man sie durch den Verkauf eines Aktivums auch tatsächlich verwirklicht (realisiert) hat. Darum dürfen Aktiengesellschaften Waren beispielsweise höchstens zum Einstandspreis bilanzieren, solange sie nicht verkauft sind.

Interne und externe Abschlussrechnungen

Diese Vorsichtsmassnahmen beim Bilanzieren und die unterschiedlichen Informationsbedürfnisse von Geschäftsleitung und Öffentlichkeit haben in der Praxis zu internen und externen Abschlussrechnungen geführt:

■ Die externe Rechnung dient der Information von Gläubigern, Aktionären oder der Öffentlichkeit. Sie unterliegt den auf Gläubigerschutz ausgerichteten Bewertungsvorschriften und zeigt daher in der Regel eher eine schlechtere Vermögens- und Ertragslage, als es der Wirklichkeit entspricht.

■ Die interne Rechnung dient als Entscheidungsgrundlage und als Kontrollinstrument. Sie ist darum möglichst genau und gibt soweit möglich die tatsächlichen Werte wieder.

Entsprechend ist das Eigenkapital in der externen Bilanz kleiner als in der internen. Die Differenz zwischen dem in der externen Bilanz ausgewiesenen und dem effektiven Eigenkapital nennt man stille Reserven.

Stille Reserven stärken das Unternehmen

Stille Reserven entstehen beispielsweise durch Abschreibungen auf Waren, die aufgrund der Marktsituation nicht erforderlich wären oder durch Rückstellungen auf Guthaben, die nicht im entsprechenden Ausmass gefährdet sind.

Im Gegensatz dazu werden die offenen Reserven in der externen Bilanz ausgewiesen, sie sind also für die Aussenstehenden erkennbar. Die offenen Reserven setzen sich aus den gesetzlichen und allfälligen freiwilligen Reserven zusammen.

Werden stille Reserven später aufgelöst, weist man in der externen Bilanz einen zu tiefen Aufwand (bzw. zu hohen Ertrag) und letztlich einen zu hohen Gewinn aus.

Das Obligationenrecht lässt stille Reserven praktisch unbegrenzt zu, weil sie das Unternehmen gleich mehrfach stärken:
- Da der Gewinn kleiner wird, können weniger Gewinnanteile ausgeschüttet werden. Die zurückbehaltenen Gewinne stehen dem Unternehmen als eigene Mittel für die Finanzierung von Investitionen oder für den Schuldenabbau zur Verfügung (Selbstfinanzierung).
- Stille Reserven aus guten Jahren können in schlechteren Jahren aufgelöst werden, was eine ausgeglichene Dividendenpolitik ermöglicht.
- Stille Reserven sind ein Fettpolster für schlechte Zeiten. Mit ihrer Auflösung können Verluste vermieden werden, was dem Image und letztlich der Kreditfähigkeit des Unternehmens dient. Damit aber Geldgeber und Mitarbeiter über den wahren Geschäftsverlauf nicht getäuscht werden, müssen Aktiengesellschaften die Auflösung stiller Reserven grundsätzlich im Anhang der Bilanz bzw. im Geschäftsbericht aufführen.

Dass solche Hinweise nicht einfach «vergessen» gehen – dafür sorgt auch die Revisionsstelle (siehe Kasten auf Seite 117).

Übrigens: Wer in der Bilanz bewusst falsche Zahlen einsetzt – zu welchem Zweck auch immer – macht sich strafbar.

Die Revision – das offizielle Testat

AGs und GmbHs sind verpflichtet, ihre Jahresrechnung durch eine anerkannte Revisionsfirma überprüfen zu lassen, sofern sie über mehr als 10 Vollzeitstellen verfügen. Gesellschaften mit weniger Angestellten können sich von der Revisionspflicht befreien. Ein entsprechender Eintrag im Handelsregister genügt.

Für kleinere Unternehmen mit über 10 Stellen gilt eine eingeschränkte Revisionspflicht, für Grossunternehmen ist eine ordentliche Revision vorgeschrieben. Grundsätzlich ist eine externe Kontrolle der Betriebsrechung immer nützlich. Dies vermindert die Gefahr von systematischen Fehlern und entlastet teilweise von internen Kontrollen der Buchhaltung, die zeitaufwendig sein können.

Die Wahl der Revisionsstelle gehört zu den jährlichen Aufgaben der Generalversammlung der AGs bzw. der Gesellschafterversammlung der GmbHs. Die Revisionsstelle muss im Handelsregister eingetragen werden.

Ein realistisches Budget kommt ohne Wunschdenken aus

Damit am Jahresende nicht ein Resultat herausschaut, das mit dem ursprünglichen Budget kaum mehr etwas zu tun hat, sollten Sie unbedingt ein Budget erstellen, das möglichst realistisch und im Zweifelsfall eher etwas zu vorsichtig ist.

Es ist klar, dass zumindest in der Gründungsphase die künftigen Kosten und Erträge nur schwer abschätzbar sind. In der anfänglichen Euphorie fliesst häufig zu viel Wunschdenken in die Finanzpläne ein. Hüten Sie sich davor!

Die verschiedenen Teile des Finanzplans bzw. des Budgets sollten konsistent und in sich widerspruchsfrei sein. Andernfalls provozieren Sie unangenehme Fragen von Ihren Kreditgebern. Zudem er-

Muster-Jahresbudget

Angaben in Franken

Ertrag	1 040 000.–
Dienstleistungen	880 000.–
Warenertrag	120 000.–
Lizenzeinkünfte	40 000.–

Kapitalplanung	
Kapital am 1.1.	285 000.–
Gewinn Ende Jahr	308 000.–
Gewinnentnahme	–120 000.–
Kapital am 31.12.	473 000.–

Stille Reserven	310 000.–
Reserven auf Warenlager	130 000.–
Reserven auf Maschinen	70 000.–
Patente, Lizenzen	110 000.–

Aufwand	672 000.–
Materialeinkauf	20 000.–
Wareneinkauf	100 000.–
Versand/Porti	5 000.–
Fremdarbeiten	40 000.–
AHV/IV/EO usw.	30 000.–
Pensionskasse	**28 000.–**
Sachversicherungen	4 000.–
Betriebsversicherungen	6 000.–
Mietzinsen	48 000.–
Leasing Fahrzeuge	52 000.–
Kapitalzinsen/Bankspesen	18 000.–
Unterhalt/Reparaturen	5 000.–
Motorfahrzeugkosten	**8 000.–**
Löhne (inkl. 13.)	200 000.–
Büromaterial	3 000.–
Drucksachen	12 000.–
Telekommunikation	7 000.–
Weiterbildung	13 000.–
Sonstiger Verwaltungsaufwand	2 000.–
Rechts- und Buchführungskosten	6 000.–
Spenden und Beiträge	1 000.–
Marketing/Werbung	40 000.–
Aussendienst	20 000.–
Spesen	4 000.–
Cashflow	**368 000.–**
Abschreibungen	60 000.–
Reingewinn vor Steuern	**308 000.–**

schweren widersprüchliche Informationen auch die eigene Planung. Ein Musterbudget finden Sie im Kasten auf der Seite links.

Die Schätzung von Aufwand und Ertrag ist oft schwierig

Basis des Budgets sind der mutmassliche Aufwand (Kosten) und die mutmasslichen Erträge (Einnahmen) des kommenden Jahres.

Besteht der Betrieb schon länger, so ist das relativ einfach abzuschätzen. Sie müssen nur noch die Zahlen des Vorjahres und des laufenden Jahres an die im nächsten Jahr erwarteten Verhältnisse anpassen: Kann ich neue Kunden gewinnen? Wie und wo? Oder muss ich mit dem Abspringen bedeutender Kunden rechnen? Kann ich weitere Kosten einsparen oder muss ich im Gegenteil mit Mehrkosten in einzelnen Bereichen rechnen?

Fehlen solche Basisinformationen, so ist das Budgetieren naturgemäss schwieriger, aber nicht minder nötig. Zumindest die Kostenseite sollten Sie einigermassen zuverlässig abschätzen können.

Der Unterschied von fixen und variablen Kosten

Bei den Kosten unterscheidet man zwischen den ohnehin anfallenden Fixkosten (Miete samt Nebenkosten, Leasing, Versicherungsprämien usw.) und den variablen Kosten, die in direktem Zusammenhang mit der Produktion entstehen (Wareneinkauf, Transport- und Energiekosten, Zölle usw.).

Mitarbeiterinnen und Mitarbeiter sind je nach Kategorie fixe oder variable Kosten: Der sogenannte Overhead (Management, Buchhaltung, Empfang usw.) schlägt bei den Fixkosten zu Buch, die Mitarbeitenden in der Produktion verursachen in der Regel variable Kosten (vorausgesetzt, die Kündigungsfristen sind kurz und das Personal lässt sich flexibel einsetzen).

Die Liquiditätsplanung – damit Sie jederzeit zahlungsfähig sind

Das Budget zeigt, mit welchen Aufwendungen und Erträgen Sie über das ganze Jahr rechnen können. Allerdings verteilen sich Kosten und Einnahmen in den meisten Fällen nicht einfach gleichmässig über das Jahr. Vor allem bei neu gegründeten Unternehmen fallen zunächst einmal nur Kosten für Materialbeschaffung, Löhne und Verkaufsanstrengungen an – bevor dann endlich der erste Zahlungseingang gefeiert werden kann.

Doch selbst bestandene Unternehmen stellen immer wieder grosse Schwankungen fest: Versicherungsprämien zum Beispiel sind bereits am Jahresanfang für das ganze Jahr fällig. Ende Jahr kommen Gratifikationen oder 13. Monatslöhne zur Auszahlung. Und auch der Materialeinkauf erfolgt in grösseren Abständen, falls Mengenrabatte locken.

Auf der Einnahmenseite hingegen kommt das Geld oft erst mit Verzögerung herein, weil zum Beispiel ein grösseres Projekt zuerst einmal erfolgreich abgeschlossen werden muss.

Darum sollten Sie eine möglichst genaue Liquiditätsplanung aufstellen, aus der Sie ersehen können, wann welche flüssigen Mittel vorhanden sein müssen bzw. wann welche Einnahmen und Ausgaben im Verlauf des Geschäftsjahres anfallen.

Die Tabelle im Kasten auf dieser Doppelseite ist ein Beispiel dafür; die absehbare Liquidität ist jeweils an der obersten Zeile «Kontostand» ablesbar.

Ohne Liquiditätsplanung kann es passieren, dass Sie offene Rechnungen nicht zahlen können, obwohl das Unternehmen an sich gesund und die Auftragslage gut ist.

Ist Ihre Zahlungsfähigkeit nicht jederzeit gesichert, drohen Mahnungen, Betreibungen und im al-

Muster-Liquiditätsplan (Angaben in Franken)

	1.1.	31.1.	28.2.	31.3.	30.4.	31.5.
Kontostand	285000	283000	293000	314000	340000	361000
Einnahmen		73000	58000	63000	67000	83000
Dienstleistungen		46000	50000	54000	57000	73000
Warenertrag		7000	8000	9000	10000	10000
Lizenzeinkünfte		20000	0	0	0	0
Ausgaben		75000	48000	42000	41000	62000
Materialeinkauf		3000	0	0	0	0
Wareneinkauf		20000	0	0	0	20000
Versand/Porti		500	500	500	500	500
Fremdarbeiten		3000	3000	3000	3000	3000
AHV/IV/EO usw.		2400	2400	2400	2400	2400
Pensionskasse		2300	2300	2300	2300	2300
Sachversicherungen		4000	0	0	0	0
Betriebsversicherungen		6000	0	0	0	0
Mietzinsen		4000	4000	4000	4000	4000
Leasing Fahrzeuge		4500	4500	4500	4500	4500
Kapitalzinsen/Bankspesen		1500	1500	1500	1500	1500
Unterhalt/Reparaturen		500	500	500	500	500
Motorfahrzeugkosten		500	500	500	500	500
Löhne (inkl. 13.)		15000	15000	15000	15000	15000
Büromaterial		1000	0	0	0	1000
Drucksachen		0	4000	0	0	0
Telekommunikation		500	500	500	500	500
Weiterbildung		1000	1000	1000	1000	1000
Sonstiger Verwaltungsaufwand		150	150	150	150	150
Rechts- und Buchführungskosten		0	3000	1000	0	0
Spenden und Beiträge		100	100	100	100	100
Marketing/Werbung		3000	3000	3000	3000	3000
Aussendienst		1800	1800	1800	1800	1800
Spesen		250	250	250	250	250

lerschlimmsten Fall der Konkurs. Schätzungsweise neun von zehn Konkursen gehen auf eine Liquiditätskrise zurück.

Übermässig gross sollte die Liquiditätsreserve allerdings auch nicht sein, weil die Banken kaum Zins bieten, in der Kasse gar keiner anfällt und Fremdkapital von Dritten meist hoch verzinst werden muss.

Kommt es doch zu einem Liquiditätsengpass, sollten Sie versuchen, schneller zu Ihrem Geld zu kommen, indem Sie
- rasch Rechnungen ausstellen,
- kürzere Zahlungsfristen vorgeben,
- Anzahlungen und Akontozahlungen fordern oder
- die Kreditlimiten voll ausnützen.

1.7.	31.8.	30.9.	31.10.	30.11.	31.12.	Total
000	478 800	471 800	516 800	584 700	653 000	758 000
000	71 000	95 000	104 000	114 000	136 000	1 040 000
000	64 000	84 000	92 000	98 000	118 000	880 000
000	7 000	11 000	12 000	16 000	18 000	120 000
000	0	0	0	0	0	40 000
100	40 200	102 000	59 000	46 100	67 700	672 000
000	0	0	14 000	0	0	20 000
0	0	60 000	0	0	0	100 000
500	500	500	500	500	500	6 000
000	3 000	3 000	3 000	5 000	5 000	40 000
400	2 400	2 400	2 400	2 400	3 600	30 000
300	2 300	2 300	2 300	2 300	2 700	28 000
0	0	0	0	0	0	4 000
0	0	0	0	0	0	6 000
000	4 000	4 000	4 000	4 000	4 000	48 000
500	4 500	4 500	4 500	4 500	4 500	54 000
500	1 500	1 500	1 500	1 500	1 500	18 000
500	500	500	500	500	500	6 000
500	500	500	500	500	1 500	7 000
000	15 000	15 000	15 000	15 000	33 000	198 000
0	0	1 000	0	0	0	3 000
000	0	0	4 000	0	0	12 000
500	500	500	500	500	1 500	7 000
000	2 000	1 000	1 000	1 000	1 000	13 000
150	150	150	150	250	250	2 000
000	0	0	0	0	0	6 000
0	100	100	100	100	100	1 000
000	2 000	3 000	3 000	6 000	6 000	40 000
000	1 000	1 800	1 800	1 800	1 800	20 000
250	250	250	250	250	250	3 000

> **TIPP**
>
> **Budget und Umsatz permanent überwachen!**
>
> Das schönste Budget nützt nichts, wenn es von der Realität ständig überholt wird, ohne dass dies jemand merkt und rechtzeitig Korrekturmassnahmen eingeleitet werden. Für Ihr Unternehmen gibt es nichts Gefährlicheres als Unwissen.
>
> Es ist darum entscheidend, dass Sie Ihr Budget und all seine Einzelpläne permanent und minuziös überwachen und sofort handeln, wenn Sie negative Abweichungen feststellen.
>
> Die Analyse des Jahresabschlusses alleine reicht da bei weitem nicht, auch wenn nur der vom Gesetz verlangt wird.
>
> Halbjahres- oder Quartalsabschlüsse sind heute auch für Klein- und Mittelbetriebe die Norm. Besser noch sind Monatsabschlüsse, aus denen jederzeit ersichtlich ist, ob die erwarteten Zahlungen eingegangen sind, ob der Absatz stimmt und ob die Kosten unter Kontrolle sind.
>
> Aus diesem Grund sollten Sie laufend kontrollieren, ob Sie die budgetierten Umsätze auch wirklich erreichen. Vergleichen Sie also so oft wie möglich die Soll-Zahlen mit den Ist-Zahlen.

Auf der andern Seite können Sie Geld in der Kasse behalten, indem Sie

- längere Zahlungsfristen aushandeln,
- nicht dringende Anschaffungen zurückstellen,
- den Produktionsprozess straffen,
- den Lagerbestand senken,
- Unterhaltsarbeiten hinauszögern oder
- Anlagen mieten oder leasen, statt sie zu kaufen.

Wo das nicht ausreicht, gilt es, neue Liquidität zu beschaffen, indem Sie

- nicht mehr benötigte Anlagen verkaufen,
- die langfristigen Schulden erhöhen,
- Fremd- oder Eigenkapital bei den Aktionären beschaffen,
- Privatdarlehen einschiessen oder
- Ihre Privatbezüge reduzieren.

Ohne Liquidität sind Investitionen für die Zukunft nicht möglich

Von Ihrer Liquidität hängt ganz entscheidend auch ab, ob Sie die erforderlichen Ersatz- und Erweiterungsinvestitionen in Ihrem Betrieb vornehmen können.

Die technologische Entwicklung verläuft sehr rasch, sodass vor allem Hardware und Software (EDV-Einrichtungen und -Programme) oft schon ersetzt werden müssen, bevor sie richtig amortisiert sind.

Falls möglich sollten Sie Computer und sonstige EDV-Geräte innerhalb von drei Jahren abschreiben, Software sogar sofort, mithin also schneller, als dies aus steuerlicher Sicht nötig ist (siehe Kapitel 8 auf Seite 120).

Aber auch Maschinen, Fahrzeuge und Gebäude verlieren an Wert und müssen ersetzt werden. Da kann der Liquiditätsbedarf kurzfristig sehr hoch sein. Umso besser, wenn Sie Ihre langfristigen Investitionen sehr genau planen und zeitlich optimal staffeln.

Der Fünf-Jahres-Horizont: Wer weiter denkt, ist besser dran

Aus Budget, Liquiditätsrechnung und Investitionsplan lässt sich in der Gesamtschau die Planbilanz erstellen. Auch wenn es schwerfällt, sollten Sie versuchen, ein möglichst genaues und realistisches Budget über fünf Jahre zu erstellen, wobei das zweite und dritte Jahr noch etwas leichter abzusehen sind als die Jahre vier und fünf.

Dies zwingt Sie, genau zu überlegen, wie es mittelfristig weitergeht, wo sich Chancen eröffnen und wo Gefahren lauern – und letztlich sogar, ob Ihre unternehmerische Vision auch langfristig überzeugen kann.

Das verlangt Einschätzungen über die Konjunktur- und Marktentwicklung, über Ihre eigene Stellung am Markt, über Ihre Innovationskraft sowie über die Konkurrenzsituation in Ihrer Branche.

Der Cashflow – eine wichtige Schlüsselzahl

Der Cashflow ist die beste Kennzahl, um die Finanz- und Ertragskraft eines Unternehmens zu beurteilen. Der Cashflow zeigt, ob die selbst erarbeiteten Mittel ausreichen, um die Existenz der Firma langfristig zu sichern.

Der Cashflow berechnet sich im Unternehmeralltag aus dem Jahresgewinn vor Steuern plus Abschreibungen. Betriebswirtschaftlich exakt müssten auch noch Veränderungen bei den Reserven, Rückstellungen, Rücklagen, betriebsfremde Erträge bzw. Aufwände, Warenlager und Privatbezüge einberechnet werden.

Im Minimum muss der Cashflow – wie oben erwähnt – die Abschreibungen decken, denn so bleibt die Substanz des Unternehmens erhalten. Ohne Gewinn ist das Unternehmen nicht in der Lage, Fremdkapital zurückzuzahlen oder Erweiterungsinvestitionen vorzunehmen.

Der Cashflow von drei Jahren sollte ausreichen, um das ganze Fremdkapital zurückzuzahlen.

> **STICHWORT**
>
> ### Deckungsbeitrag
>
> Der Deckungsbeitrag kann für jedes einzelne Produkt oder jede einzelne Dienstleistung berechnet werden; er zeigt an, ob Sie damit Gewinn erwirtschaften oder Verlust einfahren.
>
> Denn zumindest mittel- und langfristig macht es keinen Sinn, wenn Sie zwar gute Umsätze verbuchen und einen ausgelasteten Betrieb führen, aber nicht kostendeckend arbeiten.
>
> Um den Deckungsbeitrag zu ermitteln, müssen Sie – etwas vereinfacht gesagt – die variablen Kosten vom Umsatz abziehen. Der verbleibende Betrag hilft, die Fixkosten des Betriebs abzudecken.
>
> Liegt der Anteil der Fixkosten an Ihren Gesamtkosten beispielsweise bei 30 Prozent, so sollte auch der Deckungsbeitrag eines Produkts mindestens 30 Prozent betragen. Sonst machen Sie darauf Verlust oder müssen es mit Hilfe von profitableren Produkten quersubventionieren.
>
> Ist der Deckungsbeitrag höher als der Anteil der Fixkosten, so machen Sie auf dem Produkt Gewinn.
>
> Wie hoch der durchschnittliche Deckungsbeitragssatz liegt, ist bei den Branchenverbänden zu erfahren.
>
> Daraus lässt sich dann auch errechnen, wie viel Umsatz man mindestens erzielen sollte. Liegt der Deckungsbeitrag wie im obigen Beispiel bei rund 30 Prozent und entspricht das in Ihrem Unternehmen 60 000 Franken, so sollten Sie mindestens 200 000 Franken Umsatz erwirtschaften, um kostendeckend zu arbeiten.

Auch Optimisten sollten an den Worst Case denken

Liquidität, Debitoren- und Lagerbewirtschaftung, Rentabilität und Kapitalstruktur sind sehr wichtige Kennzahlen, die Ihnen helfen zu beurteilen, wie Ihr Unternehmen dasteht. Naturgemäss neigen gerade Jungunternehmer dazu, ihre Firma und deren Aussichten allzu positiv zu bewerten. Es fehlt oft an Erfahrungswerten, dafür sind umgekehrt die Begeisterung und der Glaube an die Zukunft gross. Das

---

TIPP

Betriebskontrolle für Fortgeschrittene

Wer in einem grösseren Betrieb den Geschäftsverlauf präzis überwachen und den Erfolg mit mehreren Parametern messen will, hat ausgefeilte Instrumente zur Verfügung, die hier nur kurz angedeutet werden sollen. Fragen Sie zu näheren Details Ihren Buchhalter oder einen Unternehmensberater.

■ **Kennzahlen der Lagerhaltung.** Je kürzer die durchschnittliche Lagerdauer, desto tiefer das «tote» Kapital. Eine möglichst kurze Lagerdauer ist also anzustreben. Die Lagerbuchhaltung kann Auskunft darüber geben, ob der Lagerumschlag häufig genug stattfindet und ob die durchschnittliche Lagerdauer nicht zu lang ist.

■ **Debitorenkontrolle.** Ihre Liquidität hängt entscheidend davon ab, wie rasch Sie Rechnung für Ihre Leistungen stellen und wie pünktlich Ihre Kunden bezahlen. Wie die durchschnittliche Zahlungsmoral Ihrer Kunden ist, können Sie mit dem Debitorenumschlag und dem Debitorenziel messen.

Der Debitorenumschlag zeigt an, wie oft die ausstehende Summe der Debitoren im Gesamtumsatz enthalten ist. Je höher die Zahl, desto besser.

Das Debitorenziel ist die durchschnittliche Zeit, die zwischen Fakturierung (Rechnungsstellung) und Zahlungseingang verstreicht.

■ **Rentabilität.** Über den mittel- und langfristigen Erfolg entscheidet die Rentabilität des Unternehmens. Darunter versteht man das Verhältnis zwischen dem erzielten Erfolg (also dem Überschuss des Ertrags über dem Aufwand) und dem dafür eingesetzten Kapital.

Die Gesamtrentabilität zeigt das Verhältnis des Erfolgs zum gesamten eingesetzten Eigen- und Fremdkapital. Liegt die Gesamkapitalrendite über den Zinsen für das Fremdkapital, dann liegt die Rendite insgesamt höher als die Zinsen, die das Unternehmen auf das Fremdkapital bezahlen muss – oder einfacher ausgedrückt: Die Firma rentiert.

Weil hier das gesamte Kapital in die Berechnung einfliesst, ist diese Kennzahl aussagekräftiger, als wenn nur das Eigenkapital berücksichtigt wird.

Die Betriebsrentabilität gibt Auskunft darüber, in welchem Verhältnis der Betriebsgewinn zum eingesetzten Betriebskapital steht.

Die Betriebskapitalrendite ist insbesondere im Mehrjahresvergleich interessant: Sinkt sie, so kann dies ein ernstes Zeichen für eine Krise sein.

soll auch so sein – die Euphorie darf aber nicht zu Fehleinschätzungen verleiten.

Es lohnt sich darum, in verschiedenen Szenarien zu denken und sie auch schriftlich zu fixieren. Das vermeintlich realistische Budget sollte man vorsichtshalber als optimistische Variante betrachten und zusätzlich ein konservatives und ein pessimistisches Budget (für den sogenannten Worst Case) erstellen.

**7
Buchhaltung**

8 Steuern: So holt der Fiskus seinen Teil
Einkommenssteuer und Firmenbesteuerung

Selbständige zahlen zwar Einkommenssteuern, können aber wie Unternehmen steuerlich alles absetzen, was «geschäftsmässig begründet» ist. Das schafft einen grossen Ermessensspielraum. Aktiengesellschaften und GmbH müssen Ertrags- und Kapitalsteuern zahlen.

Grundsätzlich müssen Unternehmen und Selbständige den Gewinn versteuern – und zwar im Rahmen ihrer «normalen» Einkommenssteuern; sie können also die geschäftsbedingten Ausgaben von den Einnahmen abziehen.

Investitionen in Autos, Einrichtungen sowie Liegenschaften sind aber nicht im ersten Jahr bzw. im Jahr des Kaufes voll abzugsfähig: Sie dürfen als Abschreibungen nur auf einige Jahre verteilt den Ausgaben belastet werden.

Ein Beispiel: Das Firmenauto mit einem Anschaffungspreis von 50 000 Franken ist steuerlich nach einem Jahr noch 30 000 Franken wert. Die Differenz von 20 000 Franken (40 Prozent) dürfen Selbständige als Abschreibung das erste Jahr unter den Ausgaben verbuchen.

Wie rasch Selbständige ein Gebäude, ein Fahrzeug und ihre Büroeinrichtungen steuerlich abschreiben dürfen, ist genau festgelegt. Die Sätze variieren von 3 bis 45 Prozent jährlich (siehe Kasten links).

Wer Fahrzeuge oder Computer least statt kauft, kann die gesamten Kosten bzw. die jährlichen Leasinggebühren dem entsprechenden Geschäftsjahr belasten.

In Spezialfällen, etwa wenn das Warenlager veraltet und kaum noch verkäuflich ist, sind höhere Abschreibungssätze möglich. Üblich sind Tieferbewertungen auf Warenlager von 33 bis 35 Prozent.

Viele Kantone gestatten zudem, dass man Standard-Computersoftware sofort nach dem Kauf auf null abschreibt.

Auch die Rückstellungen sind steuerwirksam

Selbständige können in der Jahresbilanz für bestimmte Risiken

So viel dürfen Selbständige jedes Jahr abschreiben

Gegenstand	Prozentsatz (maximal)
Geschäftshäuser (Gebäude und Land)	3%
Geschäftshäuser (nur Gebäude)	4%
Gastwirtschaften/Hotels	6%
Fabriken, Werkstätten, Lagergebäude	8%
Lagereinrichtungen	15%
Geschäftseinrichtungen/Mobiliar	25%
Apparate/Maschinen	30%
Autos	40%
Büroeinrichtungen/IT (Hardware und Software)	40%
Patente/Lizenzen/Goodwill	40%
Werkzeuge	45%
Geschirr/Wäsche	45%

Bei den Zahlen handelt es sich um Richtgrössen (kantonale Abweichungen sind möglich) für degressive Abschreibungssätze. Das heisst: Die Abschreibungssätze beziehen sich immer auf den Restwert. Beispiel Lagereinrichtungen mit 15%: Nach dem ersten Jahr liegt der Wert bei 85% (85% von 100), nach dem zweiten Jahr bei 72,25% (85% von 85) und so weiter.

Tipp: Wurden in den Vorjahren wegen schlechten Geschäftsgangs nicht die höchstzulässigen Abschreibungssätze genutzt, kann man dies in den darauf folgenden Jahren nachholen.

Rückstellungen vornehmen – zum Beispiel für Schuldner, die nicht zahlen, für drohende Prozesskosten, später fällig werdende Entschädigungszahlungen usw.

Rückstellungen sind also finanzielle Belastungen, die sich erst in der Zukunft realisieren lassen und deren Ursache in einem früheren Geschäftsjahr liegt.

Möglich sind etwa Nachforderungen von AHV und Mehrwertsteuer, wenn Umsatz oder Lohnsumme bei schnell wachsenden Unternehmen im vergangenen Jahr zu tief veranschlagt waren.

Stark gefährdete Forderungen darf man voll zurückstellen. Auf alle übrigen Inlandforderungen ist eine pauschale Wertberichtigung von 5 Prozent gestattet, auf Auslandforderungen sind es gar 10 Prozent. Einzelne Kantone gestatten den 10-Prozent-Abzug in der Praxis sogar auf die Gesamtsumme der offenen Rechnungen.

Aus steuerlicher Sicht heisst das: Solche Rückstellungen zählen im betreffenden Jahr zu den Aufwendungen, die den Gewinn schmälern – und die Steuerrechnung in diesem Jahr kleiner ausfallen lassen. Allerdings: Falls das angenommene Risiko nicht eintritt, muss die Rückstellung wieder «aktiviert» werden, sobald das vermeintliche Risiko weggefallen ist. Der Unternehmensgewinn steigt dann entsprechend.

Verluste senken die Steuerrechnung

Macht die Firma Verluste, ist das – rein steuerlich betrachtet – keine Tragödie, sondern im Gegenteil ein Vorteil. Denn solche Verluste kann man anschliessend noch während sieben Jahren von den zukünftigen Gewinnen abziehen – und so eben-

Fortsetzung auf Seite 123

Verwaltungsräte gelten als Angestellte

Verwaltungsräte, Stiftungsräte und ähnliche Funktionsträger gelten sozialversicherungsrechtlich und steuerlich nicht als Selbständigerwerbende, sondern als Angestellte. So will es das Gesetz über die Mehrwertsteuer von 2001.

Bis zu diesem Zeitpunkt mussten Verwaltungsräte auch Mehrwertsteuer auf ihr Honorar abführen. Jetzt müssen sie es nur noch als Einkommen versteuern.

IN DIESEM KAPITEL

- **120** Mit Abschreibungen Steuern sparen
- **120** Tabelle mit Abschreibungssätzen
- **120** Auch Rückstellungen sind steuerwirksam
- **122** Nebenerwerb – oder gar kein Erwerb? Das Problem der «Hobby-Börseler»
- **123** Geschäftliches und Privates sauber trennen!
- **123** Hobby oder Erwerb? Künstler und Sammler müssen sich vorsehen
- **124** Lohn für die Ehefrau: Was ändert?
- **124** Privatbezüge dem Geschäftsgang anpassen
- **125** Steuern sparen mit 2. und 3. Säule
- **126** Die Ertragssteuern für AG und GmbH
- **127** Die Kosten für den Steuerberater sind meist gut investiertes Geld
- **128** So wird die Ertragssteuer berechnet
- **129** Vereinfachte Saldobesteuerung mit Pauschalen
- **130** Die Mehrwertsteuer
- **130** Der Vorsteuerabzug

Börsenprofis müssen Kapitalgewinne versteuern

Für Privatanleger sind Kapitalgewinne aus Börsengeschäften steuerfrei. Wer jedoch gewerbsmässig mit Wertschriften handelt, muss seine Kapitalgewinne als Einkommen versteuern.

Für Unternehmen und professionelle Vermögensverwalter oder Wertschriftenhändler gehört der Kauf und Verkauf von Wertschriften zum Geschäftszweck. Die Wertschriftenhändler bestreiten ihren Lebensunterhalt zumindest teilweise aus den erzielten Börsengewinnen. Für sie ist der Kapitalgewinn ihr normales Einkommen und deshalb auch als solches zu versteuern.

Dafür dürfen sie ihre Verluste quasi als Berufsaufwand mit den erzielten Gewinnen und anderen Einkünften aufrechnen. In einem schlechten Börsenumfeld, wie wir es in den Jahren 2001/02 und 2007 bis 2009 und 2011 erlebt haben, kann das durchaus seine Vorteile haben.

Allerdings ist zu beachten, dass man nicht einfach wahlweise in schlechten Jahren als selbständiger Wertschriftenhändler auftreten kann und in guten Börsenjahren wieder den Kleinsparer mit Hang zur Börse mimt. Der Weg zurück ist dann weitgehend verbaut.

Wie alle andern auch, dürfen professionelle Wertschriftenhändler die entstandenen Kosten für Bankspesen etc. abziehen.

Kriterien, die für Profis sprechen

Die Grenze zwischen privater Vermögensverwaltung und professionellem Handel ist jedoch fliessend. Für die Steuerpflicht ist beim Bund und in den meisten Kantonen ausschlaggebend, ob die Tätigkeit «gewerbsmässig» erfolgt. Kriterien dafür:

- Auftritt am Markt als Wertschriftenhändler
- Häufige und grosse Börsengeschäfte
- Verwendung spezifischer Kenntnisse, z.B. als Bankangestellter oder als Börsenmakler
- Sofortige Wiederanlage erzielter Börsengewinne
- Börsengeschäfte auf Kredit oder fremde Rechnung.

Manchmal genügt es, wenn nur ein einziges dieser Kriterien erfüllt ist. Diese Haltung vertreten nebst der Eidgenössischen Steuerverwaltung die Kantone AI, AR, GE, GL, GR, JU, LU, NE, SG, TI, VD und VS.

Nachdem das Bundesgericht am 1. März 2000 die oben stehenden Kriterien als verbindlich erklärt hat, haben aber auch die andern Kantone ihre Praxis massiv verschärft. Die Zeiten, wo nur jene Leute als gewerbsmässige Wertschriftenhändler eingestuft wurden, die über eine Börsenlizenz verfügen, sind jedenfalls vorbei.

Kreisschreiben schafft Klarheit

Im Kreisschreiben Nr. 8 vom 27. Juli 2012 der Hauptabteilung DVS sind verbindliche Kriterien festgehalten, die bei der Abgrenzung zum Börsenprofi helfen sollen. Ist nur schon ein Kriterium nicht erfüllt, droht die Gefahr, als professioneller Wertschriftenhändler eingestuft zu werden:

- Die Haltedauer der Wertschriften beträgt mindestens ein Jahr.
- Der Umsatz beträgt weniger als das Fünffache des Bestandes zu Jahresbeginn.
- Die Kapitalgewinne betragen weniger als die Hälfte der steuerbaren Einkünfte.
- Es besteht kein enger Zusammenhang mit der sonstigen beruflichen Tätigkeit.
- Die Anlagen sind nicht fremdfinanziert oder die steuerbaren Vermögenserträge (Zinsen, Dividenden) sind grösser als die entsprechenden Schuldzinsen.
- Derivate (Optionen) beschränken sich auf die Absicherung von Wertschriftenpositionen.

Wer als gewerbsmässiger Händler tätig ist, muss übrigens auf seine Kapitalgewinne auch AHV- und die übrigen Sozialversicherungsbeiträge entrichten. Dabei kommt der Satz für Selbständige zur Anwendung, auch wenn der Wertschriftenhandel nur im Nebenjob erfolgt.

Fortsetzung von Seite 121

falls die Steuerrechnung reduzieren. Die Idee dahinter: Unternehmer müssen den Gewinn versteuern – aber wirklich nur den effektiven Gewinn. Und eine Periode von einem einzigen Jahr sagt wenig über den tatsächlichen Erfolg einer Firma aus.

Geschäftliches und Privates genau auseinanderhalten!

Wichtig für Selbständige: Weil sie weiterhin als natürliche Personen Einkommenssteuern zahlen, müssen sie private Ausgaben und geschäftliche Auslagen sauber trennen. Das private Motorboot oder das Auto dürfen nicht der Firma belastet werden, wenn es einzig privaten Zwecken dient. Auch geht es nicht an, sich die Kinder von der Lehrtochter hüten oder den privaten Weinkeller auf Geschäftskosten füllen zu lassen.

Grundsätzlich dürfen Selbständige alles als Auslage abziehen, was geschäftsmässig begründet ist. Geschäftsbedingte Reisen sind steuerlich massgeblicher Aufwand, private nicht.

Wird ein Geschäftswagen auch privat benutzt oder wohnt ein Unternehmer in einer Liegenschaft des Betriebs, muss er sich den pri-

Hobby oder Erwerbstätigkeit? Künstler und Sammler können die Unkosten nicht immer voll abziehen

Im Grundsatz gilt: Damit jemand seine Geschäftsunkosten bei den Steuern abziehen kann, muss die Steuerbehörde zuerst den Status der Selbständigkeit anerkennen.

Erfolgreiche Freizeitmaler oder -musiker, die ihre Leidenschaft zum Beruf machen, können da Probleme bekommen. Ebenso passionierte Sammler, die ihre Sammlung der Öffentlichkeit zugänglich machen und dafür Eintritt verlangen möchten.

Denn solange die verkauften Bilder oder die Eintritte ins Privatmuseum erst einen Unkostenbeitrag, aber noch keinen namhaften Ertrag abwerfen, gehen die Steuerbehörden und auch die Gerichte von einem Hobbybetrieb aus.

Nachteil: Die Kosten, die dabei entstehen, können nicht als Geschäftsaufwand vom Einkommen abgezogen werden, sondern zählen zum normalen Lebensunterhalt. Konzertgagen, Verkaufserlös oder Eintrittseinnahmen müssen solche Betroffene aber trotzdem als zusätzliches (Neben-)Einkommen versteuern.

Wer dieser Steuerfalle aus dem Weg gehen möchte, tut gut daran, den Steuerbehörden gleich einen kleinen Businessplan vorzulegen (siehe Kapitel 1 auf Seite 20 ff.), aus dem hervorgeht, wann man damit rechnet, einen positiven Ertrag zu erwirtschaften, und wann man voraussichtlich teilweise oder vollständig von der neuen selbständigen Tätigkeit leben kann.

Auch Kreditzusagen von Banken oder Auftragsbestätigungen von Veranstaltern usw. können hilfreich sein, damit auch die Steuerbehörden die Selbständigkeit anerkennen.

Wichtig: Es kann durchaus sein, dass die AHV solchen Personen den Selbständigenstatus bereits zugestanden hat – doch dieser Umstand ist für die Steuerbehörde keineswegs bindend.

Es kann also durchaus passieren, dass jemand in den Augen der AHV selbständig ist, für die Steuerbehörde hingegen nicht – und dass diese Person also ihren Geschäftsaufwand trotzdem nicht geltend machen kann.

vat genutzten Teil als Einkommen aufrechnen lassen.

Korrekt zwischen den privaten und geschäftlichen Auslagen unterscheiden müssen Selbständige auch bei

- **Hotel-, Restaurant- und Reisespesen:** Zweck und Namen allenfalls eingeladener Geschäftspartner sind zu belegen. Ob für das Geschäftsessen tatsächlich ein Nobelrestaurant nötig war oder ob die betriebseigene Kantine auch gereicht hätte, liegt hingegen im Ermessen des Selbständigerwerbenden.
- **Berufskleidern:** Reine Arbeitskleider darf man steuerlich geltend machen, nicht jedoch Anzug und Krawatte, weil man beides auch privat tragen könnte.
- **Weiterbildung:** Vertiefende Fachkurse sind geschäftsmässiger Aufwand, ebenso Fachliteratur. Der Hobby-Kochkurs oder das TV-Programmheft fallen jedoch nicht darunter.
- **Prämien und Gebühren:** Versicherungsprämien, Telefontaxen, Konzessionsgebühren für Radio und TV, Anwaltshonorare usw. sind nach Privat- und Geschäftsaufwand aufzuschlüsseln.

Wichtig: Sämtliche abzugsfähigen Kosten müssen belegt werden.

Private Ausgaben «versteckt»: Es drohen Nachsteuern

Stellt sich bei einer Steuerrevision heraus, dass ein privater Aufwand über das Geschäft lief, kann dies böse Folgen haben: Das Unternehmen weist dann einen höheren Ertrag aus. Dieser Betrag wird dem «Sünder» als zusätzliches Privateinkommen aufgerechnet. Und darauf werden Nach- und allenfalls sogar Strafsteuern fällig.

Zudem muss der Selbständige in einem solchen Fall damit rechnen, dass die Steuerbehörde die AHV-Behörde informiert, die dann auch noch Sozialversicherungsabgaben auf das nicht ausgewiesene Einkommen erhebt.

Privatbezüge kann man dem Geschäftsgang anpassen

Bis zu einem gewissen Grad sind auch Steueroptimierungen zwischen privatem Einkommen (also Lohnbezug des Geschäftseigentümers)

FRAGE

Lohn für die Ehefrau: Was ändert?

Meine Frau hat in der Startphase meines Betriebes gratis mitgearbeitet. Nun will ich ihr einen Lohn zahlen. Was ändert punkto Steuern?

- Der Gewinn Ihres Unternehmens wird wegen des neuen Aufwandpostens (Lohn plus Sozialleistungen) kleiner – die Steuerrechnung des Betriebes dafür entsprechend tiefer.
- Ihre Frau muss den Lohn versteuern – das erhöht die Steuerrechnung des Ehepaares. Das können Sie teilweise auffangen, indem Sie sich selber einen kleineren Lohn auszahlen.
- Ihre Frau kann der Betriebs-Pensionskasse beitreten. Die entsprechenden Prämien sind steuerfrei. Mehr noch: Mit regelmässigen weiteren Zahlungen (Einkäufe bis zum reglementarisch höchstzulässigen Betrag) kann sie ihre Steuern (bzw. die Steuerrechnung des Ehepaares) senken.
- Ihre Frau kann nun Beiträge an die Säule 3a einzahlen. Auch das vermindert das steuerbare Einkommen des Ehepaares.

Geschäftswagen für Privatgebrauch: Achtung, Steuern!

Benützt ein Angestellter ein Geschäftsauto auch für private Zwecke, muss er monatlich 0,8 Prozent des Kaufpreises als Einkommen versteuern.

Es ist also zu überlegen, ob man nicht besser sein Privatauto für Geschäftszwecke benutzen und dies dem Betrieb als Spesen in Rechnung stellen soll. Ein Mittelklassewagen kostet je nach Fahrleistung pro Jahr schnell einmal 70 Rappen pro Kilometer. Autospesen in diesem Umfang erhöhen das steuerbare Einkommen nicht.

Im Lohnausweis sind grundsätzlich alle Lohnnebenleistungen des Arbeitgebers zu deklarieren. Aber auch hier gilt: keine Regel ohne Ausnahme. Ein kostenloser Parkplatz am Arbeitsort etwa muss nicht auf den Lohnausweis und führt nicht zu höherem Bruttoeinkommen.

und Unternehmensgewinn möglich: Macht das Geschäft absehbar einen Verlust, so kann es sinnvoll sein, seine eigenen Bezüge (Salär, Spesen usw.) zu reduzieren.

Folge: Als Privatperson zahlt der Unternehmer wegen des kleineren «Lohns» weniger Steuern, und das Geschäft gerät nicht in die Verlustzone (was gegen aussen einen schlechten Eindruck hinterlässt).

Die ausgewiesenen (tiefen) Privatbezüge müssen aber in einem vernünftigen Verhältnis zur privaten Vermögensentwicklung und zum Lebensaufwand stehen.

Umgekehrt gilt: Macht das Geschäft absehbar Gewinne, kann der Unternehmer sein Privateinkommen wieder erhöhen. So zahlt er privat zwar wieder etwas mehr Steuern, der steuerbare Gewinn des Geschäfts wird dafür kleiner.

Massiv überhöhte Saläre werden allerdings von den Steuerbehörden auch nicht akzeptiert: Sie

---

TIPP

Steuern sparen mit der 2. und der 3. Säule

Pensionskasse. Bei üppigen Geschäftsgewinnen können Betriebe Arbeitgeber-Beitragsreserven bilden. Es handelt sich dabei um Zuweisungen an die Personalvorsorgeeinrichtung, die den Gewinn und damit die Steuerlast drücken und gleichzeitig ein Reservepolster für schlechte Zeiten darstellen.

3. Säule. Beiträge an die gebundene Vorsorge (Säule 3a) sind immer Privataufwand – auch für alle Selbständigen.

Ist ein Selbständiger keiner Pensionskasse angeschlossen, darf er in der dritten Säule bis zu 20 Prozent seines AHV-pflichtigen Einkommens als steuerbegünstigte Altersvorsorge einzahlen, maximal aber 33 840 Franken (Stand 2016).

Ist er Mitglied bei der betriebseigenen Vorsorgeeinrichtung, so sind es maximal 6768 Franken – wie bei den Angestellten (Betrag: Stand 2016).

> **TIPP**
>
> **Steuererleichterungen von Bund und Kantonen**
>
> Praktisch alle Kantone kennen Steuererleichterungen für neu gegründete oder zugezogene Betriebe. Das Steueramt kann eine teilweise oder vollständige Steuerbefreiung sowie höhere Abschreibungssätze für maximal zehn Jahre gewähren.
>
> Hilft der Kanton, so kann auch der Bund mit Bürgschaften, Zinskostenbeiträgen oder Steuererleichterungen helfen, allerdings nur wenn es sich um Rand- und Berggebiete handelt.

gelten als verdeckte Gewinnausschüttungen und werden als zusätzlicher Unternehmensgewinn aufgerechnet.

Um solche Schwierigkeiten zu vermeiden, sollten die Lohnbezüge im branchenüblichen Rahmen lie-

> **TIPP**
>
> **Steuern sparen mit der richtigen Wahl des Geschäfts- und Wohnorts**
>
> Die von Kanton zu Kanton und von Gemeinde zu Gemeinde unterschiedlichen Steuersätze machen es möglich: Wie Privatpersonen können auch Unternehmen durch geschickte Standortwahl Steuern sparen.
>
> Einzelfirmen versteuern den gesamten Geschäftsgewinn inklusive Lohn des Inhabers am Geschäftssitz des Inhabers. Nur das übrige Einkommen und das Privatvermögen des Inhabers fallen an dessen Wohnort an.
>
> Analog verhält es sich bei einer Kollektiv- und Kommanditgesellschaft. Die Gesellschafter versteuern ihren Lohn aber am Wohnort.
>
> AG und GmbH versteuern ihren Unternehmensgewinn und ihr Kapital am Ort des Geschäftssitzes. Aktionäre bzw. Gesellschafter versteuern ihr Einkommen, ihre Dividenden und ihr Privatvermögen an ihrem Wohnort.

gen und im Verhältnis zur Finanzkraft des Unternehmens stehen.

Geschäfts- oder Privatliegenschaft?

Bei Liegenschaften, die geschäftlich wie auch privat genutzt werden, kommt es steuermässig auf den Hauptzweck an: Nutzen Sie das Gebäude zu mehr als der Hälfte für geschäftliche Zwecke, so erfassen es die Steuerbehörden im Prinzip als Geschäftsliegenschaft.

Allerdings muss der Inhaber, der in der eigenen Geschäftsliegenschaft wohnt, dem Geschäft aus seiner Privatschatulle eine angemessene Miete zahlen. Sind diese Mietkosten nicht marktkonform, wird die Steuerbehörde dies kompensieren, also als zusätzliche Einnahmen beim Geschäftsergebnis dazuschlagen.

Die Ertragssteuern für AG und GmbH

AG und GmbH werden als Unternehmen besteuert, ihre Aktionäre und Gesellschafter als Privatpersonen. Das schafft klare Verhältnisse: Privates und Geschäftliches sind sauber getrennt, es gibt keine Dispute um die korrekte Abgrenzung von privaten Lebenshaltungskosten und geschäftsmässig notwendigem Aufwand.

Allerdings: Die klare Trennung führt zu einer Doppelbesteuerung. Zunächst wird der Reingewinn bei der AG besteuert, dann fallen beim Aktionär Einkommenssteuern auf die ausgeschüttete Dividende an.

Immerhin: Der Bund und alle Kantone gewähren eine Entlastung von 30 bis 65 Prozent auf die Besteuerung der Dividende der Hauptaktionäre. Voraussetzung: Eine Beteiligung von mindestens 10 bis 20 Prozent am Gesellschaftskapital (je nach Kanton).

Analog verhält es sich mit dem Aktienkapital. Bei der AG sind darauf Kapitalsteuern fällig und beim Aktionär Vermögenssteuern aufgrund des Aktienwerts.

Firmen können sich nicht von der Kirchensteuer befreien

Was beim Privaten die Einkommenssteuer, ist bei der AG und der GmbH die Ertragssteuer. Diese Gewinnsteuer fällt beim Bund, bei den Kantonen und bei der Gemeinde an.

Die Steuerpflicht beginnt am Tag der Eintragung ins Handelsregister.

In den meisten Kantonen kommen noch Kirchensteuern dazu – und zwar an die Landeskirchen (reformierte, römisch-katholische und häufig die christkatholische Kirche, in Basel-Stadt und St. Gallen auch die jüdische Gemeinde).

Im Kanton Waadt ist die Kirchensteuer bereits in den kantonalen Abgaben inbegriffen. Im Wallis

---

TIPP

Kosten für den Steuerberater: Meist gut investiertes Geld

Für Selbständigerwerbende und Unternehmen lohnt sich der Beizug eines Fachmanns praktisch immer – auch wenn die Honorare für den Steuerberater oder den Treuhänder in anspruchsvolleren Fällen rasch einmal auf ein paar Tausend Franken anwachsen.

Gut qualifizierte Steuerberater kosten zwischen 150 und 250 Franken pro Stunde. Ausgesprochene Spezialisten, die sich auch im internationalen und im Wirtschaftssteuerrecht auskennen, verlangen gar bis zu 600 Franken Honorar pro Stunde.

Es ist deshalb unbedingt empfehlenswert, vorgängig einen Kostenvoranschlag und allenfalls Konkurrenzofferten einzuholen.

Die Kosten sind aber nur eines der zu beachtenden Kriterien bei der Auswahl des richtigen Beraters. Mindestens ebenso wichtig sind seine Fachkompetenz, seine Neutralität, sein Engagement und seine Referenzen.

Im Zweifelsfall vorher Zustimmung einholen. Hat man sich mit seinem Treuhänder oder Steueranwalt grundsätzlich für eine Steuerstrategie entschieden, so lohnt es sich zumindest bei komplexeren Vorgängen (Neugründung, Übernahme, Fusion, Sanierung, Firmenverkauf, Nachfolgeregelung usw.), vor Abschluss der Transaktion mit den Steuerbehörden Kontakt aufzunehmen und für das geplante Vorgehen die offizielle Zustimmung (ein sogenanntes Ruling) einzuholen.

Das Prozedere kann mehrere Wochen dauern und je nach Umfang der erforderlichen Abklärungen mehrere Hundert bis tausend Franken an Anwaltskosten verursachen. Das Steuer-Ruling selbst ist normalerweise kostenlos.

Unter dem Strich kann sich der Aufwand aber lohnen, weil die Steuerbehörden an ihren eigenen Vorbescheid in der Regel gebunden sind.

Wichtig: Auch wer seine Steuererklärung extern von einem Fachmann erstellen liess, haftet selber mit seiner Unterschrift für deren Richtigkeit und Vollständigkeit.

Erteilt ein Steuerfachmann aber falsche Auskünfte, die er bei genügender Sorgfalt hätte vermeiden können, so muss er für den entstandenen Schaden aufkommen. So hat das Bundesgericht im Oktober 2001 entschieden.

> **TIPP**
>
> **Eine saubere Buchhaltung ist für Unternehmer Pflicht**
>
> Unternehmer und Gewerbler sind grundsätzlich verpflichtet, eine ordnungsgemässe Buchhaltung zu führen. Sie ist Grundlage für Besteuerung und AHV.
>
> Von dieser Verpflichtung sind einzig allein tätige Freiberufler befreit, also beispielsweise Künstler, Musiker, Schriftsteller oder Therapeuten, die normalerweise keine Angestellten haben (siehe Seite 123).
>
> Alle Selbständigerwerbenden jedoch – also auch Freiberufler – müssen während zehn Jahren sämtliche wichtigen Belege (Einnahmen, Ausgaben, Vermögen, Schulden, Privatentnahmen) geordnet aufbewahren.
>
> Falls Sie keine brauchbare Jahresrechnung und auch keine Buchhaltung einreichen oder wenn die angegebenen Daten allzu stark vom Branchendurchschnitt abweichen, kann die Steuerbehörde eine Ermessenseinschätzung vornehmen.
>
> Die Aufwendungen vor dem Geschäftsstart (für Reisen, Inserate, Lieferanten, Beratungs- und Gründungskosten usw.) darf man dem ersten Geschäftsjahr belasten – allerdings nur, wenn die entsprechenden Belege vorliegen.

kennen nur einzelne Gemeinden die Kirchensteuer und in Genf, Neuenburg und im Tessin ist die Bezahlung freiwillig.

Übrigens: Firmen müssen die Kirchensteuer auf jeden Fall zahlen, sie können nicht wie Private aus der Kirche austreten und so diese Steuerpflicht loswerden.

Ertragsbesteuerung: Basis ist der Reingewinn

Wie wird die Gewinnsteuer berechnet? Der Bund sowie die beiden Appenzell, Freiburg, Genf, Jura, Luzern, Neuenburg, Nidwalden, Obwalden, Tessin, Thurgau, Waadt und Zürich als auch die Gemeinden in den Kantonen Basel-Landschaft und Uri wenden einen proportionalen Steuersatz an.

Das ist eine einfache Steuer in Prozenten des Gewinns – ein fester Satz also, der beim Bund 8,5 Prozent und in den Kantonen und Gemeinden zwischen 2 und 24 Prozent beträgt. Am günstigsten ist der Kanton Zug, die höchsten Gewinnsteuern haben die beiden Halbkantone Basel sowie Genf, Glarus, Solothurn und Zürich.

Alle übrigen Kantone verfügen über ein gemischtes System, das die Ertragsintensität berücksichtigt. Diese Ertragsintensität ergibt sich aus dem Verhältnis zwischen Kapital und Reserven einerseits und dem erzielten Reingewinn andererseits. Die kantonalen Modelle im Einzelnen:

- Basel-Stadt erhebt auf die Grundsteuer einen progressiven Zuschlag.
- Aargau, Baselland, Bern, Solothurn, Wallis und Zug kennen ein gemischtes, mehrstufiges Tarifsystem, das nach der Höhe des Gewinns abgestuft ist.

In den Kantonen Aargau, Appenzell Inner- und Ausserrhoden, Basel-Stadt, Graubünden, Ob- und Nidwalden sowie St. Gallen erheben die Gemeinden bei juristischen Personen keine Gemeindesteuer, sondern beteiligen sich am Ertrag der Kantonssteuer. Oder der Kanton erhebt für die Gemeinden einen Zuschlag.

Wichtig: Die Gewinnsteuer ist nicht nur auf den ausgewiesenen Reingewinn (Ertrag minus Aufwand) fällig, sondern auch auf den geschäftsmässig nicht begründeten Aufwand (nicht begründete Abschreibungen oder Rückstellungen, verdeckte Gewinnausschüttungen usw.).

Dafür gelten die Steuerzahlungen selber als steuermindernder Aufwand, weil es Kosten sind, die durch den Betrieb des Unternehmens entstehen. Dies im Gegensatz zu den Steuern von Privatpersonen. Privathaushalte können Lebenshaltungskosten nicht von den Steuern abziehen.

Nur die Kantone besteuern das Kapital der Gesellschaft

Sämtliche Kantone, nicht aber der Bund, erheben auch Steuern auf das Gesellschaftskapital. Üblich ist eine proportionale Abgabe in der Höhe von 3 bis 9 Promille. Nur gerade die Kantone Genf, Graubünden und Wallis wenden einen Stufen- bzw. Proportionaltarif an.

In den meisten Kantonen erfasst die Kapitalsteuer das Aktien- respektive das Stammkapital sowie die Reserven.

TIPP

Vereinfachte Saldobesteuerung mit Pauschalen

Zur Vereinfachung der Steuerabrechnung können Unternehmen mit einem Umsatz von maximal 5,02 Millionen Franken und einer Mehrwertsteuerlast von maximal 109 000 Franken im Jahr zum Saldosteuersatz abrechnen.

Das ist eine Pauschalbesteuerung, basierend auf Erfahrungswerten aus den verschiedenen Branchen, und damit viel einfacher und zeitsparender als die effektive Abrechnung.

Statt pro Quartal muss nach der Saldomethode nur halbjährlich abgerechnet werden. Der grosse Vorteil besteht aber darin, dass der Umsatz pauschal erfasst wird und nicht mehr jeder einzelne Beleg auf- oder abgerechnet werden muss.

Selbstverständlich dürfen Sie den Vorsteuerabzug nicht mehr geltend machen, wenn Sie mit Saldopauschalen abrechnen. Gegenüber den Kunden muss man weiterhin die jeweils üblichen Mehrwertsteuersätze und nicht seinen Saldosteuersatz ausweisen.

Die Pauschalen für den Saldosteuersatz schwanken zwischen 0,1 Prozent für Hufschmiede (bei denen die Wertschöpfung gegenüber den eingekauften Rohstoffen offenbar sehr gering ist) und Temporärfirmen oder Übersetzungsbüros mit 6,7 Prozent. Berechnungsbasis ist der Jahresumsatz inkl. Mehrwertsteuer.

Rund ein Drittel aller KMU in der Schweiz profitieren von der vereinfachten Saldobesteuerung. Es lohnt sich aber, genau zu überprüfen, ob sich die Saldomethode für Ihren Betrieb eignet. Grosse Anfangsinvestitionen, die Weitergabe von Aufträgen an Unterakkordanten oder ein hoher Anteil an Exporten sprechen dagegen, weil Sie den (in solchen Fällen überdurchschnittlich hohen) Vorsteuerabzug nicht vornehmen dürfen.

Achtung: Mitglieder von Bürogemeinschaften müssen bei der Saldobesteuerung aufpassen, dass sie nicht zu viel Mehrwertsteuern zahlen müssen. Je nach Organisation und Auftreten nach aussen wird die Gemeinschaft zusätzlich zu jedem einzelnen Mitglied als Steuersubjekt behandelt.

Wer sich für die Methode der Saldobesteuerung entschieden hat, muss mindestens ein Jahr dabei bleiben. Danach kann auf die effektive Abrechnungsmethode gewechselt werden, welche man anschliessend mindestens drei Jahre anwenden muss.

Die Mehrwertsteuer

Die Mehrwertsteuer (MwSt.) soll als Verbrauchssteuer die Konsumentinnen und Konsumenten belasten und nicht die Unternehmen. So weit die Theorie. In Tat und Wahrheit belastet die Mehrwertsteuer aber die meisten Unternehmen finanziell und administrativ noch mehr als alle andern Steuern:
- finanziell, weil die Mehrwertsteuer die Produkte und Dienstleistungen verteuert. Die dadurch verursachten Mehrkosten lassen sich am Markt aber nur sehr beschränkt durchsetzen und kaum auf die Kunden abwälzen;
- administrativ, weil die Abrechnung der Mehrwertsteuer zu den aufwendigsten Tätigkeiten gehört, mit denen der Unternehmer und die Buchhaltung belastet sind.

Die Mehrwertsteuer wird ausschliesslich vom Bund erhoben, und zwar auf den inländischen Umsätzen sowie auf Importen. Dabei kommen folgende Sätze zur Anwendung:
- Im Normalfall liegt die MwSt. bei 8,0 Prozent des Umsatzes.
- Hotelübernachtungen (inkl. Frühstück) werden mit 3,8 Prozent belastet.
- Lebensmittel und alkoholfreie Getränke, Bücher, Zeitungen und Zeitschriften, Medikamente sowie Sport- und Kulturveranstalter profitieren von einem reduzierten Satz von 2,5 Prozent.

Der Vorsteuerabzug entlastet die Rechnung

Bei Gütern und Dienstleistungen, die direkt an die Konsumentinnen und Konsumenten gehen, muss die Mehrwertsteuer im angeschriebenen Endpreis inbegriffen sein. Anders sieht es im Geschäftsverkehr aus: Hier sind Nettopreise zuzüglich Mehrwertsteuer üblich.

In diesem Kontext spielt der Vorsteuerabzug eine wichtige Rolle.

TIPP

Beachten Sie die formellen Anforderungen!

Erfüllt eine Rechnung die formellen Vorschriften der Eidgenössischen Steuerverwaltung nicht, so ist der Vorsteuerabzug darauf hinfällig. Absolut zwingend sind:
- Name und Adresse des Lieferanten sowie seine Unternehmensidentifikationsnummer (UID)
- Name und Adresse des Empfängers (bei Kassenzetteln ab 400 Franken, Stand 2016)
- Lieferdatum
- Genaue Bezeichnung der Lieferung oder Dienstleistung
- Der Preis der Lieferung bzw. Dienstleistung
- Angewandter Mehrwertsteuerbetrag

In eng umschriebenen Fällen sind Nachbesserungen zwar möglich (Formular Nr. 1550), in der Regel ist das Geld für den Vorsteuerabzug aber verloren, wenn die Rechnung die formellen Vorschriften der ESTV nicht erfüllt.

Und damit nicht genug: Nebst der Nachzahlung der zu Unrecht einbehaltenen Vorsteuer sind nach konstanter Praxis der Mehrwertsteuerbehörde auch noch ein Nachzins von 5 Prozent sowie häufig auch Strafsteuern fällig. Dies, weil man gar keinen Fehler begangen hätte, wenn man den Sachverhalt vorher genügend sorgfältig abgeklärt hätte.

Er bedeutet: Durchläuft eine Ware auf dem Wertschöpfungsweg – vom Rohmaterial bis hin zum fertigen Produkt – mehrere Stationen, kann die jeweils betroffene Station denjenigen MwSt.-Betrag abziehen, den die früher damit befasste Station bereits bezahlt hat.

Die Tabelle auf Seite 132 erläutert das Beispiel einer Kleiderboutique. Sie kann als Vorsteuerabzug diejenigen Summen abziehen, die vom Importeur bzw. vom Kleiderfabrikanten bereits gezahlt wurden.

In der Praxis läuft das so, dass man der Eidgenössischen Steuerverwaltung (ESTV) vierteljährlich eine Selbstdeklaration zukommen lässt, in welcher die auf die getätigten Umsätze geschuldete Mehrwertsteuer aufaddiert wird.

Von diesem MwSt.-Bruttobetrag können wie erwähnt alle Vorsteuerbeträge abgezogen werden, die bereits durch Lieferanten oder (bei Importen) der Eidgenössischen Zollverwaltung abgeführt wurden.

Mehrwertsteuerpflichtig ist also nur die Bruttomarge. Ist die Vorsteuer höher als der geschuldete Betrag, zahlt die ESTV den Überschuss zurück; das kann beispielsweise passieren, wenn das Unternehmen Waren teuer einkaufen musste, sie aber nur zu Schleuderpreisen wieder verkaufen konnte.

Nicht alle Betriebe sind mehrwertsteuerpflichtig

Grundsätzlich sind alle Unternehmen MwSt.-pflichtig – unabhängig von ihrer Rechtsform. Weil jedoch der damit verbundene administrative Aufwand für die Unternehmen

> **STICHWORT**
>
> **Vereinbartes und vereinnahmtes Entgelt**
>
> Das steuerpflichtige Unternehmen kann mit der ESTV aufgrund der eingegangenen Zahlungen («vereinnahmtes Entgelt») oder aufgrund der Rechnungen an den Kunden («vereinbartes Entgelt») abrechnen.
>
> Die meisten Firmen rechnen quartalsweise nach dem vereinbarten Entgelt ab, weil dieses System auf ihrer Debitoren- und Kreditorenbuchhaltung basiert. Der Nachteil: Rücksendungen und Debitorenverluste müssen nachträglich korrigiert werden.
>
> Die Abrechnung nach vereinnahmtem Entgelt bedarf einer speziellen ESTV-Bewilligung. Dieses System eignet sich vor allem für Kleinstunternehmen, die keine Debitorenbuchhaltung führen.

und den Staat sehr hoch ist, gibt es eine Umsatzlimite von 100 000 Franken pro Jahr: Umsätze, die darunter liegen, fallen nicht unter die MwSt.-Pflicht.

Allerdings: Wer keine Mehrwertsteuern abführt, kann auch keine Vorsteuern geltend machen.

Wer bei Geschäftsaufnahme unsicher ist, ob er die Schwelle von 100 000 Franken erreicht, hat drei Monate Zeit, um erste Erfahrungen zu sammeln und sich dann gegebenenfalls bei der ESTV anzumelden.

Wo der Fall klar ist, muss die Anmeldung innerhalb von einem Monat nach Aufnahme der Geschäftstätigkeit erfolgen. Daraufhin erhält man seine Unternehmensidentifikations- bzw. Mehrwertsteuernummer, die auf allen Rechnungen stehen muss.

Land- und Forstwirte sowie Gärtner sind für Produkte aus dem eigenen Betrieb ebenfalls von der Mehrwertsteuer befreit.

Auch MwSt.-befreit sind das Gesundheits- und Sozialwesen, Unterricht, Kultur, Geld- und Kapitalverkehr (nicht aber Vermögensberatung und Inkasso), Versicherung, Vermietung von Wohnungen, Liegenschaftshandel und der Waren- und Dienstleistungsexport ins Ausland, sofern der geforderte Nachweis erbracht wird.

Wer will, kann sich freiwillig der Mehrwertsteuer unterstellen
Die Befreiung von der Mehrwertsteuer ist administrativ ein grosser Vorteil, kann aber ein Nachteil sein, weil der Vorsteuerabzug auch wegfällt (ausser beim Export).

Zudem verlangen viele Auftraggeber Abrechnungen, damit sie ihrerseits die Vorsteuer geltend machen können.

Deswegen können sich Unternehmen auch freiwillig der Mehrwertsteuer unterstellen. Wer dies tut, muss aber für mindestens ein Jahr bei seinem Entscheid bleiben.

Auf Investitionen im Hinblick auf die Geschäftsaufnahme darf man die Vorsteuer bereits geltend machen, auch wenn man noch keine steuerbaren Umsätze erzielt (sogenannte Einlageentsteuerung).

Mehrwertsteuer und Vorsteuerabzug: So funktioniert es

Die Wertschöpfungskette vom Stoffimport über die Kleiderfabrik bis zur Boutique:

		in Fr.
Importeur verkauft Stoff an die Kleiderfabrik	Verkaufswert	10 000.–
(Annahme: Der importierte Warenwert beträgt	+ 8,0 % MwSt.	800.–
Fr. 5000.–, darauf würden Fr. 400.– MwSt. erhoben)	Rechnungsbetrag	10 800.–
Mehrwertsteuerabrechnung des Importeurs	Umsatzsteuer	800.–
	abzüglich Vorsteuer	–400.–
	Importeur muss MwSt. abliefern in der Höhe von	400.–
Kleiderfabrik fertigt Kleider und	Verkaufswert	30 000.–
liefert sie an Boutique	+ 8,0 % MwSt.	2 400.–
	Rechnungsbetrag	32 400.–
Mehrwertsteuerabrechnung der Kleiderfabrik	Umsatzsteuer	2 400.–
	abzüglich Vorsteuer	–800.–
	Kleiderfabrik muss MwSt. abliefern in der Höhe von	1 600.–
Boutique verkauft Kleider an Kundinnen	Verkaufswert	70 000.–
	+ 8,0 % MwSt.	5 600.–
	Rechnungsbetrag	75 600.–
Mehrwertsteuerabrechnung der Boutique	Umsatzsteuer	5 600.–
	abzüglich Vorsteuer	–2 400.–
	Boutique muss MwSt. abliefern in der Höhe von	3 200.–

FRAGE

Kann ich rückwirkend auf den Saldosteuersatz verzichten?

Ich bin Inhaber eines Beratungsbüros für Energiefragen. Seit der Firmengründung vor zwei Jahren rechne ich zum Saldosteuersatz von 5,2 Prozent mit der Mehrwertsteuer ab. Nun hat sich aber gezeigt, dass ich mit einer effektiven Abrechnung besser gefahren wäre. Kann ich rückwirkend zur normalen Abrechnungsmethode wechseln?

Nein. Die einmal gewählte Methode gilt mindestens für ein Jahr. Die Abrechnung mittels branchenüblicher Saldosteuersätze soll nämlich nur eine administrative, nicht aber eine steuerliche Entlastung bringen, hat die Eidg. Steuerrekurskommission am 14. Oktober 2003 entschieden.

Im Einzelfall kann es also durchaus vorkommen, dass ein Unternehmen vom Durchschnittssatz profitiert, während ein anderes damit schlechter fährt als mit der effektiven Abrechnungsmethode. Rückwirkende Änderungen sind nicht möglich. Damit soll verhindert werden, dass die Saldomethode zur Steueroptimierung missbraucht wird.

Eigenverbrauch führt zu Vorsteuerkürzung

Geschäftsinhaber und ihre Familien müssen auch leben – und das tun sie in aller Regel auch dank Produkten und Dienstleistungen aus dem eigenen Betrieb, die für sie billiger sind, als wenn sie sich damit bei der Konkurrenz eindecken.

Als «Endkonsumenten» ihrer eigenen Kleider, Computer, Sanitärartikel usw. dürfen sie allerdings die Vorsteuer auf diesen Teil ihrer Auslagen nicht abziehen.

Doch manchmal ist die Ausscheidung gar nicht so einfach. Das gilt vor allem für Naturalbezüge im eigenen Lebensmittelgeschäft oder bei der privaten Nutzung eines Firmenwagens.

Aus diesem Grund kennt die Mehrwertsteuerverwaltung Pauschalabzüge für Firmeninhaber sowie für ihre Familienangehörigen und Angestellten.

Auch wer von der öffentlichen Hand Unterstützungsbeiträge (Subventionen, Förderbeiträge usw.) erhält, muss in der anteiligen Höhe eine Vorsteuerkürzung auf den Umsatz vornehmen, weil sonst eine steuerlich nicht gerechtfertigte doppelte Entlastung erfolgen würde.

9 Nachfolge und Liquidierung
Wenn das Firmenleben zu Ende geht...

Die meisten Unternehmer träumen davon, ihr Werk am Ende eines erfüllten Lebens einem würdigen Nachfolger zu übergeben. Statistisch gesehen ist die Chance allerdings grösser, dass ein einmal gegründetes Unternehmen einfach wieder verschwindet.

Gut 37 000 Unternehmen werden in der Schweiz jedes Jahr gegründet. Fast 25 000 stellen aber Jahr für Jahr ihre Tätigkeit auch wieder ein. Etwa 10 000 Unternehmer müssen jährlich den Gang zum Konkursrichter antreten. Ihr Unternehmen geht in Nachlassstundung, muss im schlechteren Fall Konkurs anmelden und wird liquidiert.

Die weitaus meisten Unternehmen schliessen in aller Stille. Sie stellen ihre Tätigkeit ein, der Inhaber verkauft alles, was noch einen gewissen Wert hat, und bezahlt damit die letzten offenen Rechnungen. Die verbleibenden Kundenaufträge gehen an ein befreundetes Unternehmen aus der gleichen Branche. Der Handelsregistereintrag wird gelöscht – und der Rest ist Geschichte.

Meist sind die Ursachen banal:
- Die Kinder möchten den elterlichen Betrieb nicht übernehmen, weil sie sich längst eine eigene Existenz aufgebaut haben.
- Die Suche nach einem geeigneten Nachfolger ausserhalb der Familie hat man so lange hinausgezögert, bis es zu spät war.
- Die Geschäftsidee ist überholt, weil notwendige Investitionen in neue Technologien nur noch zögerlich getätigt wurden.
- Produkte und Maschinenpark sind veraltet.
- Das Geschäft hat die letzten Jahre nur deshalb überlebt, weil sich der Unternehmer und häufig auch seine mitarbeitende Gattin selbst kaum einen angemessenen Lohn gegönnt haben.

Frühzeitig planen ist besser als (zu) lange hoffen und verdrängen

In vielen Fällen wäre das schleichende Ende eines Unternehmens allerdings nicht nötig gewesen. Voraussetzung wäre jedoch eine frühzeitige Abkehr vom Prinzip «Hoffen und Verdrängen», oder noch besser, es gar nicht so weit kommen zu lassen.

Denn viele hoffen zu lange, dass die eigene Tochter oder der eigene Sohn sich doch noch irgendwann eines Besseren besinnt und das väterliche Unternehmen übernimmt.

Und viele verdrängen zu lange, dass man selber immer älter wird

---

TIPP

Nachfolge in der eigenen Familie: Erbrechtliche Fragen beachten!

Soll eines von mehreren Kindern das Unternehmen allein übernehmen, stellen sich erbrechtliche Fragen, die Sie am besten schon frühzeitig und im Einvernehmen mit allen Erbberechtigten lösen. Insbesondere gilt es, die Pflichtteilsvorschriften zu beachten.

Schwierig ist das vor allem dann, wenn nebst dem Unternehmen kaum andere private Vermögenswerte vorhanden sind, mit denen Sie die Ansprüche der übrigen Erben befriedigen können.

In solchen Fällen sollten Sie einen Anwalt oder eine Anwältin konsultieren.

und die langjährige Erfahrung den eigenen Leistungsabbau, den Mangel an Innovationswillen und eine gewisse Alterssturheit längst nicht mehr zu kompensieren vermag.

Wer das Unternehmen wenigstens über zwei oder drei Generationen in der eigenen Familie halten will, muss sich frühzeitig mit der Nachfolge beschäftigen. Den Betrieb gar in die vierte Generation zu «retten», ist dann noch schwieriger; das schaffen nur gerade 4 Prozent aller Unternehmen.

Psychologisch ist die Beschäftigung mit der Nachfolge oft alles andere als angenehm; wer denkt schon gerne daran, dass er in absehbarer Zeit unnötig, ja gar unerwünscht werden und vielleicht sogar vor der Zeit sterben könnte. Aber solche Überlegungen sind notwendig – im Interesse des Unternehmens, der Mitarbeitenden und der Familie.

Transparenz schafft Vertrauen innerhalb der eigenen Familie

Wie auch immer man seine eigene Nachfolge regeln möchte, wichtig ist grösstmögliche Transparenz, zumindest in der eigenen Familie.

Diese Transparenz ist nicht erst dann gefragt, wenn der auserkorene Nachfolger vorgestellt wird, sondern schon vorher – in einem Prozess, der sich über all die Jahre hinzieht und eine vertrauensvolle Atmosphäre schafft.

Viele Unternehmer pflegen dazu einen Familienrat oder geben sich sogar eine Art Familiencharta. An regelmässigen Treffen informieren sie über das Unternehmen und diskutieren wichtige strategische und personelle Fragen. Dieses Vorgehen schafft Verständnis und Bindung zum Familienunternehmen, vor allem aber verhindert es Misstrauen.

Nachfolge in der Familie: Es braucht Willen und Eignung

Spätestens mit 55 Jahren sollte man mit seiner Familie auch die Frage der eigenen Nachfolge in der Unternehmensleitung diskutieren. Dabei sollte man in aller Offenheit besprechen, wer gegebenenfalls innerhalb der Familie als Nachfolger in Frage kommt. Denn nicht jedes Familienmitglied, das kann,

Fortsetzung auf Seite 137

IN DIESEM KAPITEL

- **135** Die Nachfolge in der Familie
- **136** Nachfolgeregelung: Diese Punkte müssen Sie in Betracht ziehen
- **137** Der Firmenverkauf an Käufer ausserhalb der Familie
- **138** Firmenwert und Verkaufspreis sind nicht dasselbe
- **138** Steuerfolgen beim Verkauf eines Geschäfts
- **139** Was ist eine Firma wert? So rechnen die Spezialisten
- **140** So erkennen Sie Krisensymptome
- **141** Massnahmen gegen Rentabilitätskrisen
- **142** Vorsicht vor unseriösen Kredithaien
- **143** Geld eintreiben: Von der Zahlungserinnerung bis zu Betreibung
- **144** Betreibungsauszug und Inkassobüro
- **145** Hafte ich als Verwaltungsrat persönlich?
- **146** Insolvenzerklärung und Bilanzdeponierung
- **147** Das Nachlassverfahren

9
Nachfolge, Liquidation

CHECKLISTE

Nachfolgeregelung: Diese Punkte sollten Sie in Betracht ziehen

1. Aufnahme des Ist-Zustandes
- Persönliche Verhältnisse
- Vollständige Namensliste der Familienmitglieder beziehungsweise der zu begünstigenden Nahestehenden, Verwandtschaftsbeziehungen, Geburtsdaten usw.
- Vertragliche Bindung
- Angaben über das anwendbare Güterrecht, Inhalt von Ehe- bzw. Erbverträgen, letztwillige Verfügungen
- Vertragliche Abmachungen von Dauer wie zum Beispiel Nutzniessungen, Leibrentenvereinbarungen usw.
- Vermögensverhältnisse (Zusammensetzung und Einzelbewertung des Privatvermögens; Bewertung des Geschäftsvermögens; absehbare Steuerschulden auf dem Privatvermögen; absehbare Steuerschulden auf dem Geschäftsvermögen; Pensionskasse und Lebensversicherungen)
- Lebenshaltungskosten (Aufteilung der bedingten und unbedingten Lebenshaltungskosten).

2. Vorstellungen bezüglich der Nachfolgeregelung oder Nachlassaufteilung
- Anforderungsprofil für eine erfolgversprechende Besetzung
- Qualifikation und Auswahl möglicher Nachfolger aus der Familie oder aus dem Kreis der Nahestehenden
- Preisvorstellungen bei einer Nachfolgeregelung innerhalb bzw. ausserhalb der Familie
- Modalitäten der Kaufpreisfinanzierung
- Verträglichkeit einer Schenkung bzw. eines Erbvorbezugs
- Überlegungen zur Nachlassaufteilung (Gleichstellung/Bevorzugung/Sachwertzuweisung).

3. Überprüfung der Realisierbarkeit der Übergabe
- Menschlich (Eignung des Nachfolgers; sinnvolle Rückzugsmöglichkeit für den bisherigen Geschäftsinhaber)
- Organisatorisch (Grösse des Betriebes und Organisation der Führung)
- Finanziell (Überprüfung der Praxisbewertung und des Zukunftsrisikos; Abschätzen der zukünftigen Lebenshaltungskosten und Einkommen; Errechnen der finanziellen Konsequenzen für den abtretenden Unternehmer und dessen Lebenspartner, für den Nachfolger bezüglich Finanzierbarkeit und für den Betrieb punkto Liquidität und Bestand)
- Güterrechtlich (Werden erbrechtliche Pflichtteile verletzt? Werden bestehende Ehe- und/oder Erbverträge eingehalten?)
- Abschätzen der steuerlichen Konsequenzen.

4. Ausarbeiten von Lösungsalternativen
- Übergabe innerhalb der Familie oder an Nahestehende
- Übergabe an Mitarbeiter
- Übergabe an Aussenstehende.

5. Entscheidung (Beurteilung der Lösungsalternativen anhand der näheren Wunschvorstellungen)
- Auswahl der optimalen Lösung mit den Direktbetroffenen
- Planung des weiteren Vorgehens.

6. Ausarbeiten des notwendigen Vertragswerks
- Kauf-/Nachfolgevertrag
- Ehe-/Erbvertrag oder Testament (unter Umständen auch für Nachfolger)
- Erstellen/Anpassen von Pflichtenheften/Reglementen usw.

7. Zielgerichtete Umsetzung der Lösung
- Vertragsunterzeichnung/Erfüllung der Zahlungsverpflichtungen
- Information geschäftsintern und -extern
- Planmässige Übergabe der Geschäftsführung.

Fortsetzung von Seite 135

will auch – und nicht jedes, das will, ist auch geeignet.

Wenn eine Tochter oder ein Sohn das elterliche Unternehmen nicht übernehmen will, so sollte man sie auch nicht dazu nötigen. Schliesslich muss jeder Mensch selber entscheiden, wie er glücklich werden möchte. Und auch das Unternehmen selber kann nur florieren, wenn sich die Führungspersonen dabei wohlfühlen.

Heikler ist die Frage, ob ein Kind, das die Unternehmensführung übernehmen möchte, auch wirklich dafür geeignet ist.

Doch auch in dieser Frage ist Offenheit und Transparenz angesagt. Selbstverständlich hilft es, wenn ein Sohn oder eine Tochter schon ein paar Jahre im Betrieb mitgearbeitet hat und sich in verschiedenen Chargen bewähren konnte.

Letztlich hilft aber nur eine Frage, um sich wirklich Gewissheit zu verschaffen, ob es die richtige Person für die Aufgabe ist: «Würde ich diesem Menschen die Führung des Unternehmens auch anvertrauen, wenn es nicht mein Sohn oder meine Tochter wäre?»

Verkauf ausserhalb der Familie: Das sind die Möglichkeiten

Steht innerhalb der Familie kein geeigneter Nachfolger zur Verfügung, so bietet sich ein Verkauf an das Management, der Direktverkauf an Dritte oder auch der Verkauf über einen Börsengang an.

Ein Börsengang, das sogenannte Initial Public Offering (IPO), kommt nur für grössere Unternehmen (ab ca. 100 Millionen Franken Jahresumsatz) in Frage und ist auch nur in enger Zusammenarbeit mit einer Bank zu bewerkstelligen, weshalb hier nicht weiter darauf eingegangen werden soll.

Der Management-Buyout ist befriedigender

Der Verkauf an die bestehende Geschäftsleitung, ein Management-Buyout, ist in der Regel befriedigender als eine Veräusserung an irgendwelche fremde Aussenstehende: So besteht meist Gewähr, dass das Unternehmen kompetent und im Sinne des Firmengründers weitergeführt wird.

Zudem ist ein MBO auch in den Augen der Mitarbeitenden meistens die beste Lösung, weil so am wenigsten Unsicherheit über die künftige Strategie aufkommt.

Auf der andern Seite ist der Erlös aus einem MBO in der Regel tiefer als bei einem normalen Verkauf, weil das Management meist nicht über genügend Mittel verfügt, um das Geschäft zum «Normalpreis» zu übernehmen. Doch auch so wird sich das Management oft verschulden und die Zinsen aus den künftigen Erträgen bezahlen müssen.

Wichtig: Zügel wirklich loslassen und nicht mehr dreinreden

In einer Übergangsphase kann es beim Management-Buyout sinnvoll sein, noch ein paar Monate im Unternehmen zu bleiben und beispielsweise im Bereich Finanzen oder Technologie beratend mitzuwirken.

Die Steuerfolgen beim Verkauf des Geschäfts

Bei einer Geschäftsaufgabe muss man auch die Buch- und Liquidationsgewinne (Mehrerlös gegenüber den Werten in der Buchhaltung) als Einkommen versteuern.

Beim Verkauf einer Einzelfirma oder Kollektiv- und Kommanditgesellschaft findet immer eine Liquidation statt, da Sie die Firma nicht als Ganzes, sondern nur Aktiven und Passiven daraus verkaufen können.

Die Steuerbehörde taxiert den so realisierten Liquidationsgewinn als Einkommen, das Sie versteuern müssen. Je nach Standort fressen diese Steuern bis 40 Prozent Ihres Gewinns, hinzu kommen bis 9,5 Prozent AHV. In dieser Situation empfiehlt sich die Umwandlung der Einzelfirma bzw. Kollektiv- und Kommanditgesellschaft in eine Aktiengesellschaft. Grund: Wird eine AG – respektive deren Aktien – verkauft, resultiert ein steuerfreier Kapitalgewinn.

Aber Vorsicht: Die Umwandlung in eine AG muss mindestens fünf Jahre vor dem Verkauf erfolgen, sonst taxiert der Fiskus die Transaktion als Steuerumgehung und nicht als steuerfreien Verkauf. Zudem darf die Übertragung nur zu Buchwerten erfolgen und der Betrieb muss unverändert weitergeführt werden.

Wie auch bei einer Nachfolgeregelung in der eigenen Familie gilt aber auch hier, dass man bald einmal die Zügel wirklich loslassen und sich definitiv zurückziehen sollte. Am besten gibt man schon frühzeitig einen terminierten Übergangsplan bekannt – und hält sich dann auch daran.

Auch Zwischenlösungen, wie beispielsweise als Verwaltungsratspräsident noch eine Art Oberaufsicht ausüben zu wollen, bringen oft mehr Nachteile als Vorteile. Die neue Geschäftsführung und die neuen Aktionäre können ihre Strategie nur dann verwirklichen und das Unternehmen erfolgreich führen, wenn sie nach innen und nach aussen die Zügel klar in der Hand haben.

Beim Verkauf an Dritte kann ein befreundetes Unternehmen aus der gleichen oder einer nah verwandten Branche in Frage kommen, das durch eine Übernahme oder Fusion seine Produktpalette ergänzen oder seinen Kundenstamm erweitern möchte – oder ganz einfach einen Konkurrenten ausschalten will.

Bei solchen Dritten kann es sich aber auch um Investoren handeln, die in der Firma ein grosses Ertragspotenzial sehen und deshalb an einer Übernahme interessiert sind.

Firmenwert und Verkaufspreis sind nicht dasselbe

Um für das Unternehmen einen angemessenen Preis zu lösen, braucht es viel Vorbereitung und auch viel Zeit.

Die meisten Unternehmer glauben, sie könnten für ihre Firma mindestens den Steuerwert lösen, also jenen Wert, den sie gemäss «Praktikermethode» in ihrer Steuererklärung als Vermögen deklarieren müssen (siehe Kasten auf der Seite rechts).

Doch das ist bei weitem nicht immer der Fall. Oft bekommen sie nicht einmal die Hälfte des Steuerwerts. Das hängt fundamental mit dem Unterschied zwischen Wert und Preis zusammen.

Wie auch immer man den Wert eines Unternehmens einschätzen mag – letztlich liegt nur das drin, was jemand zu zahlen bereit ist. Und das ist halt oftmals weniger, als man sich erhofft hatte.

Trotzdem sollte man sich ein möglichst objektives Bild vom Wert des eigenen Unternehmens machen, bevor man sich in Verkaufsverhandlungen einlässt. Dazu gibt es eine ganze Reihe von Methoden, die alle mehr oder weniger tauglich sind und die alle etwa das gleiche Resultat ergeben sollten, falls man sie sauber anwendet – wenigstens in der Theorie (siehe Kasten unten).

In der Realität wird man allerdings feststellen, dass die Ergeb-

Was ist eine Firma wert? So rechnen die Spezialisten

Unternehmensberater, Treuhänder oder Spezialisten für Firmenübernahmen haben teils ausgeklügelte Methoden, um den Wert eines Unternehmens zu berechnen. Sie sollen hier nur ganz knapp angedeutet werden.

In jedem Fall aber gilt: Bevor der Spezialist rechnen kann, muss der Betriebsinhaber überhaupt in der Lage sein, die dazu benötigten Fein-Kennzahlen des Betriebes zu liefern.

Substanzwertmethode. Hier bestimmt sich der Unternehmenswert aufgrund des Eigenkapitals und der stillen Reserven abzüglich der fälligen bzw. absehbaren Steuern. Diese Methode vernachlässigt die Ertragslage des Unternehmens und ist deshalb wenig empfehlenswert.

Praktikermethode. Nach dieser realitätsnäheren Methode berechnen die Steuerbehörden den Verkehrswert von nicht kotierten Firmen. Er basiert auf dem Betriebsgewinn (Ertragswert) der beiden letzten Jahre sowie dem Substanzwert (zu versteuerndes Vermögen) des Unternehmens. Konkret: Man nimmt zweimal den Ertragswert, zählt den Substanzwert dazu und teilt die Summe durch drei.

Alternativ ist es auch zulässig, die letzten drei Geschäftsjahre als Basis zu nehmen.

Discounted Cashflow. Weit verbreitet ist heute die Wertberechnung aufgrund des Discounted Cashflow (DCF). Die DCF-Methode geht nicht (bzw. nicht nur) von vergangenen Erträgen aus, sondern will vor allem wissen, mit welchen Erträgen ein Investor künftig rechnen darf. Basis ist der künftige geschätzte Free Cashflow nach Steuern, weil ein Unternehmen letztlich nur so viel wert ist, wie sich damit in der Zukunft verdienen lässt.

Je nach Gewinnerwartung können mit der DCF-Methode unrealistisch hohe Firmenwerte resultieren, die sich am Markt nicht erzielen lassen. Sie eignet sich darum fast nur für bestandene Unternehmen, die seit Jahren regelmässig einen kontinuierlich wachsenden Gewinn erwirtschaften.

Ebit-Methode. Profis arbeiten heute verbreitet auch mit der sogenannten Ebit-Methode. Sie basiert auf dem Nettoertrag vor Zinsen und Steuern. Professionelle Investoren zahlen für ein Unternehmen häufig den 5- bis 7fachen Ebit-Wert, vorausgesetzt das Unternehmen erzielt regelmässig eine Eigenkapitalrendite von mindestens 12 Prozent und das Gewinnwachstum ist intakt.

Die Ebit-Methode vermittelt ein sehr realistisches Bild, eignet sich aber nur für bestandene Unternehmen, weil junge oder stark expandierende Firmen meist noch keinen angemessenen Gewinn ausweisen können.

9
Nachfolge, Liquidation

> **CHECKLISTE**
>
> ### Wenn es bergab geht:
> ### Die Krisensymptome
>
> - Geschäftspartner beklagen sich über mangelhafte Qualität, ungenügende Dienstleistungen, veraltete Produkte usw.
> - Stammkunden wechseln zur Konkurrenz.
> - Unzufriedene Kunden drohen, sich an die Medien zu wenden.
> - In der Branche kursieren Gerüchte über Ihr Unternehmen.
> - Die Krankheits- und Ausfallzeiten der Belegschaft steigen.
> - Das Betriebsklima verschlechtert sich.
> - Die Personalfluktuation steigt.
> - Die Kosten wachsen schneller als der Umsatz.
> - Die Mahnungen häufen sich.
> - Der Stand des Geschäftskontos verschlechtert sich.
> - Der Anteil Fremdkapital wächst.
> - Sie können Liefertermine nicht einhalten.
> - Lieferanten verschärfen die Zahlungskonditionen.
> - Aufgrund der Finanzsituation müssen Sie Investitionen zurückstellen.
> - Das Unternehmen erwirtschaftet über mehr als zwei Jahre Verluste.
> - Die Lagerbestände wachsen.
> - Die Zahlungsmoral der Kunden verschlechtert sich.

lerdings nicht sein. Ein paar Beispiele dazu:
- Kleidergeschäft: ein halber Jahresumsatz
- Werbeunternehmen: eineinhalb Jahresumsätze
- Treuhandbüro: Honorarsumme eines Jahres
- Telemarketingunternehmen: Honorareinnahmen von neun Monaten
- Telekommunikationsunternehmen: Einkünfte von acht Monaten
- Golfplatz: 7-mal der Cashflow
- Reinigungsinstitut: 3-mal der Cashflow
- Pizzaladen: zwei Jahresumsätze
- Versicherungsagentur: eine Jahresprovision
- Lebensmittelgeschäft in der Stadt: 10 000 Franken pro 1000 Franken Wochenumsatz
- Getränkehandel: Substanzwert plus Fr. 1.50 pro verkauften Harass und Jahr.

nisse oft weit auseinanderklaffen und dass sich der tatsächlich zu erzielende Preis eher im unteren Bereich des Spektrums bewegt.

In vielen Branchen gibt es Erfahrungswerte

Aufgrund der im täglichen Leben effektiv getätigten Firmenverkäufe gibt es eine ganze Reihe von Näherungswerten für die erzielten Preise. Als Basis dient etwa ein Vielfaches der Bruttoverkäufe, des Gewinns oder von Produktionseinheiten. Mehr als grobe Anhaltspunkte können diese Angaben al-

Wer verkaufen will, muss auch das Intimste offenlegen

Bei allem Verständnis für das Bedürfnis, seine Geschäfts- und Produktionsgeheimnisse zu schützen, wird der verkaufswillige Unternehmer nicht darum herumkommen, ernsthaften Interessenten einen vertieften Einblick in die Geschäftsbücher und weitere Unterlagen zu gestatten. Schliesslich möchte niemand die Katze im Sack kaufen.

Dabei lohnt es sich, eine Vertraulichkeitserklärung unterschreiben zu lassen. Darin verpflichten sich die Interessenten, alle gewonnenen Informationen vertraulich zu behandeln; wird die Vertraulichkeit gebrochen, droht eine Konventionalstrafe.

Potenzielle Interessenten schicken dann ihre Rechts- und Finanzspezialisten vorbei, die eine eingehende Prüfung vornehmen und dabei insbesondere die technische, kommerzielle, finanzielle, rechtliche und steuerliche Situation des Unternehmens genau unter die Lupe nehmen; in der Fachsprache heisst das Due Diligence.

Auch die Qualität des verbleibenden Managements und der Mitarbeitenden wird ernst zu nehmende Anwärter interessieren.

Letztlich entscheidend ist (neben dem Preis), ob gewichtige Synergien zum eigenen Unternehmen des Interessenten vorhanden sind und ob sich Ihre Firma gut in seine eigene Gesellschaft integrieren lässt.

Ein Notverkauf drückt den Preis nach unten

Am schlechtesten ist der erzielbare Preis natürlich dann, wenn ein Notverkauf nötig wird. So weit sollte es aber gar nicht kommen, denn Krisen kündigen sich in aller Regel frühzeitig an. Es kommt nur darauf an, die Vorboten rechtzeitig zu erkennen – und dann auch rasch und mit Bestimmtheit zu reagieren.

Die Krisensymptome sind meist sogar unübersehbar, werden häufig aber einfach verdrängt (siehe «Checkliste» auf Seite 140. Ursachen können sein:

■ **Strategische Krise:** Die Erfolgsfaktoren sind nicht mehr wirksam genug. Es braucht ein neues Unternehmenskonzept.

■ **Rentabilitätskrise:** Umsatz- und Ertragsziele sowie die erforderlichen Deckungsbeiträge werden nicht erreicht. Es braucht kostensenkende und umsatzfördernde Massnahmen («Checkliste» unten).

■ **Liquiditätskrise:** Der Cashflow ist ungenügend – ein klassischer

CHECKLISTE

Massnahmen gegen Rentabilitätskrisen

Ein Unternehmen, das Gefahr läuft, in eine Rentabilitätskrise zu geraten, sollte umgehend Massnahmen ergreifen. Unter anderem stehen dazu folgende Wege offen:
- Überkapazitäten abbauen
- Produkte mit hohem Deckungsbeitrag fördern
- Verzicht auf Produkte ohne Deckungsbeitrag
- Provisionen nur noch auf den Deckungsbeitrag statt auf den Umsatz
- Preisnachlässe der Lieferanten und Gegengeschäfte verlangen
- Skontoabzüge konsequent nutzen
- Abbau der Produktevielfalt – Konzentration aufs Kerngeschäft
- Marktnischen ausnutzen
- Konkurrenzofferten einholen
- Teure durch günstigere Rohstoffe ersetzen
- Kostenbewusstsein im Betrieb steigern
- Mengenrabatte einfordern
- Mehr Leistung verlangen
- Produktion und Vertrieb beschleunigen
- Outsourcing unrentabler Bereiche
- Preiselastizität nach oben ausnutzen
- Flache Hierarchien einführen
- Aussendienst durch Direktmarketing ersetzen
- Optimieren der Steuerbelastung
- Verkauf oder Stilllegung von Betriebsteilen
- Personalabbau/Kurzarbeit
- Lohnkürzungen
- Standort überprüfen
- Rationalisieren der Abläufe
- Sanierungsspezialisten beiziehen
- Kooperationen oder Fusion.

9 Nachfolge, Liquidation

Krisenfall. Es braucht Sofortmassnahmen zur Liquiditätsverbesserung und zur Stärkung der Eigenmittel.

■ **Insolvenzkrise:** Gläubiger können nicht mehr voll befriedigt werden. Es braucht umgehend ein Sanierungskonzept, wenn der Konkurs noch aufgehalten werden soll.

KMU missbrauchen sich gegenseitig als Bank

Viele kleine und mittlere Unternehmer haben genug davon, bei den Banken um Kredite nachzufragen und dann doch abgewiesen zu werden oder trotz Sicherheiten und oft mehrjähriger, erfolgreicher Geschäftstätigkeit unakzeptable Kreditzinsangebote zu erhalten.

Sie haben sich vielmehr von den Banken zurückgezogen und versuchen, ihre Liquidität mit Kundenvorauszahlungen zu sichern. Oder sie versuchen Tauschhandel zu betreiben.

Am weitesten verbreitet ist die Praxis, quasi von Lieferantenkredi-

Fortsetzung auf Seite 144

TIPP

Vorsicht vor unseriösen Kredithaien

In ihrer finanziellen Not reagieren manche Unternehmer auf dubiose Kreditangebote, die sie im Inserateteil der Zeitung oder im Internet finden. Die Erfahrung zeigt, dass solche Kreditvermittlungen kaum jemals zu einem erfolgreichen Abschluss führen.

Meist treten die Vermittler als Verbindungsleute zu Investoren im Ausland auf. Als Voraussetzung für den versprochenen Kredit muss man aber zuerst Vorauszahlungen für die Eröffnung einer Niederlassung im betreffenden Land leisten. Zusätzlich wird oft noch der Abschluss einer Lebensversicherung verlangt.

Doch von da weg herrscht Funkstille: Das versprochene Venture Capital kommt selbstredend nie an, und ob die Niederlassung je gegründet worden ist, lässt sich kaum überprüfen.

Eine ganze Reihe von Kriterien und Merkmalen kann helfen, seriöse Kapitalgeber von Abzockern zu unterscheiden und zu erkennen, wann die Alarmglocken schrillen sollten. Vorsicht ist geboten, wenn der Vermittler:
■ keine konkreten Erfolgsausweise vorlegen kann,
■ über keinen Handelsregistereintrag verfügt,
■ kaum oder nur über Handy erreichbar ist,
■ Betreibungen laufen hat,
■ früher Konkurs anmelden musste,
■ erst frisch im Geschäft ist,
■ keine verbindliche Auskunft über die Herkunft der Finanzierungsgelder geben kann,
■ den Verdacht der Geldwäscherei nicht entkräften kann,
■ keine Leistungs- und Terminverpflichtungen eingehen will,
■ den Businessplan nicht interpretieren kann,
■ Kreditzinsen und Amortisation unrealistisch tief ansetzt,
■ Bargeld statt Banküberweisung verlangt bzw. anbietet,
■ ein kompliziertes Finanzierungsmodell vorschlägt.

Von der Zahlungserinnerung bis zur Betreibung

Leider zahlen viele Schuldnerinnen und Schuldner ihre Rechnungen verspätet – oder gar nicht. Ein gut ausgebautes Mahnwesen ist darum für Unternehmen ein Muss.

Üblich, aber nicht zwingend, ist ein mehrstufiges Verfahren: Kommt ein Schuldner seiner Zahlungsverpflichtung nicht innerhalb der vereinbarten Frist nach, erhält er eine Zahlungserinnerung. In den meisten Fällen beträgt die Zahlungsfrist 30 Tage, sie kann aber auch kürzer sein; der Entscheid darüber liegt im Belieben des Rechnungsstellers.

Nach weiteren 30 Tagen (je nach Belieben des Unternehmens auch kürzer) erhält der Schuldner die 1. Mahnung mit einer Zahlungsfrist von (beispielsweise) weiteren 10 Tagen. Lässt der Schuldner auch diese Frist wieder verstreichen, folgt die Betreibung am Sitz der Gesellschaft.

Das Betreibungsbegehren stellen Sie am Wohn- bzw. Geschäftssitz des Schuldners. Dafür reicht das Ausfüllen des Betreibungsbegehrens zuhanden des dortigen Betreibungs- und Konkursamtes.

Daraufhin erhalten Sie eine Rechnung für das Ausstellen des Zahlungsbefehls und die Betreibungsgebühr (je nach Höhe der Forderung in der Regel zwischen 100 und 500 Franken). Es handelt sich bei diesem Betrag um einen Vorschuss, der dann zu Ihrer Forderung geschlagen wird.

Nach Eingang Ihres Vorschusses erlässt das Betreibungsamt den Zahlungsbefehl und stellt ihn dem Schuldner zu. Begleicht der Schuldner die Rechnung nun innert 20 Tagen samt Zinsen und Kosten, so ist damit die Betreibung definitiv beendet.

Bezahlt der Schuldner nicht, bestreitet er die Berechtigung der Forderung aber auch nicht (macht er also keinen Rechtsvorschlag), können Sie innerhalb eines Jahres beim Betreibungsamt die Fortsetzung des Betreibungsbegehrens verlangen. Auch dafür steht Ihnen ein Formular zur Verfügung.

Achtung: Häufig lohnt es sich nicht, via Betreibungsverfahren vorzugehen. Denn die Kosten zahlt der Gläubiger. Und eine einfache Bestreitung der Forderung («Rechtsvorschlag») blockiert das Betreibungsverfahren.

Solange der Rechtsvorschlag besteht, ist das Betreibungsverfahren eingestellt. Ihnen als Gläubiger stehen nun je nach den Beweisen, die Sie in Händen halten, verschiedene Möglichkeiten offen:

■ Im besten (aber seltensten) Fall verfügen Sie über ein vollstreckbares gerichtliches Urteil. Damit können Sie beim Richter in einem raschen Verfahren die definitive Rechtsöffnung verlangen.

■ Sind Sie im Besitz einer vom Schuldner unterzeichneten Schuldanerkennung, so können Sie vom Richter die provisorische Rechtsöffnung verlangen. Schützt der Richter Ihre Forderung, so kann der Schuldner eine Aberkennungsklage einreichen. Kommt er damit durch, ist das Betreibungsverfahren blockiert. Wird die Klage abgewiesen, können Sie beim Betreibungsamt das Fortsetzungsbegehren stellen.

Ohne rechtskräftiges Urteil, ohne Schuldanerkennung oder einen klaren Vertrag müssen Sie aber nach einem Rechtsvorschlag des Schuldners das ordentliche zivilrechtliche Verfahren wählen. Dort findet im Unterschied zum Rechtsöffnungsverfahren ein Beweisverfahren statt. Es beginnt in den meisten Kantonen mit einer Klage ans Friedensrichter- oder Vermittleramt.

Ob sich eine Betreibung und das damit verbundene Prozessrisiko lohnen, hängt von den konkreten Umständen ab:
■ Verfügen Sie über genügende Beweismittel?
■ Lohnt sich der Aufwand oder ist die Forderung zu gering?
■ Ist beim Schuldner überhaupt etwas zu holen oder besitzt er weder Einkommen noch Vermögen? Ein Blick in das Betreibungsregister genügt in der Regel, um diese Frage zu beantworten.

Jedenfalls lohnt es sich kaum, Ihrem schlechten (weil verlorenen) Geld noch gutes Geld hinterherzuwerfen.

9 Nachfolge, Liquidation

Fortsetzung von Seite 142

ten zu leben, indem man die offenen Rechnungen erst mit grosser Verspätung zahlt.

Bloss noch jede dritte Rechnung wird heute innerhalb des gesteckten Zahlungsziels (normalerweise 30 Tage) beglichen. Der Durchschnitt liegt zurzeit bei 44 Tagen. Jede zehnte Rechnung wird gar erst nach 60 Tagen oder noch später bezahlt, wenn man den Zahlen der Kreditversicherungs- und Inkassofirma Atradius glauben darf.

Lieferantenkredite können sich zur Zeitbombe entwickeln

Lieferantenkredite via zu spät bezahlte Rechnungen sind heute viermal wichtiger als Bankhypotheken, die noch vor wenigen Jahren 80 Prozent aller Bankkredite an die kleinen und mittleren Unternehmen ausgemacht haben. Damit lassen sich zwar die laufenden Geschäfte knapp finanzieren. Für Investitionen und die Erschliessung neuer Geschäftsfelder oder Märkte reichen diese Mittel allerdings bei weitem nicht aus.

Noch schlimmer: Wenn alle KMU ihre Rechnungen verspätet zahlen und sich so gegenseitig als Bank missbrauchen, führt das zwangsläufig zu neuen und weiter verschärften Liquiditätsengpässen. Reisst die Kette, weil ein bedeutender Kunde zahlungsunfähig wird, so kann dies verheerende Folgen auf die Lieferanten haben, die ihrerseits zahlungsunfähig werden und wiederum eine ganze Reihe weiterer Unterlieferanten und Dienstleister in den Abgrund ziehen können.

Transparenz schafft Vertrauen – auch in Krisenzeiten

Steckt ein Unternehmen in der Krise, so zeigt sich, ob die bislang verfolgte Kommunikationspolitik gegenüber Mitarbeitenden, Me-

---

TIPP

Betreibungsauszug und Inkassobüro

Es gibt (leider) Geschäftsleute, die grundsätzlich erst dann zahlen, wenn man grobes Geschütz gegen sie auffährt. Im schlechtesten Fall lassen die Verantwortlichen die Firma in Konkurs gehen und führen dieselben Geschäfte einfach unter neuem Namen weiter.

Solchen Ärger kann man sich vielfach ersparen. Im Zweifelsfall lohnt es sich, vor Lieferung beim zuständigen Betreibungsamt einen Betreibungsauszug zu beschaffen (am Wohn- oder Geschäftssitz; Bestellung, Vertragsentwurf oder Rechnung als Interessensnachweis beilegen). Der Auszug aus dem Betreibungsregister kostet je nach Gemeinde zwischen 15 und 25 Franken.

Sind viele Betreibungen offen oder hat Ihr künftiger Geschäftspartner gegen sehr viele Forderungen Rechtsvorschlag erhoben, so rechtfertigt es sich, Vorauskasse zu verlangen. Lehnt er dies ab, so ist es in solchen Fällen meist besser, auf das (Verlust-) Geschäft zu verzichten.

Aber selbst ein blütenweisser Auszug ist keine Garantie, wenn die Person oder Firma vielleicht erst neu in dieser Gemeinde ist. Ein zentrales Betreibungsregister gibt es nicht.

Bonitätsauskünfte erteilen private Inkassobüros gegen Gebühr. Ebenfalls gegen Gebühr und zusätzliche Provision übernehmen sie auch das Inkasso.

Bei hartnäckigen Zahlungsverweigerern kann sich der Einsatz eines Inkassobüros rechtfertigen. Die Grundkosten dafür liegen bei ein paar Hundert Franken; hinzu kommt eine erfolgsabhängige Provision von bis zu 50 Prozent. Ein Inkassobüro lohnt sich also erst ab Rechnungsbeträgen in der Gesamthöhe von mehreren Tausend Franken.

dien und Öffentlichkeit eine tragfähige Basis geschaffen hat. Denn wer erst jetzt das Gespräch und Verständnis sucht, kommt zu spät.

Aber auch Unternehmen, die bisher eine saubere, transparente Kommunikation betrieben haben, dürfen sich nun nicht einfach ins Schneckenhaus zurückziehen. Informieren Sie also rasch, übernehmen Sie die Verantwortung für die Situation und seien Sie erreichbar für Fragen von innen und aussen.

Wichtig ist eine ehrliche, offene Kommunikation. Dies schafft Vertrauen. Halbwahrheiten oder gar Unwahrheiten durchschauen Mitarbeitende und Medien rasch, die Rückwirkungen sind katastrophal. Den angekündigten Massnahmen und Versprechungen sollten Sie rasch Taten folgen lassen.

Die letzte Konsequenz: Der Weg in den Konkurs

Schlagen alle Sanierungsbemühungen fehl und lassen sich auch die Gläubigerforderungen nicht mehr befriedigen, bleibt als letzte Konsequenz der Gang zum Konkursrichter. Für Aktiengesellschaften und GmbH ist dieser Schritt

---

FRAGE

Hafte ich als Verwaltungsrat persönlich?

Ich bin Verwaltungsrat einer Aktiengesellschaft, die leider Konkurs anmelden musste. Die offenen Forderungen können bei weitem nicht gedeckt werden. Wie weit geht meine persönliche Haftung für den entstandenen Schaden?

Die Verantwortlichkeit von Verwaltungsräten geht weiter, als die meisten annehmen. Als Verwaltungsrat können Sie aufgrund Ihres Mitwirkens an einem unrichtigen Emissionsprospekt schadenersatzpflichtig werden, Sie können wegen gesetzwidrigen Handelns bei der Gründung einer Gesellschaft zur Verantwortung gezogen werden oder aufgrund eines abgeschlossenen Vertrages zivilrechtlich haften.

Der bekannteste Tatbestand ist die Haftung aus Geschäftsführung (Art. 754 OR): Danach sind die Mitglieder des Verwaltungsrates gegenüber den einzelnen Aktionären und den Gesellschaftsgläubigern für den Schaden verantwortlich, den sie durch absichtliche oder fahrlässige Verletzung ihrer Pflichten verursacht haben.

Weniger bekannt ist, dass Verwaltungsräte auch eine Haftung für Steuern und Sozialabgaben treffen kann. Dieses Risiko ist in der Praxis sogar viel grösser als die Haftung aus Geschäftsführung.

Verwaltungsräte haften beim Bund und in vielen Kantonen persönlich für ausstehende Steuerforderungen, wenn sie bei der Liquidation einer Gesellschaft mitgewirkt haben – und zwar jeder einzelne für den vollen Betrag.

Von einer Liquidation im rechtlichen Sinn ist bereits die Rede, wenn nur schon Aktiven aus der Gesellschaft herausgelöst werden, sie also ausgehöhlt wird. Einen formellen Auflösungsbeschluss braucht es nicht. Es handelt sich faktisch um eine Kausalhaftung, ein Verschulden braucht es nicht.

Auch für ausstehende Sozialabgaben haften Verwaltungsratsmitglieder persönlich. Schliesst ein Gericht auf Absicht oder Grobfahrlässigkeit, verlangt es die Nachzahlung offener AHV-Prämien. Die Prämien für die Sozialversicherungen sind also auch in schlechten Zeiten immer zu bezahlen.

zwingend, wenn die Hälfte des Gesellschaftskapitals (zuzüglich gesetzliche Reserven) nicht mehr gedeckt ist.

Der Verwaltungsrat beruft in diesem Fall umgehend eine Generalversammlung ein und unterbreitet Sanierungsmassnahmen. Ist die Überschuldung gegeben, so muss eine Zwischenbilanz erstellt und der Revisionsstelle zur Prüfung vorgelegt werden.

Ergibt sich daraus, dass die Gläubigerforderungen nicht mehr gedeckt sind, muss der Verwaltungsrat den Richter benachrichtigen, sofern nicht Gesellschaftsgläubiger im Ausmass dieser Unterdeckung im Rang hinter alle andern Gläubiger zurücktreten.

Insolvenzerklärung und Bilanzdeponierung

Wer seine Schulden nicht mehr bezahlen kann und auch keine Sanierungschance mehr sieht, der kann beim Konkursrichter des zuständigen Bezirksgerichts die Insolvenzerklärung einreichen. Es ist dies der Antrag auf Eröffnung des Konkursverfahrens auf eigenes Begehren.

Die Konkursrichter entsprechen bei weitem nicht jedem Insolvenzantrag. Sie bewilligen ihn nur, wenn auch sie keine andere Lösung mehr sehen. Vorher wird eine Kaution von rund 2000 bis 5000 Franken zur Durchführung des Konkursverfahrens fällig.

Ist ein Unternehmen (insbesondere eine AG oder GmbH) überschuldet, muss es den Richter benachrichtigen; das nennt man das Deponieren der Bilanz.

In erster Linie ist diese Meldung die Pflicht des Verwaltungsrates und der Geschäftsleitung. Tun sie es nicht, so muss die Revisionsstelle in offensichtlichen Fällen eingreifen.

Der Konkurs als solcher ist nicht strafbar. Im Gegenteil, er soll dem Konkursiten einen legalen Neuanfang ermöglichen.

Strafbar kann sich jedoch machen, wer seinen Konkurs schuldhaft oder fahrlässig herbeigeführt hat, beispielsweise die Buchhaltung nicht ordnungsgemäss geführt oder unmittelbar vor dem Konkurs Gläubiger bevorzugt hat.

Verwertung der Aktiven durch das Konkursamt

Mit der Konkurseröffnung verliert der Inhaber bzw. die Geschäftsleitung der betroffenen Gesellschaft die Verfügungsbefugnis über die vorhandenen Aktiven. Die Verwertung übernimmt entweder das Konkursamt, oder die Gläubigerversammlung setzt einen Liquidator ein, der diese Aufgabe übernimmt.

Bei Firmen besteht die Möglichkeit, dass eine Auffanggesellschaft die Aktiven auskauft. Hinter der Auffanggesellschaft können durchaus auch der bisherige Eigentümer bzw. ihm nahestehende Familienmitglieder oder Freunde stehen.

Naturgemäss bleiben viele Unternehmer in ihrer angestammten Branche, weil sie hier den Markt, die Produkte und die Konkurrenz am besten kennen.

Steht bereits zu Beginn eines

Konkurses fest, dass die vorhandenen Aktiven nicht einmal zur Deckung der Verfahrenskosten ausreichen, so stellt der Konkursrichter das Verfahren mangels Aktiven ein (ausser ein Gläubiger übernimmt die Kosten dafür).

Inhaber von Einzelfirmen haften weiter für ihre Schulden

Ist die Nachlassliquidation vorüber und das Konkursverfahren abgeschlossen, so ist bei AG und GmbH kein Schuldner mehr greifbar.

Inhaber von konkursiten Einzelfirmen hingegen haften weiter für ihre Schulden. Sie können aber nur noch beschränkt betrieben werden – also nur noch wenn sie zu neuem Vermögen kommen. Sie erhalten so die Gelegenheit, sich eine neue Existenz aufzubauen.

Für alle nicht gedeckten Forderungen stellt der Konkursrichter Verlustscheine aus. Damit können die Gläubiger den Schuldner wieder neu betreiben.

Auf Verlustscheine laufen keine Zinsen, sodass sich die Schulden nicht weiter vergrössern. Und meist kann man die Verlustscheine seinen Gläubigern für einen Teilbetrag abkaufen, womit man seine Altlasten dann wirklich los ist.

Die gütliche Einigung im Nachlassverfahren

Der Konkurs ist allerdings nicht die einzige Möglichkeit, sich aus der Überschuldung zu retten. Oft kann man sich mit seinen Gläubigern auch einigen. Dies vor allem dann, wenn die mittelfristigen Perspektiven durchaus zu einem gewissen Optimismus Anlass geben und Lieferanten und Kreditgeber hoffen können, künftig wieder Geschäfte tätigen zu können.

Häufig kommt es zu einem Teilschuldenerlass oder zu einer Stundung der Zahlungen. Oder die Gläubiger übernehmen noch vorhandene Vermögenswerte und versuchen sie selbst zu verwerten.

FRAGE

Was passiert mit meiner Altersvorsorge?

Ich musste mit meiner Einzelfirma Konkurs anmelden. Verlieren meine Frau und ich nun auch unsere ganze Altersvorsorge?

Guthaben der gebundenen Vorsorge (also Pensionskasse und Säule 3a) sind nicht gefährdet, sie fallen nicht in die Konkursmasse.

Lebensversicherungen, die den Ehegatten oder die Kinder begünstigen, bleiben ebenfalls ausserhalb des Konkursbeschlages.

Der Ehegatte haftet normalerweise nicht für die Schulden des Konkursiten.

Hingegen haften Sie mit Ihrem sonstigen Privatvermögen (Spargelder, Immobilien, Wertschriften usw.) gegenüber den Gläubigern.

10 Beratungs- und Anlaufstellen
Adressen für Unternehmer

Allgemein, Beratung

Adlatus Schweiz
c/o Congress Hotel
Bahnhofstrasse 5
4600 Olten
Tel. 0848 48 48 88
www.adlatus.ch
admin@adlatus.ch

**Bundesamt für Bauten
und Logistik BBL**
(Bezug von Gesetzestexten)
Postfach
3003 Bern
Tel. 058 465 50 00
Fax 058 465 50 09
www.bbl.admin.ch

Bundesamt für Statistik
Espace de l'Europe 10
2010 Neuchâtel
Tel. 068 463 60 11
www.statistik.admin.ch

**Gründerhomepage
des Kantons Zürich**
*(Amt für Wirtschaft und Arbeit des
Kantons Zürich – Standortförderung, Handelsregisteramt Kanton
Zürich, SVA Zürich, ZKB)*
www.gruenden.ch
info@bfs.admin.ch

Schweiz. Anwaltsverband (SAV)
Marktgasse 4
Postfach
3001 Bern
Tel. 031 313 06 06
Fax 031 313 06 16
www.sav-fsa.ch
info@sav-fsa.ch

**Schweizerischer
Arbeitgeberverband**
Hegibachstrasse 47
Postfach
8032 Zürich
Tel. 044 421 17 17
Fax 044 421 17 18
www.arbeitgeber.ch
verband@arbeitgeber.ch

SGV Schweiz. Gewerbeverband
Schwarztorstrasse 26
Postfach
3001 Bern
Tel. 031 380 14 14
Fax 031 380 14 15
www.sgv-usam.ch
info@sgv-usam.ch

**Staatssekretariat für Bildung
Forschung und Innovation**
Einsteinstrasse 2
3003 Bern
Tel. 058 462 21 29
Fax 058 464 96 14
www.sbfi.admin.ch
info@sbfi.admin.ch

**Staatssekretariat
für Wirtschaft Seco**
Direktion für Standortförderung
Ressort KMU-Politik/eGov KMU
Holzikofenweg 36
3003 Bern
www.kmu.admin.ch

Startups.ch
Lagerhausstr. 18
8400 Winterthur
Tel. 052 269 30 80 oder
Tel. 0800 550 000
www.startups.ch
info@startups.ch

Startzentrum
Alles für Jungunternehmen.
Startzentrum
Luegislandstrasse 105
8051 Zürich
Tel. 044 455 60 60
www.startzentrum.ch
info@startzentrum.ch

Stiftung KMU Schweiz
Schwarztorstrasse 26
Postfach, 3001 Bern
Tel. 031 380 14 36
Fax 031 380 14 15
www.stiftung-kmu.ch
info@stiftung-kmu.ch

Finanzielle Unterstützung

Kantonale Wirtschaftsförderungen
Fast alle Kantone bieten Neugründungen und zuziehenden Firmen unter bestimmten Voraussetzungen Steuererleichterungen, eventuell auch günstiges Gelände und Kontaktadressen von Banken und Kreditinstituten. Eine direkte Beteiligung/Finanzierung ist in der Regel von den Wirtschaftsförderungen aber nicht zu erwarten.

**AG Departement
Volkswirtschaft und Inneres
Aargau Services
Standortförderung**
Rain 53, 5001 Aarau
Tel. 062 835 24 40
Fax 062 835 24 19
www.aargauservices.ch
aargau.services@ag.ch

IN DIESEM KAPITEL
148 Adressen
158 Literaturverzeichnis
160 Register

**AI Volkswirtschaftsdepartement
Kanton Appenzell Innerrhoden**
Marktgasse 2
9050 Appenzell
Tel. 071 788 96 61
Fax 071 788 96 69
www.ai.ch
vd@ai.ch

**AR Amt für Wirtschaft
Appenzell Ausserrhoden**
Regierungsgebäude
Kasernenstrasse 2
9102 Herisau
Tel. 071 353 64 37
Fax 071 353 66 92
www.wifoear.ch
wirtschaft.arbeit@ar.ch

**Basel Area
Wirtschaftsförderung
Basel-Stadt & Baselland**
Aeschenvorstadt 36
4010 Basel
Tel. 061 295 50 00
www.baselarea.ch
info@baselarea.ch

**BE WFB Wirtschaftsförderung
Kanton Bern**
Münsterplatz 3
3011 Bern
Tel. 031 633 41 20
Fax 031 633 40 88
www.wfb.ch
info@berninvest.com

FR Wirtschaftsförderung WIF Kanton Freiburg
Boulevard de Pérolles 25
Postfach 1350, 1700 Fribourg
Tel. 026 304 14 00
Fax 026 304 14 01
www.promfr.ch
promfr@fr.ch

GE Geneva Economic Development Office (Office de la Promotion Economique)
Rue de l'Hotel-de-Ville 11
Postfach 3216
1211 Genf 3
Tel. 022 388 34 34
www.whygeneva.ch
promotion@etat.ge.ch

GL Kontaktstelle für Wirtschaft des Kantons Glarus
Zwinglistrasse 6
8750 Glarus
Tel. 055 646 66 14
www.glarusnet.ch
kontakt@gl.ch

GR Amt für Wirtschaft und Tourismus Graubünden
Grabenstrasse 1
7001 Chur
Tel. 081 257 23 42
www.awt.gr.ch
info@awt.gr.ch

JU Promotion économique du canton du Jura
Rue de préfecture 12
2800 Delémont
Tel. 032 420 52 20
Fax 032 420 52 21
http://eco.jura.ch
bde@jura.ch

LU Wirtschaftsförderung Kanton Luzern
Alpenquai 30
6005 Luzern
Tel. 041 367 44 00
Fax 041 367 44 01
www.luzern-business.ch
info@luzern-business.ch

NE Service de l'économie (Neco) canton de Neuchâtel
Avenue de la Gare 2
2000 Neuchâtel
Tel. 032 889 68 20
Fax 032 889 68 23
www.ne.ch
neco@ne.ch

NW Pro Wirtschaft Nidwalden/ Engelberg
Postfach 933
6371 Stans
Tel. 041 610 33 23
www.prowirtschaft-nw.ch
prowirtschaft@nw.ch

OW Standort Promotion Obw.
Dorfplatz 1
6060 Sarnen
Tel. 041 660 90 66
www.iow.ch
info@iow.ch

SG Amt für Wirtschaft Standortförderung
Davidstrasse 35
9001 St. Gallen
Tel. 071 229 48 93
www.standort.sg.ch
beat.ulrich@sg.ch

**SH Wirtschaftsförderung
Kanton Schaffhausen**
Herrenacker 15
8200 Schaffhausen
Tel. 052 674 03 03
Fax 052 674 06 09
www.economy.sh
economic.promotion@generis.ch

**SO Wirtschaftsförderung
Kanton Solothurn**
Untere Sternengasse 2
4509 Solothurn
Tel. 032 627 95 23
Fax 032 627 95 92
www.standortsolothurn.ch
wifoe@awa.so.ch

**SZ Wirtschaftsförderung
Kanton Schwyz**
Bahnhofstrasse 15
Postfach 1187
6431 Schwyz
Tel. 041 819 16 34
Fax 041 819 16 19
www.schwyz-wirtschaft.ch

TG Wirtschaftsförderung Thurgau
Zürcherstrasse 183
8510 Frauenfeld
Tel. 058 345 55 00
Fax 058 345 55 01
www.wifoe.tg.ch

TI Amt für Wirtschaftsförderung
Viale S. Franscini 17
6500 Bellinzona
Tel. 091 814 35 41
Fax 091 814 44 57
www.copernico.ch
dfe-use@ti.ch

UR Volkswirtschaftsdirektion Uri
Kontaktstelle Wirtschaft
Klausenstrasse 4
6460 Altdorf
Tel. 041 875 28 91
Fax 041 875 24 12
www.ur.ch/wirtschaft
wirtschaft@ur.ch

**VD DEV Développement
économique canton de Vaud**
Avenue de Gratta-Paille 2
Case postale 19
1000 Lausanne 22
Tel. 021 644 00 60
Fax 021 644 00 79
www.dev.ch
dev@dev.ch

VS CCF Finanzkompetenzzentrum
Rue Pré-Fleuri 6
Postfach 286
1951 Sion
Tel. 027 327 35 50
Fax 027 327 35 51

Kehrstrasse 12
3904 Naters
Tel. 027 924 64 35
Fax 027 924 64 38
www.ccf-valais.ch
info@ccf-valais.ch

ZG Kontaktstelle Wirtschaft
Aabachstrasse 5
6301 Zug
Tel. 041 728 55 04
Fax 041 728 55 09
www.zug.ch/economy
economy@zug.ch

ZH Amt für Wirtschaft und Arbeit, Standortförderung des Kantons Zürich
Walchestrasse 19, 8090 Zürich
Tel. 043 259 49 92
Fax 043 259 51 71
www.awa.zh.ch
standort@vd.zh.ch

Weitere Wirtschaftsförderungen:

Brains To Ventures AG
Blumenaustrasse 36
Postfach 142, 9004 St. Gallen
Tel. 071 242 20 00
Fax 071 242 20 01
www.b-to-v.com
info@b-to-v.com

Eidgenössische Stiftung zur Förderung schweizerischer Volkswirtschaft durch wissenschaftliche Forschung
Mühlebachstrasse 14
8008 Zürich
Tel. 043 355 04 04
www.volkswirtschaft-stiftung.ch
philip.bodmer@bodmer consultants.ch

Entrepreneur of the Year
Die Treuhand- und Unternehmens-beratungsfirma Ernst & Young erkürt jedes Jahr einen Sieger in den Kategorien Industrie/ Hightech, Handel/Dienstleistungen. Die Sieger dürfen am internationalen Wettbewerb in den USA teilnehmen.
Ernst & Young AG
Bleicherweg 21, 8022 Zürich
Tel. 058 286 31 11
Fax 058 286 30 04
www.ey.com

Esprix
Excellence Suisse
Stiftung Esprix
Lindenmoosstrasse 4
8910 Affoltern a. A.
Tel. 044 281 00 13
www.esprix.ch
excellence@esprix.ch

Novartis Venture Fund
c/o Novartis International AG
Postfach
4002 Basel
Tel. 061 324 32 67
www.venturefonds.novartis.com
martina.blank@nvfund.com

Rolex Awards for Enterprise
Postfach
1211 Genf 26
Tel. 022 302 22 00
www.rolexawards.com
rae@rolex.com

Schweizerische Venture-Capital-Firmen Seca
Grafenauweg 10
Postfach 4332
6304 Zug
Tel. 041 757 67 77
Fax 041 757 67 00
www.seca.ch
info@seca.ch

SVC – AG für KMU Risikokapital
Europaallee 1
8070 Zürich
Tel. 044 333 10 63
www.svc-risikokapital.ch
svc.leitung@svc-risikokapital.ch

Swiss Economic Award
Schweizer Jungunternehmerpreis für unternehmerische Leistungen.
Swiss Economic Forum
C.F.L. Lohnerstrasse 24
3645 Gwatt
Tel. 0848 900 901
Fax 0848 900 902
www.swisseconomic.ch
info@swisseconomic.ch

Venture
Gemeinschaftspreis von ETH Zürich und McKinsey & Company Switzerland zur Förderung von Unternehmensgründungen.
Venture Office
Pfingstweidstrasse 3
8005 Zürich
Tel. 058 332 23 30
Fax 044 876 91 03
www.venture.ch
office@venture.ch

Verein Go! Mikrokredite
Stauffacherstrasse 149
8004 Zürich
Tel. 044 240 06 90
www.mikrokredite.ch
info@mikrokredite.ch

W.A. de Vigier Stiftung
Die Vigier-Stiftung fördert jährlich fünf zukunftsweisende Projekte und Geschäftsideen von Jungunternehmern mit je 100 000 Franken Startkapital.
W.A. de Vigier Stiftung
Sommerhaus
Untere Steingrubenstrasse 25
4500 Solothurn
Fax 032 621 84 16
www.devigier.ch

ZKB-Pionierpreis Technopark
Die Zürcher Kantonalbank und die Stiftung Technopark Zürich vergeben einmal jährlich einen Pionierpreis in der Höhe von Fr. 98 696.04. Das entspricht dem Tausendfachen der Zahl Pi (= 3,141592).
Foundation Technopark Zürich
Technoparkstrasse 1
8005 Zürich
Tel. 044 445 10 10
Fax 044 445 10 01
www.technopark.ch
stiftung@technopark.ch

Zürcher Kantonalbank ZKB
Bahnhofstrasse 9, 8001 Zürich
Tel. 0844 843 823
www.zkb.ch

Weiterbildung

BusinessTools
Binzstrasse 18, 8045 Zürich
Tel. 044 455 63 50
www.btools.ch
info@btools.ch

IFJ Institut für Jungunternehmen
Kesslerstrasse 9
9000 St. Gallen
Tel. 071 242 98 98
www.ifj.ch
ifj@ifj.ch

KMU Campus
Poststrasse 18
9001 St. Gallen
Tel. 071 282 21 31
Fax 071 282 21 30
www.kmu-campus.org
info@kmu-campus.org

KMU-HSG
Schweizerisches Institut für Klein- und Mittelunternehmen an der Universität St. Gallen
Dufourstrasse 40a
9000 St. Gallen
Tel. 071 224 71 00
Fax 071 224 71 01
www.kmu.unisg.ch.org
kmu-hsg@unisg.ch

SIU Schweizerisches Institut für Unternehmerschulung
Verena-Conzett-Strasse 23
8004 Zürich
Tel. 044 515 72 99
www.siu.ch
siu@siu.ch

Unternehmer Forum Schweiz AG
Zellerstrasse 58
8038 Zürich
Tel. 043 399 78 85
Fax 043 399 78 80
www.unternehmerforum.ch
info@unternehmerforum.ch

Bürgschaftsgenossenschaften

BG Mitte, Bürgschaftsgenossenschaft für KMU
Bahnhofstrasse 59D
Postfach 1104
3401 Burgdorf
Tel. 034 420 20 20
Fax 034 420 20 29
http://bgm-ccc.ch
info@bgm-ccc.ch

BG Ost-Süd Bürgschaftsgenossenschaft für KMU
Falkensteinstrasse 54
Postfach 170
9006 St. Gallen
Tel. 071 242 00 60
Fax 071 242 00 70
www.bgost.ch
info@bgost.ch

Bürgschaftsgenossenschaft des Schweizer Verbandes der Raiffeisenbanken
Raiffeisenplatz
9000 St. Gallen
Tel. 071 225 88 88
Fax 071 225 88 87
www.raiffeisen.ch

Bürgschaftsgenossenschaft SAFFA
(nur für Frauen)
Auf der Lyss 14
4051 Basel
Tel. 061 683 18 42
Fax 061 322 06 15
www.saffa.ch
info@saffa.ch

Coopérative romande de cautionnement – PME (CRC-PME)
Case postale 109
1009 Pully
Tel. 021 721 11 91
Fax 021 721 11 90
www.crcpme.ch
contact@cautionnementromand.ch

Steuerauskünfte

Eidg. Steuerverwaltung
Eigerstrasse 65
3003 Bern
Tel. 058 462 71 06
Fax 058 462 73 49
www.estv.admin.ch

**Eidg. Steuerverwaltung
Hauptabteilung Mehrwertsteuer**
Schwarztorstrasse 50
3003 Bern
www.estv.admin.ch
mwst@estv.admin.ch

Expert Suisse
*Expertenverband für
Wirtschaftsprüfung, Steuern und
Treuhand*
Limmatquai 120
Postfach 1327
8021 Zürich
Tel. 058 206 05 05
Fax 058 206 05 09
www.expertsuisse.ch
info@expertsuisse.ch

Treuhand Suisse
*Schweizerischer Treuhänder-
verband*
Monbijoustrasse 20
Postfach
3001 Bern
Tel. 031 380 64 30
Fax 031 380 64 31
www.treuhandsuisse.ch
info@treuhandsuisse.ch

VZ Vermögenszentrum
Beethovenstrasse 24
8002 Zürich
Tel. 044 207 27 27
Fax 044 207 27 28
www.vzonline.ch
www.vermoegenszentrum.ch
vzzuerich@vermoegenszentrum.ch

Technoparks, Gründer- und Technologiezentren

Berner Technologiepark
Morgenstrasse 129
3018 Bern
Tel. 031 998 41 11
Fax 031 998 41 12
www.bernertechnologiepark.ch
info@bernertechnologiepark.ch

Businesspark Zug
Sumpfstrasse 26
Postfach 947
6301 Zug
Tel. 041 747 01 40
Fax 041 747 01 41
www.businessparkzug.ch
info@businessparkzug.ch

HTW Chur
Hochschule für Technik
und Wirtschaft
Pulvermühlestrasse 57
7004 Chur
Tel. 081 286 24 81
www.htwchur.ch
urs.kappeler@htwchur.ch

Inno BE AG
Gründerzentrum Bern
Wankdorffeldstrasse 102
Postfach 261
3000 Bern 22
Tel. 031 335 62 62
Fax 031 335 62 63
www.innobe.ch
info@innobe.ch

Gründerzentrum
Kanton Solothurn GZS
Grabackerstrasse 6
Postfach 1554
4502 Solothurn
Tel. 032 626 24 20
Fax 032 626 24 26
www.gzs.ch
info@gzs.ch

Startzentrum Zürich
Luegislandstrasse 105
8051 Zürich
Tel. 044 455 60 60
www.startzentrum.ch
info@startzentrum.ch

Stiftung Technopark Zürich
Technoparkstrasse 1
8005 Zürich
Tel. 044 445 10 00
Fax 044 445 10 01
www.technopark.ch
info@technopark.ch

Tenum Management AG
Grammetstrasse 14
4410 Liestal
Tel. 061 927 55 55
Fax 061 927 55 56
www.tenum.ch
info@tenum.ch

Verein ITS
Haus der Wirtschaft
Herrenacker 15
8200 Schaffhausen
Tel. 052 674 77 71
Fax 052 674 77 75
www.its.sh.ch
administration@its.sh.ch

Verein Startfeld
Zürcher Strasse 204f
9014 St. Gallen
Tel. 071 277 20 40
www.startfeld.ch
info@startfeld.ch

Marketing, Werbung, PR

Eidgenössisches Institut
für geistiges Eigentum (IGE)
Stauffacherstrasse 65/59g
3003 Bern
Tel. 031 377 77 77
Fax 031 377 77 78
www.ige.ch
info@ipi.ch

Erfinder- und Patentinhaber-
verband der Schweiz (EVS)
www.erfinderverband.ch
info@erfinderverband.ch

Europäisches Patentamt (EPA)
Bob-van-Benthem-Platz 1
D-80469 München
Tel. 0049 89 239 90
www.epo.org

GfM
Schweizerische Gesellschaft für Marketing
Löwenstrasse 55
8001 Zürich
Tel. 044 202 34 25
Fax 044 281 13 30
www.gfm.ch
info@gfm.ch

Ks/cs Kommunikation Schweiz
Kappelergasse 14
8001 Zürich
Tel. 044 211 40 11
Fax 044 211 80 18
www.ks-cs.ch

SDV Schweizer Dialogmarketing Verband
Postfach 616
85s01 Frauenfeld
Tel. 052 721 61 62
Fax 052 721 61 63
http://sdv-dialogmarketing.ch
info@sdv-dialogmarketing.ch

Switch, Internet Domains
Postfach
8021 Zürich
Tel. 0848 844 080
Fax 0848 844 081
www.switch.ch
helpdesk@nic.ch

VSMS
Verband Schweizer Markt- und Sozialforschung
Gruebengasse 10
6055 Alpnach
Tel. 044 350 19 60
www.vsms-asms.ch
info@vsms-asms.ch

VSP
Verband Schweizerischer Patent- und Markenanwälte
Postfach 638
3007 Bern 7
Tel. 044 225 70 75
www.vsp.ch

WIPO World Intellectual Property Organization/ Weltorganisation für geistiges Eigentum
34, chemin des Colombettes
1211 Genf 20
Tel. 022 338 91 11
Fax 022 733 54 28
www.wipo.int

Literaturauswahl

ARMIN BAUMANN
Marketinggrundlagen für KMU – einfach und verständlich
ABA Management,
Untersiggenthal 2011

MARKUS BOHL
Risikomanagement in KMU
Grin Verlag, München 2009

HANS-JÜRGEN BORCHARDT
Marketing für Klein- und Familienbetriebe
Publicis Kommunikations Agentur,
Erlangen 2010

PETER BURRI,
SABINE BELLEFEUILLE-BURRI
Von der Kunst, Verantwortung zu übergeben und zu übernehmen
Stiftung für unternehmerische
Entwicklung, Glattbrugg 2010

ERICH-NORBERT DETROY,
FRANK M. SCHEELEN
Jeder Kunde hat seinen Preis
Walhalla und Praetoria,
Regensburg 2010

URS FUEGLISTALLER, JOHANNES KOLLAR, IRMGARD LANTSCHNER, JÜRG MICHEL
Innovation in Kleinunternehmen
KMU Verlag HSG, St. Gallen 2007

Gabler/GWV Fachverlage,
STEPHAN GEBHARDT-SEELE
Immer gute Auftragslage!
Neue Kunden durch Personen-Marketing
Gabler Verlag, Wiesbaden 2010

ANJA GROTHE (HRSG.)
Nachhaltiges Wirtschaften für KMU
Oekom-Verlag, München 2013

RANK HALTER, RALF SCHRÖDER
Unternehmensnachfolge in der Theorie und Praxis. Das St. Galler Nachfolgemodell
Haupt Verlag, Bern 2011

GERRIT HAMANN
Strategisches Management für KMU
Diplomica-Verlag, Hamburg 2013

GERTRUD HANSEL
Das Handbuch für Unternehmer
Wiley-Verlag, Weinheim 2015

UWE HERZBERG
Mein Business-Plan. Strategisch planen – Erfolge präsentieren
Haufe, Freiburg (D) 2009

MICHAEL KRAMPF ET AL.
Erfolgreich als KMU
Beobachter-Verlag, Zürich 2014

GÜNTHER H. KRÜGER
Jahresabschlussanalyse in KMU
NWB Verlag, Herne 2014

PETER V. KUNZ
Rundflug über das Schweizerische Gesellschaftsrecht
Stämpfli Verlag, Bern 2011

ERWIN LAMMENETT
Praxiswissen Online-Marketing
Verlag Gabler, Wiesbaden 2009

HEINI LÜTHY
KMU: So nutzen Sie das Internet
K-Tipp-Ratgeber, Zürich 2015

DAGMAR MACK,
DOMINIC VILBERGER
Social Media für KMU
Springer Gabler, Wiesbaden 2015

MARKUS MADER
Einsatz von Open Source Software in KMU
VDM Verlag, Saarbrücken 2008

ANDREA MAYER, ANDREAS HUTMACHER, CHARLY SUTER, CREDIT SUISSE
Der Business-Plan
Eine praxisorientierte Wegleitung, Zürich 2008

GIORGIO MEIER-MAZZUCATO
Entgeltliche Unternehmensnachfolge von KMU mit Schwerpunkt steuerliche Aspekte
Stämpfli Verlag, Bern 2009

NACHFOLGE 1.0
Der grosse Generationenwechsel. Wie der Abschied vom Lebenswerk zur Chance wird
Standortförderungen Kanton Zürich/ KMU Next, Zürich 2011/2012

TOBIAS PIEPER
Guerilla Marketing als kreative Marketingmassnahme
Diplomica-Verlag, Hamburg 2014

GERHARD SCHEWE, STEFAN BECKER
Innovationen für den Mittelstand
Ein prozessorientierter Leitfaden für KMU
Gabler/GWV Fachverlage, Wiesbaden 2009

JÜRGEN STAAB
Die 7 häufigsten Insolvenzgründe erkennen und vermeiden
Springer Gabler, Wiesbaden 2015

WALTER STERCHI
Schweizer Kontenrahmen KMU
SKV-Verlag, Zürich 2013

JÜRGEN STIEFL
Risikomanagement und Existenzsicherung
Oldenburg Wissenschaftsverlag, München 2010

ROGER TINNER
Schweizer KMU – erfolgreich im Wandel
NZZ Libro, Zürich 2010

CHRISTOPHER WILD, RAINER R. FRIEDRICH
Finanzierung von kleinen und mittleren Unternehmen (KMU)
VDM Verlag, Saarbrücken 2008

NORBERT WINISTÖRFER
Ich mache mich selbständig
Beobachter-Verlag, Zürich 2015

Stichwortregister

A

Absatzförderung (siehe Verkauf)	
Abschreibungen	108, 110 f., 117 f., 120, 129
Administration	17 f., 33
AHV	41, 72 ff., 78 f.
AHV-Ausgleichskasse	30, 41, 45, 49, 74
Aktien	29, 39, 44 ff.
Aktiengesellschaft (AG)	31, 40 f., 44 ff., 52, 109
Aktionärsbindungsvertrag	44
Aktiven (siehe Bilanz)	
Alleinvertretung	13
ALV (Arbeitslosenversicherung)	31, 77 ff.
Arbeitsrecht	68 ff., 81
Arbeitsvertrag	65 ff.
Arbeitszeit	69 f.
Arbeitszeugnis	60, 66 f.
Assessment für Kaderleute	60
Auffangeinrichtung (siehe Pensionskasse)	
Aufwand (siehe Erfolgsrechnung)	
Ausbildung (siehe Weiterbildung)	
Ausländische Mitarbeiter	59
Austrittsgespräch	65

B

Bank (siehe Finanzierung)	
Bankdarlehen (siehe Finanzierung)	
Barbezug (siehe Pensionskasse)	
Belehnung	29
Berufliche Vorsorge (siehe Pensionskasse)	
Betreibung	143
Betreibungsauszug	23, 144
Betriebshaftpflichtversicherung	82
Betriebskontrolle	118
Betriebsunterbrechungsversicherung	83
Betriebsversicherungen	81 ff.
Bewerber, Bewerbung	57 ff.
Bewertungsvorschriften	109 f.
Bilanz	27, 48, 51, 106 ff., 109 ff.

Bilanzdeponierung	146 f.
Blankokredit	33 f.
Bonität	32, 34 ff.
Börsengeschäfte	122
Branchenregister (siehe Handelsregister)	
Buchhaltung	104 ff., 128
Budget	112 ff.
Bürgschaftsgenossenschaft	31, 36, 38, 154 f.
Büroeinrichtung (siehe Administration)	
Business Angels	31 f., 39
Businessplan	20 ff., 37

C

Cashflow	117
Computer	19, 116, 120
Corporate Governance	51

D

Debitoren(-verlust)	108 f., 118
Deckungsbeitrag	117, 141
Delkredere	108 f.
Direktmarketing (siehe Marketing)	
Direktverkauf	15, 137
Dreizehnter Monatslohn	66 f.
Dritte Säule (siehe Säule 3a)	

E

E-Business (siehe Verkauf)	
E-Commerce (siehe Verkauf)	
E-Mail-Marketing (siehe Marketing)	
E-Mail-Verkehr	18 f., 95 ff.
EDV-Anlage (siehe Computer)	
Eigenkapital	28 ff., 106 f., 111
Einfache Gesellschaft	42 f.
Einkommenssteuer	120 ff.
Einmannbetrieb (siehe Einzelfirma)	
Einzelfirma	31, 41 ff., 54, 104., 146
Erbrecht	134
Erfolgsfaktoren	8 ff.

10
Adressen
Literatur
Stichwörter

Erfolgsrechnung	48, 107 ff.
Ertrag (siehe Erfolgsrechnung)	
Ertragssteuer/Gewinnsteuer	126 ff.
Erwerbsausfall-Versicherung (siehe Invalidenrente)	

F

Familienzulagen	67, 79
Ferien/Feiertage	65 f., 70
Finanzen und Buchhaltung	27, 104 ff.
Finanzierung, Finanzierungskonzept	14, 20 f., 28 ff.
Firmenauftritt	98, 101
Firmengründung	8 f.
Firmenkauf	11 f.
Firmenliquidierung	134 ff.
Firmenlogo	98, 101
Firmenverkauf	11 f., 137 ff.
Firmenwert und -verkaufspreis	138 ff.
Franchising	12 f.
Freizügigkeitskapital (siehe Pensionskasse)	
Fremdfinanzierung (siehe Finanzierung)	
Fremdkapital (siehe auch Finanzierung)	14, 28, 32 ff., 106 f., 115

G

Generalversammlung	48
Genossenschaft	52 f.
Gesamtarbeitsvertrag GAV (siehe Arbeitsvertrag)	
Geschäfts- vs. Privataufwand	109, 123 ff.
Geschäftsaufwand	123 ff.
Geschäftsidee	12, 14 f., 20 f.
Geschäftsjahr	105 f.
Geschäfts-/Privatliegenschaft	28 f., 37, 126
Geschäftsmodell	11 f.
Gesellschaft mit beschränkter Haftung (GmbH)	40 ff., 48 ff.
Gesellschaftsvertrag	43 f., 55
Gewinn, Gewinnverteilung	52, 109 f., 120 f., 128 ff.

Gratifikation	67
Gründungskosten	50
Gründungsphase	10
Gründungszentrum (siehe Technopark)	
Guerilla-Marketing	102
Gütertrennung in der Ehe	40

H

Haftung	40, 43f., 48f., 145f.
Handelsregister(-eintrag)	39, 41ff., 48, 53ff., 105
Hobby	123
Homepage (siehe Website)	
Hypothekarkredit	28f.

I

Infrastruktur (siehe Administration)	
Inhaberaktien (siehe Aktien)	
Inkasso, Inkassobüro	144f.
Insolvenzerklärung	146
Internet (siehe auch Website)	18f., 56, 81, 94ff.
Invalidenrente	76, 80
Investitionen	116f., 120, 132

J

Jahresbericht	48

K

Kapitalbedarfsplanung (siehe auch Finanzierung)	33
Kapitalbeschaffung (siehe Finanzierung)	
Kinderzulagen (siehe Familienzulagen)	
Kirchensteuer	127f.
KMU (kleine und mittlere Unternehmen)	8, 28, 38f., 142
Kollektivgesellschaft	40, 43f., 52, 55
Kommunikation (siehe Marketing oder Werbung)	
Kommunikation	18
Konkurrenz	15, 24f., 84ff.
Konkurs, Konkurseröffnung	51, 54, 115, 134, 145ff.

Konsumverhalten (siehe Marktforschung)	
Kontokorrentkredit	32 f.
Kosten (siehe Erfolgsrechnung)	
Krankentaggeld (siehe Taggeld)	
Kredithaie	142
Kreditlimite	32 f., 115
Krisen, Krisensymptome	140 ff.
Kundenbefragung (siehe Marktforschung)	
Kundenpflege	88 ff.
Kündigung, Kündigungsschutz	56, 65 f., 70 f.
Kurzarbeit	64

L

Leasing	21, 36
Lebenslauf	60
Lehrlinge	61, 68
Leistungsbeurteilung	64 ff.
Liquidität, Liquiditätsplanung	113 ff., 141
Lizenznahme	13
Lohn, Lohnfragen, Lohnsystem	66 ff., 69
Lohnabrechnung, Lohnausweis	68 f.
Lohnabzüge	78
Lohnfortzahlung	69 f.

M

Mahnung (siehe Zahlungserinnerung)	
Mailing	93 ff.
Management-Buyout	21, 137
Marketing (siehe auch Werbung)	18, 25 f., 84 ff., 92 ff., 103, 157
Marktabklärung (siehe Marktforschung)	
Marktforschung	84 f.
Mehrwertsteuer	130 ff.

N

Nachfolge (-planung, -regelung)	134 ff.
Nachlassverfahren	147
Namenaktien (siehe Aktien)	
Nebenerwerb	122
Newsletter-Marketing (siehe Marketing)	
Notverkauf	141

O

Öffentlichkeitsarbeit	58, 100 f.
Online-Marketing (siehe Marketing)	
Open Source (siehe Computer)	

P

Passiven (siehe Bilanz)	
PC (siehe Computer)	
Pensionskasse	30 ff., 66, 74 f., 80 f., 124 f., 146
Personal, Personalplanung, Personalbetreuung	56 ff.
Personalberater	57 f.
Personalsuche	56 ff.
PR (Public Relations, Öffentlichkeitsarbeit)	100 ff., 157
Preis (-kalkulation, -strategie)	87 ff.
Privataufwand, Privatbezüge (siehe Geschäftsaufwand)	
Privates Umfeld	8 f.
Privatliegenschaft	29
Probezeit	62, 70
Produktion	26
Produktpolitik, Produktqualität	85 f.

Q

Qualifikationsgespräch	64

R

Rating (siehe Bonität)	
Rechtsvorschlag	143
Referenzen	61

Regionale Arbeitsvermittlung (siehe ALV)	
Registerauszug (siehe Handelsregister)	
Registereintrag (siehe Handelsregister)	
Reingewinn (siehe Gewinn)	
Rentabilität	118, 141
Revision	47, 111 f.
Revisionsstelle	48 ff.
Risikobereitschaft	9 ff.
Risikokapital	14, 28, 31, 34, 38
Risikokapitalgesellschaft (siehe Venture-Capital-Gesellschaft)	
Risikoklasse (siehe Bonität)	
Rückstellungen	110, 120 f.

S

Sacheinlage	45, 48 f.
Sachversicherungen	82
Saldobesteuerung (siehe Mehrwertsteuer)	
Säule 3a	75, 124 f., 146
Schneeballsystem	14 f.
Schuldanerkennung	143
Schulden (siehe Bilanz)	
Selbständigkeitsstatus	74
Servicequalität	86 f.
Software (siehe Computer)	
Sortiment	85 f.
Sozialversicherungen	41, 72 ff.
Spesen	68
Staatliche Unterstützung (siehe Wirtschaftsförderung)	
Stammkapital	28, 48 ff.
Standort	15 ff., 26
Statuten	45, 48, 53
Stellenantritt	62
Stelleninserat	56 ff.
Steuerberater	127

Steuererleichterung	37 ff., 126
Steuern	41, 44 f., 81, 120 ff., 138
Stille Reserven	111
Strukturvertrieb	14 f.

T

Taggeld	30 f., 66, 76 f.
Technopark	18, 39, 156
Todesfallrisiko-Versicherung	77 f.
Treuhänder	104

U

Umsatz	104 f., 116
Unfallversicherung	66, 75 f., 79 f.
Unternehmensberater	21, 118
Unternehmensgründung (siehe Firmengründung)	
Unternehmensverkauf (siehe Firmenverkauf)	
Unternehmerischer Geist	8 ff.
Unternehmertyp	8 ff.

V

Venture-Capital-Gesellschaft	21, 31 f.
Verein	52 f.
Verkauf, Verkaufsform	84 ff.
Verlust	109, 121
Vermögensverwalter	122
Verpfändung BVG-Gelder (siehe Pensionskasse)	
Versicherungssparen	30
Vertrieb	100
Vertriebskosten	100
Vertriebsrechte	13
Verwaltungsrat	46, 48 ff., 51, 145 f.
Visitenkarten	98
Vorbezug (siehe Pensionskasse)	
Vorsteuerabzug (siehe Mehrwertsteuer)	

W

Warenlager	117 f., 120
Website	18, 81, 94, 96

Weiterbildung	63, 124, 154
Werbebanner	95
Werbebudget	99
Werbegeschenk	93
Werbemails	95 ff.
Werbung (siehe auch Marketing)	84 ff., 98 ff., 157
Wertschriftenhändler	122
Wirtschaftsförderung	37 ff., 149

Z

Zahlungsbefehl	143
Zahlungserinnerung	143
Zielpublikum (siehe Werbung)	
Zins (siehe Finanzierung)	